天人與古今

古兆申 著
雷競璇 編

編者序

雷競璇

如要分類，本書應該歸入政治經濟學。兆申兄為人所認識，是作為鍾情文學、從事創作的文人，他人生的最後三十多年尤其醉心崑曲，並卓然有成。何以會有這樣一本屬於政治經濟學的書本問世呢？作為編者，我覺得有責任說明一下。

兆申兄是今年一月十一日去世的，享年七十七。之後我協助辦理喪事，注意到二〇一五至二〇一六年間，他在「灼見名家」網站上發表了一批文章，總題目是「天人／古今」，合共五十一篇，大概是每星期刊出一篇。其實兆申兄寫作這批文章時，將部分原稿給我看過，還說希望我提提意見。當時我忙於衙門中的職務，沒有心思細看，潛意識裡以為他不過偶有感觸，發而為文，沒想到他竟然用極其認真的態度撰寫，這是我在他去世後閱讀這些文章時才體會到的。文章在網站上發表之後，注意到的人相信不多，沒有引起過什麼關注或討論。這也不足為奇，大眾對待網站文字，多匆匆一覽，很少細讀，何況兆申兄這些文章題材嚴肅，兼且一篇長文分作若干次刊載，要求讀者連貫地看下去，難乎其難。於是，多年過去了，這些文章依然無聲無息地藏在網站上，乏人問津。這些年和他見面，他也沒有刻意提及。直到他辭世後，我才注意到。

這批文章其實寄托了兆申兄晚年對世界大局，尤其是人類前途的關注和思考，內裡有深沉的憂患意識。我這裡說的「世界大局」和「人類前途」，絲毫沒有誇大。這批文章由五篇各逾萬言的長文組成，主題連貫，近乎一氣呵成。觸發他思考的，看來是二〇〇八年的全球金融海嘯，他由此而感覺到人類大禍臨頭，深感擔憂，對於經由全球化而建造起來的金融帝國主義，兆申兄是極其憤慨的：

「這種不動一兵一卒，不佔一寸一分土地的金融帝國主義，其邪惡性較之窮兵黷武、攻城滅國的前輩，不知要大多少倍。金融經濟以刺激消費為破國的動力，因而導致物質大量浪費，環境無休止受污染，對全球物種都造成生存的威脅。有哪一種邪惡，比這種邪惡更可怕呢？」

那麼，這史無前例的巨大災難，根源何在呢？為此，兆申兄深入閱讀近年備受熱議的書籍如法蘭西斯・福山（Francis Fukuyama）、湯瑪斯・皮凱蒂（Thomas Piketty）、艾倫・格林斯潘（Alan Greenspan）等人的著作，和若干相關的中、西經典，尤其是荀子、康有為、亞當・斯密（Adam Smith）、盧梭（Jean-Jacques Rousseau）、費爾南・布羅代爾（Fernand Braudel）的書等。他由此體會到，因全球化而形成的災難，與人類無限度的消耗關係密不可分，地球已漸入絕境，氣候變暖的威脅逼在眉睫，人類以至各種物種面臨滅頂之虞。兆申兄這樣的論述，不算新鮮，他所說的種種危機，不少有識之士已經指出，但他沒有停留在嚴厲譴責、善意呼籲的層次。而是追尋根本，從而看到禍害的源頭是資本主義對人性中「慾望」的肯定並對之賦予道德上的正當性，於是，慾望的擴張，令資本主義追求利潤的本質可以無窮無盡地延伸，以下幾段是他的原文：

「到了今日，過度開發造成的資源短缺、環境污染、氣候變壞等等人類及其他物種的生存危機，其原因不能不歸咎於大衛・休謨（David Hume）、亞當・斯密師徒對人性觀察的錯失與誤導。休謨、斯密師徒對人性觀察的錯誤，在於他們認為人性中的自利傾向是不可改變的，只好順着它走；更大的錯誤是認為順着它走不但沒有問題，而且在各自謀利的過程中，因需求的不同自動調整，達到各得所求的平衡狀態。」

「由亞當・斯密『自利以利人』的良好願望，發展到今日金融資本家的『唯利是圖』，『鼓勵消費』更成為促進社會經濟發展的『公意』。舊產品的『創造性破壞』，新產品的不斷出現與更替，呼應了人類慾望無限膨脹的需求，造成了一個壯觀的『合理浪費』的畫面。這個畫面，卻被許多人看成是人類富裕、進步、文明的象徵。『奢侈』不但合法，而且光榮，因為那是社會進步的動力。但『奢侈』的代價卻比盧梭所憂慮的大得多：不但使公民們把國家出賣給虛榮，使公民變為『輿論的奴隸』，而且會使公民淪為物質的奴隸，耗盡地球整體資源，污染環境，促成全球物種的集體毀滅！」

「資本主義發展的歷史若從十五世紀算起，才不過五百多年。相對於人類數千年文明，時間仍然是短暫的。然而在慾望的驅動下，在科技日新月異的促進下，人類生存環境破壞的速度卻遠快於前數千年。這難道還不需要及時檢討嗎？」

「對慾望但見其利而不知其弊，才是資本主義對其根本理念思考最大的缺失。」

在資本主義進行這樣大破壞的同時，以自由民主為標榜的政治制度其實一直起着護航的作用。到了全球化階段，這種政、經結合的體制將整個人類捲進去，世界再無淨土，也再無退路，只能作根本的改變，才會找到出路。且讓我引述本書中兆申兄如下說話：

「我們今日的檢討，如果仍只針對資本主義內部運作的機制，而不針對其基本理念與相關的意識形態，則其錯誤就無法徹底矯正，人類的危機還是不可能解除的。」

「過去我們也許只注意到貪慾造成人類社會的亂局，近一百多年卻驚覺這種人性妄念對自然運作規律的大破壞。而破壞的速度在工業革命後的三百多年遠超之前人類萬年以上的文明史。這種結果顯然易見是邪惡的德先生推動賽先生作出來的壞事：民主政治縱容了私慾，使私慾合法化，發展出唯利是圖的資本主義，用資本主義的利潤觀點去追求科技的突破，造成了今日這個『滅天理』之局。」

兆申兄在本書中所作的考察，視野很大，危機感很深。

那麼，出路何在呢？他回到中國文明的老傳統中去找尋，從而在荀子的論述中獲得啟發。荀子是從考察「人性」和「人情」出發的，前者與生俱來、無善無惡，人情則後天形成、可以為善也可以為可惡。荀子由此再結合大自然的資源不可能無窮無盡的事實，認為如果任由人的慾望擴張，只會引來無窮紛爭，社會不能維持，人類陷入自我毀滅的深淵。先秦時墨子有「節慾」的主張，但荀子不同意這觀點，認為脫離實際，因而提出他的「養慾」學說，並由此而發展出一套完整的政治經濟學綱領，此即他的「富國論」。他希望民眾的生活因此而和平富足，社會得以長治久安。對於荀子學說在今日的意義，兆申兄有這樣的表述：

「我們研究荀子，卻不是要為他爭回儒家的正統地位。重新了解、學習他的思想，不過想從他超前的智慧得到啟發，以解決今天全人類面臨的難題——如何挽救幾百年來資本主義造成的全球災難。」

資本主義能夠造成這樣的災難，和作為政治體制的自由民主分不開，兩者互為表裡。對於現代由政黨主導、以一人一票進行選舉、定期改換執政者的民主制度，兆申兄認為有根本缺陷。主要是以此方式選出來的執政者不可能是具備「政德」的領袖，缺乏政德，「德政」就無從說起。從這裡出發，他再一次回到中國的老傳統中尋求啟發，因而窺見上古的禪讓制度在原理上有很可以供如今參考之處。他詳細考察古史記載，從堯、舜、禹三代的禪讓實踐，分析如何選定具備政德的領袖，再而如何保證德政的推行。三代之後，禪讓未能貫徹，但一些和禪讓相符的制度，仍然在中國歷史中不絕如縷。兆申兄對禪讓政治的論述，非常大膽，和我們今天所認識的政治可謂相去十萬八千里。對這道理兆申兄也是明白的，他知道沒有可能重回禪讓的道路，但禪讓政治當中的基本原則和合理成分，是值得注意和細究的，是能夠補救當代民主體制的缺失的。

提出這樣宏大的論述，主旨當然是針對時弊，但看來兆申兄的胸襟不止於此，他回到我們的老傳統，希望中國民族、中華文明能夠對人類有更大貢獻，能夠為人類未來指引出路。他在文章中有這樣的話：

「『中國夢』不應在『小康社會』中止步，必須向『大同社會』邁進才不辜負老祖宗的智慧。」

「中國要建立環保經濟，光是『十年樹木』是辦不到的。要辦到還得要『百年樹人』，也就是要同時從思想上改變人們對物質運用的觀念，把華夏民族思考這個問題的早熟智慧，及幾千年加以實踐的文化資源重新整理、研究和發展、運用。當然，要倡導這樣的新思維，一定要有相應的經濟運作方式和相關的政治體制。這一切並不都從零開始，如果不讓慣性思維和所謂『普世價值』等意識形態所束縛，我們完全可以繼承近代對環保經濟有利的政、經遺產。」

「五四」以來，中國人信心動搖，認為自己各方面都不濟，而不濟是因為受固有傳統的負累，要救贖的話只能揚棄固有，在西方文明中探求。百多年下來，賤視自己、崇拜歐美的風氣吹遍，知識分子和一般民眾都不例外，直到近期，通過中外對比，我們開始有所反省，在久被忽視的老傳統中看到珍貴的智慧，於是逐漸回頭。我覺得，在未來日子，有識之士會朝這方向繼續前進，腳下的道路會愈走愈寬廣。兆申兄在本書中的論述，對我們撥開迷霧、遠瞻前景，很有幫助。

以上是〈天人／古今〉這一輯五篇文章的內容梗概。我的簡述無法呈現兆申兄原文綿密的肌理、豐厚的細節和層次分明的論說，但希望讀者由此而得知其中視野之大和關切之深。

兆申兄寫作這一輯文章時，年屆七十，屬於他長期思考而在晚年沉澱下來的結晶。我於是想到，他對國事世事的關心，其實由來已久，從青少年時代便開始，沒有間斷。於是，除了上述這輯文章，覺得還應該搜集一下他從前發表過的這範圍寫作，以反映他一生的思想軌跡。作為文人，他出版過不少文學、藝術性質的創作，但他關於政治、社會方面的論述，從未結集出版過。於是，稍作努力，也就有了讀者現在手上的這本書。

本書內容分三輯。第一輯「詩言志」，收入六首新詩作品。作為文人，兆申兄最初是以詩作的形式介入社會、政治問題，並且一直持續。這樣的介入方式比較特別，但也很值得注意。作為文人，他有一種和一般社會科學言論不同的敏感度，直覺很強，講究意象，對讀者而言具有另一種感染力。

第二輯題作「不誕生於水　誕生於火」，這兩句原出他的〈銅蓮說——題文樓的雕塑〉這首新詩，此輯收入十一篇文章。文章誕生的時間跨度很大，從一九六五至二〇一五年，涉及保釣運動、香港回歸和回歸後的社會運動等幾個主題。這輯文章反映了一位立足於香港的知識分子，如何回應他人生數十年中其所屬社會、國家以至世界對他提出的挑戰。其中〈文化回歸的理念與實踐〉一文如今讀來尤其令人感慨，此文寫於一九九七年前，關注所在，是如下幾句：

「如果沒有文化的回歸，主權的回歸雖可過渡，卻不能平穩。」

可惜當局當時沒有注意和聽取，以至我們為此付出了重大代價。另外也值得注意的，是他看到手機世代的出現，感到非常擔憂，二〇一四年發生「佔中」事件時，他預感到大禍快將到來：「隨着政黨政治在香港興起，街頭示威、絕食抗議等卻被政客為一己私利而濫用；一切政治運作都被狹化為街頭政治，終使香港社會永無寧日、耗盡資源。」

「所有政治制度，都需要由人去執行。沒有好的人才，即使有好的政治制度，也不會有好的政治。香港人能不能治理好香港，人的素質仍是具決定性的。我們的社會資源，應該用來培養政治家，而不是培養政客。香港社會和政府如果不注意到這一點，則『港人治港』也可以是災難性的，因為未來的『港人』就是我們的青年人，如果我們的青年人一直停留在『雨傘運動』這一批手機族的水平，則香港的前景是十分令人憂慮的。」

往後幾年事態的發展，證實了他的憂慮。

第三輯就是上文已作勾勒、以〈天人／古今〉為總題目的五篇文章，包含了兆申兄一生最為成熟的見解。本書也就以天人、古今為書題。

兆申兄對國事世事的關注，長達六十年，觀察、思考未曾間斷。當中的起伏，和他經歷的時代關係密切，互相呼應。董謹大夫是兆申兄和我的老朋友，董大夫曾經這樣形容兆申兄：身居斗室，胸懷家國。我覺得很貼切，兆申兄就是如此一位富於淑世情懷的文士。十多年前，他接受盧瑋鑾、熊志琴的邀請作訪談，口述了他自己數十年的創作經歷和社會實踐，之後盧、熊兩位編成《雙程路：中西文化的體驗與思考 1963-2003》一書，二〇一〇年由香港牛津大學出版社出版，後來這書也出了內地版。收入本書的〈文化回歸的理念與實踐〉一文就是首見於《雙程路》書中。《雙程路》是兆申兄的口述回憶，本書是他的筆下文詞，兩者結合，對於這位活躍於香港的當代知識分子，我們也就可以較為全面地窺見他一生的行事處世和思想襟懷了。

兆申兄比我年長幾歲，基本上屬於同一世代，共同經歷了這幾十年來人事世事的變幻。我們在上世紀七十年代相識，對我而言，他一直是亦師亦友，給予我很多啟發。我的志趣偏重史學和社會科學，看待問題往往拘謹，山是山，水是水，兆申兄則多得文學滋養，容易擺脫束縛，天空海闊，他在本書中呈現的視野、胸襟，我是遠為不逮的。能夠將他的文章編集起來，對我而言是很大的欣慰，也藉這段書緣紀念我這位謙厚親切、博學多才、寧靜致遠的友人。

二〇二二年三月三十一日

左｜二〇二一年家中留影，施林海拍攝。

右｜二〇一四年一月，施林海拍攝。

目錄

第一輯

詩言志

編者按◉　兆申兄從青年時期開始寫作新詩，以新詩回應時事，呈現感想，是很適合他氣質的表達方式。不過，他的詩作數量其實相當有限。在《銅蓮》這本他唯一的詩集中，他說：「詩言志。志者，心之所藏。所藏不同，所向有別。然重在有藏。有藏則真，無藏則偽。所向者大而心藏不足，勉強成篇，亦不可取。故雖有志於詩，半世之間，不出百首。」《銅蓮》一九八〇年由素葉出版社出版，二〇一八年由初文出版社出版了增訂版。本輯的六首詩，選取自增訂版，都涉及社會、政治問題。兆申兄筆下和社會、政治題材有關的詩作還有不少，散見於《中國學生周報》、《大學生活》、《盤古》等刊物。收入《銅蓮》的這六首，應該是他自己感到滿意的，故此我們也不假外求了。

越南三題

鋼鐵巨人——獻給鞍山的鋼鐵工人

幸福村

冬晨

太平山上　太平山下

第二次見雪

越南三題——一　關於一個高血壓國家和一個貧血國家的故事

有一個據說是很美麗的國家
　據說是把古希臘的民主移植了的國家
　據說是把法國的自由神請過了大西洋的國家
在第一次和第二次世界大戰之中得了
　高血壓的病
必須把它民主的血自由的血放一點出來
它的血是從高射炮、從坦克車、從轟炸機吸進來的
所以也得從高射炮、從坦克車、從轟炸機輸出
它選擇了湄公河畔的一個貧血的小國
作為它輸血的對象

以救主的莊嚴
它對這個小國說：
為了給你自由

我必須給你炸彈
為了給你民主
我也必須給你炸彈
經過了十多年的時間
這小國的每一個國民
都「享受」了七噸以上的炸彈
這個貧血小國的臉色
果然一天天的紅潤起來了
它快樂地說：
炸罷！炸罷！
我們不單要自由
　不單要民主
我們還要獨立！
那個高血壓的國家呢
卻一天天蒼白下去
然而為了維持教主的地位
它還是繼續給小國輸血……

越南三題——二　永靈的土地

五角大樓的電腦說：
　光炸毀那座賢良橋是不夠的
　光炸死那些共軍也是不夠的
　光炸死那些孩子和他們的母親還是不夠的
我們必須炸死永靈的土地！

轟！賢良橋斷了
轟！共軍倒下了不少
轟！轟！轟！
　哺着乳的孩子和母親
　千千萬萬的給浮雕在瓦礫裡了

永靈的土地卻沒有死！
那些自動的化學武器

只傷了它的皮膚
犁去了它的膿
犁去了它的毒
越南人民
又以自己的血
播起種來
在彈雨的灌溉下
滴滴的血
結成了顆顆金黃的穀粒
戰士們，婦女們
荷着槍
舉起鐮刀
射下敵人一輛輛的轟炸機
割斷田疇上一疊疊的稻浪
深深的地道裡
母親們正點起火水燈
給孩子們做飯……

越南三題——三　蘭

「蘭走了！」
羅馬尼亞詩人說
門外正飄着雪花
乳白的路上，有一串腳印
「聽說是這裡出了毛病。」
他指指自己的腦袋瓜
「我真笨！
我什麼都不懂！」
最近蘭一碰到人就這麼說
「他們問我：
你知道美國在你的國家
下了幾萬枚炸彈嗎？
我真笨！
我什麼都不懂！」

蘭向人自怨自艾說
「那個美國女孩子告訴我
你知道嗎？
你的未婚夫其實是
美國殺死的！
啊！我真笨！
我連這個也不知道！」
蘭說完了又幽幽的唱起那支叫《別離》
的越南民謠

◎一九七二年《盤古》

鋼鐵巨人——獻給鞍山的鋼鐵工人

鞍山
你的聲音
像千面銅鑼向我敲響
我看見火的尼加拉瓜
飛濺出朵朵的金蘭花
我看見火的巨柱
　火的厚壁
不斷的從輪軸中躍出
煙雨裡
我看見火的經線
　火的緯線
我看見穿着白色厚帆布衫褲
戴着石棉帽
臉上裹着油污斑斑的毛巾的

鋼鐵巨人
在勞動　在勞動　在勞動

他們每一個都有鋼的皮
　　鋼的骨
　和　鋼水般的血液
他們的心都像他們所煉的鋼一樣
有華氏好幾千度
他們用自己的骨肉和血液
煉成了鋼板、薄片和無縫管
運到祖國的各地
架起我們民族工業的骨骼

於是在我們的鐵路上
　就有了自己造的火車
　在我們的公路上

就有了自己造的汽車
在揚子江和黃河
在渤海、黃海、東海和南海
就航行着中國的東風號紅旗號
在萬里湛藍的天空中
就飛翔着中國的民航機

這些鋼板、薄片和無縫管
也運到印支半島
運到阿爾巴尼亞、坦桑尼亞
運到每一個
　升起反帝反殖烽火的地方
你看，在禾苗正綠的湄公河畔
　婦女正荷着槍枝
　守衛着那無邊的田野
你看，栗髮藍眼的阿爾巴尼亞朋友

正駕着拖拉機
耕耘出朝霞似的高粱
珍珠似的玉米和
箭一般的小麥

你看，你看在波濤洶湧的紅木林後面
中國的解放軍正架起帳篷
和坦桑尼亞的黑兄弟一起
修建鐵路
在陽光下
鐵軌像兩道平行的銀光
穿越遼闊的草原

穿過雪白的棉花地
穿過五彩的丁香花
穿過蔥綠的劍麻和
閃爍的金剛岩
直達友邦贊比亞

這一切美好的事業啊
鞍山的工人同志
你們都盡了心意
你們所流的每一滴汗
都有鐵的重量
裡面是侵略者的炮火
　奴隸掙斷鎖鍊的聲音
　鋤頭和岩石相擊的鏗鏘
你們每一滴汗都
　映照出全幅近代中國的歷史

如果我能歌
我必須為你們歌
如果我能寫
也必須為你們寫
我知道我的一枝筆

只像鵝毛一般的輕
我卻不願再寫
銀杏葉蝶落的傷感
不願再寫
晚霞紫暗的憂鬱
我願意把它投入熱白的高爐
煉成鋼鐵的身軀
寫你們
寫你們這些鋼鐵巨人

◎一九七三年《盤古》

幸福村

是這樣的一條幸福村
是這樣的一條幸福村
住着這樣的一群幸福的人

說這一群人幸福
是因為他們已經
擺脫了物慾的煩惱
就像那位莊子派的作家說的一樣

他們辛勤的勞動
卻從來不享用勞動的果實
譬如那一位金飾匠
他鑄造過多少項鍊、手釧、指環？
結婚的時候

他只在新婚妻子的襟頭上
別上一朵大紅的紙花

又譬如鞋匠華叔
他造過無數的皮鞋
高跟的、平底的、厚厚的水松木底的
牛皮的、馬皮的、猄皮的、還有鱷魚皮的
他腳上卻始終穿着
兩片骯髒的日本膠拖
冬天的時候
你還可以看見：
那污黑的腳踭上
裂出了血
還有那木匠何伯
他不但會造桌子、椅子
還會造樟木槓

在槓上雕出精細的龍鳳花紋
可他自己盛衣服的
卻只是一個紙製的蘋果箱
此外就是一個鐵桶
載着他的鋸、刨、銼

「他們為勞動而勞動」
我們的作家用摩登而古典的話說了
「就像莊子所說的那棵無用的大樹
栽在無何有之鄉」
他們幸福地生活着
在幸福村的幸福街上

要水
便到街喉去輪隊
一兩小時算什麼

反正有的是時間
要電
便到附近的電線去偷
電死一兩個小孩子要算什麼
反正家裡有七八個……

可是有一天
一件不尋常的事情發生了

人們正在「為勞動而勞動」的時候
忽然聽見：
「火燭呀，火燭呀！」
如在夢中醒來
他們奔到屋外

火

一疊疊紅色的波濤
捲起漫天的黑煙
淹過來，淹過來
幸福街上的房子
一間間的
塌下去，塌下去！
人們奔逃着：
「明仔！
蝦女！」
「媽！媽！」
孩子們號哭着
不時傳來
轟轟隆隆的爆炸聲
人們嗅到像燒烤那樣的味道
一個瘦弱的老婦還在屋內

她正使勁地拉着丈夫的手
要把他從床上拖起來
火浪已淹至窗口
黑煙不斷湧入
她用力拉
用盡生平的氣力去拉
拉、拉、拉
終於把丈夫拉到了門口

一條烘鐵般火辣辣的樑木壓下來
壓在老婦人的腿上

兩個老人都坐在地上
火
森林一樣包圍着他們
沒有哭聲

淚水
正涓涓的灌入他們臉上的深溝
白髮
彷彿要在火光中消溶……

老人是陳伯
是這幸福人群中的一人
他是個泥水匠
他用鋼筋水泥
起過無數的高樓大廈
卻住在這雜木和鋅鐵搭成的房子裡
在幸福村的幸福街上
六十歲那年
他從高高的棚架上掉下來
從此
他失去了一條腿

也失去了「為勞動而勞動」的幸福了
老人夫婦焦炭般的屍體給抬出來了
人們嘆息着
流着淚
再看看
在幸福街的街口
指路牌上
「幸福街」三個字
已燒掉了「幸福」
而「街」字
也燻黑得不可辨認了

血紅的殘陽裡
建築地盤黃色的圍板上
小小綠樹的圖案上寫着：

地下鐵路
為你建造

◎一九七七年《文美月刊》

冬晨

遍地都是水仙花，微風中像閃金的星河，緩緩地淌向四方。

小孩子們打着紅色、白色、藍色的旗子在中間走過，口裡唱着那支廣東民謠：

好一朵水仙花呀，
好一朵水仙花呀，
水仙花落在我的家，
水仙花落在我的家，
邦有道，民……
邦有道，民……
邦有道，民……[1]

像一隻壞了的唱片，孩子們的歌唱不下去了，我也醒來了。

1　「邦有道」下句是：「民安樂，家家過個太平年。」

窗外照進來的陽光，彷彿一股冰雪蒸發出來的寒氣，很快就佔據了我狹小的家。從溫暖的被窩鑽出來，我打了一個寒噤。

桌上堆滿了昨夜看過的報刊。一本雜誌仍然打開：張志新木刻的頭像，仍以利劍一樣的目光刺着我，直刺進我的心臟。然而我知道：無論生死，她都不能再說話了。她已給割掉了喉管……

「別再想我吃了，我已知道你們的陰謀！」是我那精神病的大哥的聲音。母親正侍候他吃藥，他卻把藥摔進痰盂裡。

「什麼陰謀？」明知跟他辯不會有什麼結果，我還是忍不住反問了。

「你們都想害我，都想控制我！」大哥咆哮着。

「唉，誰要害你呢？」母親委屈的說，額上和眉心間的皺紋更深陷下去了。「自從你爸過去之後，我還指望你撐起這個家。想不到……」母親把臉轉過去自言自語的說，下面的話已咽不成聲了。

「你有病就得吃藥！」我斥喝着。

「什麼？我有病？荒謬！」大哥話還未了，拳頭已打在我的眼鏡上。

我的臉破了，血，滴在一張紙上。一條不明顯的標題，寫着：作家陳映真第二次被捕。血沿着黑色的宋體字流過，流到另一個套紅黑體字的大標題：魏京生判刑十五年，被控……下面的字瞬間已和流下的血模糊一片了。

◎一九八〇年《素葉文學》

太平山上　太平山下

斜陽的金粉
紛紛灑落在
大廈、大廈、大廈
船隻、船隻
海面

啊！
這就是我生活了
三十年的城市嗎？
要不是有人提起：
感謝道光皇帝[1]
我幾乎忘了：
這個海港
有一個

1　某報的社評略云：我們應該感謝道光皇帝把香港租借給英國，否則今日中國搞四個現代化就沒有那麼多的便利了。

英印女皇的名字
維多利亞——勝利！

帶着一百多年歷史的重量
向我久已麻木的腦袋
隆隆轟響
使我痊癒已久的痼疾
猝然復發

劇痛中：
我看見島和半島之上
一根根
金色的木樁
給硬打進
一根根
金色的木樁之間

木樁下面
溢出了血
海面
漸漸染成腥紅……

我感到一陣暈眩
腳下的山徑
化為一縷灰色的雲煙
身體正向空中浮動

「別怕！」
有人扶了我一把
「這是太平山；
你走着的，
是一條鋼筋水泥的山徑，
姬達先生天天都來散步呢！」[2]

2　姬達（Jack Cater）是港英政府的廉政專員。

不知怎的
我便清醒過來
忘懷了一切

斜陽的金粉
依然灑落在
大廈、大廈、大廈
船隻、船隻
海面

一九八〇年《七十年代》

第二次見雪

趁着殘餘的天色
讀母親自故鄉的來信：

爸爸看了西醫
病還沒轉好
肺部積水
腳腫，不能走動……

窗外
鉛雲壓着鉛雲
拿起笛子想吹
吹不成調

雪就紛紛落下了

灑在近處的樓房
遠處的禿林
收音機廣播員平板的聲音：
波蘭軍方宣佈全國戒嚴
一切對外媒體均被切斷
華理沙被捕……[1]

街燈亮了
雪愈下愈大
淹沒了路的去向
一個行人
打着傘　冒着風雪
一步一步艱辛地走着
留下
一串深深的足印

一九八一年十二月，巴黎

1　華理沙（Lech Walesa），蘇聯解體前波蘭「團結工會」領袖，波蘭民主化後，曾當選總統。

第二輯

不誕生於水　誕生於火

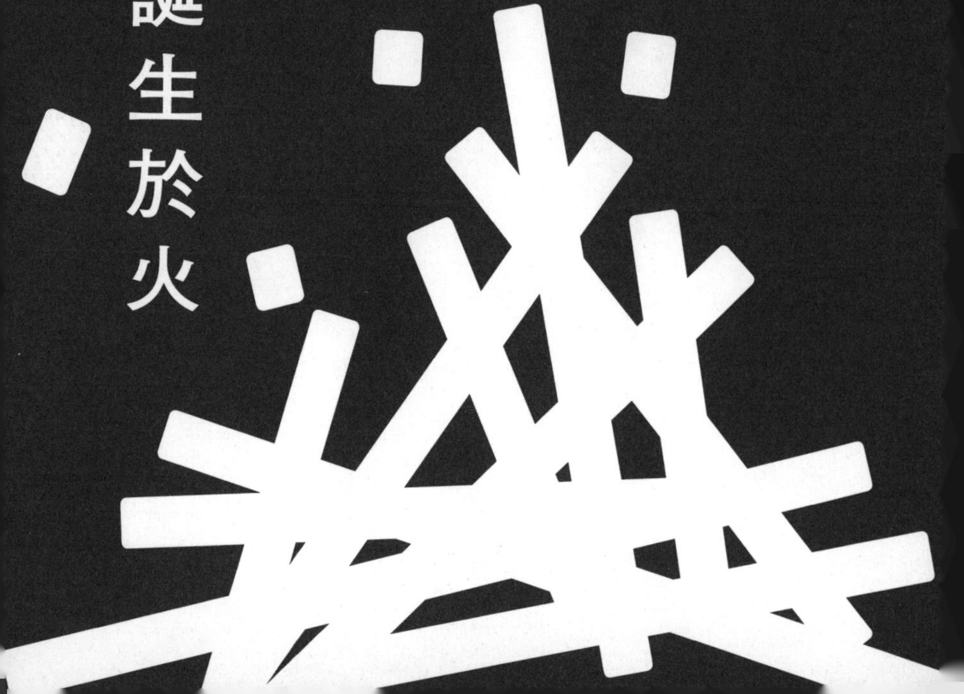

編者按◉本輯共收入文章十一篇，時間跨度很大，最早一篇在一九六五年發表，當時古兆申仍在大學攻讀，最晚一篇屬二〇一五年。大部分文章刊登在《盤古》月刊上。涉及的主題有保釣運動、釣運後香港和海外知識分子的政治動向、香港回歸祖國過程中的文化政策、香港回歸後的社會運動等。本輯題目〈不誕生於水　誕生於火〉是編者取自古兆申的詩作〈銅蓮說——題文樓的雕塑〉。

走我們自己鋪成的路

藍山居

讀了許多篇「我的大學生活」，庶幾每一篇都是我自己的感受，我自己的心聲。但我的苦悶，我的牢騷，這些文章似乎尚未為我訴盡，因此也想執起筆來，發前人之未竟。

但我想：牢騷儘管發，苦悶儘管訴，究竟有沒有結果呢？沒有，完全沒有！你看，輿論不是一致反對不合理的「升中試」嗎？但結果怎樣？輿論也不是一致反對官立學校的加費嗎？輿論不是也一致反對增加水費嗎？但結果又怎樣？所以我們是不必怨怨艾艾了。因為現實如此，如果期待什麼改善的話，還是自己動手更有效。

如果你打開李敖的《教育與臉譜》看看，台灣的高等教育也是一片怪現象，但是台大還出了一個「炮轟傳統」的李敖，未來的歷史將不能略去他的名字；台

編者按◉　本文用筆名「藍山居」發表在《大學生活》新二卷第十期，一九六五年九月十日出版。

大還出了一個新詩霸主的余光中，未來的文學史上將閃耀着他的光芒；台大更出了一位思想家何秀煌，未來的哲學史上，他的貢獻將不能被湮沒。而在師大也出現了一位劉國松，未來的藝術史上他將是一個值得大書特書的人物，可是我們呢？我們出了一個誰？台大的外文系且出版了兩種權威性的文藝雜誌：《現代文學》和《劇場》，我們呢？我們出版了什麼？

人家所受到的教育措施和我們差不多的糟，人家的成就與我們卻不可同日而語，原因在那裡？

原因就在：人家肯自己來！

人家自己去磨練身手，自己去創造。我們看：李敖有七本著作；余光中有十二卷詩、兩卷散文和一卷詩論（此外尚有數種翻譯）；何秀煌有兩本文集和一本有系統的《記號學導論》，劉國松有一本畫論和許多藏在各國博物館和名人府上的創作。這都是人家奮鬪得來的收穫。

而我們呢？我們為自己的同胞作過什麼？為自己的社會作過什麼？

大學生據說是被訓練出來領導社會的，我們雖不敢唱這個高調，但至少我們應該為這個社會幹點什麼。不滿現實畢竟是一種消極的態度，改良現實才是積極的辦法。要改良現實，唯有讓我們自己來，空口講白話費時誤事，不如切切實實的蠻幹一番。自己「刨」自己的書，自己研究自己有興趣的學問，自己寫自己的文章，自己辦自己的刊物，自己介紹新的思想文化。也許這片文化沙漠會長出幾塊仙人掌來，點綴滿目黃埃的淒涼。

總之，我們要走自己親手鋪成的路，別人為我們預備的路雖然好走，但永遠不能領我們到達自己的理想！

海外來信

顧耳

寶耳、紹明：

你們的信及《盤古》雜誌都收到了。《盤古》的風格，大概如舊，但對社會政治更熱心了，討論問題的人漸漸多起來，這是個很好的現象。紹明說最近幾期剛性文章太多了，讀者會吃不消，要我設法弄些軟性稿件來調和一下。這個意思未嘗不好，不過我覺得目前《盤古》的方向仍然是對的，因為釣魚台的問題，海外同胞正掀起空前熱烈的討論，釣魚台運動加上中國在聯合國的問題，可能會發展成一個統一中國的運動。所以在香港是需要一本像《盤古》這樣對國事那麼敏感的雜誌的，現在美國這邊對「統一中國」問題已展開了討論，不曉得在香港方面有無反應？這個問題非常重要，因為中國如果不統一，台灣方面便永遠受日、美的控制，而釣魚台即使爭回了「中國的領土」的名義，它的資源仍然是滾滾的

編者按◉　此文用筆名「顧耳」發表在《盤古》第三十九期，一九七一年七月二十日出版。古兆申當時在美國。文中提到的寶耳、紹明、健騮分別為梁寶耳、李紹明、溫健騮，都是《盤古》成員。溫健騮當時也在美國，一九七六年因癌症在美國病逝。

流到日美資本家的腹中的。而更嚴重的是，若「兩個中國」或「一中一台」成為事實的話，台灣勢必成為日本或美國的殖民地，或次殖民地了。所以假如香港還沒有人談這個問題的話，《盤古》應該帶頭；如果已有人提出了，《盤古》應該響應。岑逸飛、胡菊人都應該出來發表意見，紹明自己也應該寫一篇長文談這個問題。還有《盤古》的老作者「文治」，「火種」，「龍戰」對這個問題都一定有興趣，我們應該去邀請他們執筆，要不厭其煩，要用電話攻勢。「釣魚台運動」引起海外中國人對國事的關心，《盤古》不再是寂寞的高調者，我們已有了很多迴響。在這個時候，我們應該更加努力，發更大的光和熱，我們應該把《盤古》真真正正的變為海外中國人的喉舌。在這個時候，我要求《盤古》同人獻出更多的力量，作更多的個人犧牲，我們要把《盤古》做到職業化——一定要按時出版，因為這種時間的節奏，對各方面影響都很大，沒有稿就去求、去乞、自己去製造。我對寶耳和文樓的精神非常敬佩，紹明能在《盤古》危急存亡之秋接編《盤古》更是難得。我回香港後或會進友聯編周報，但我會繼續參加《盤古》的工作，在這風起雲湧的時候，《盤古》必須站穩崗位，必須繼續戰鬥！

我和健騮準備介紹一些美國新興的詩人和此間「工作室」的詩人給香港的讀者，但因為我們在這邊搞釣魚台運動，自己也出刊物，現在還未抽得出時間，我們還打算譯許多最近關於中國問題的文章，但我答應回港前一定辦得到。現在先寄給你們密西根大學的「五四」特刊和我們辦的快訊各一份，裡面有好些文章可以轉載。我們的稿，希望很快就可以寫好寄回港。健騮今年也可能回港，如屬實，則《盤古》又多一生力軍也。

隨信附上我和健騮的捐款。以後來信請密一點，不要石沉大海幾個月，我們要互相打氣。為《盤古》，為中國！

健騮附筆問候《盤古》諸君子。

中國仍是一個受侵略和受逼害的國家

古蒼梧

自從中國進入聯合國之後，西方即流行一種說法，那就是：中國即成為一個新的「超級大國」，與美國和蘇聯鼎足而三。這種說法更進一步的推論就是：中國將會和美蘇一樣，把持了聯合國這個國際機構，從事欺壓、剝削的買賣。海外的中國人對這件事的看法又怎樣呢？除了少數的極右分子追隨國民黨的宣傳濫調，說中國將「破壞聯合國憲章體制」，「繼續從事顛覆活動」之外，大多數都覺得西方的看法頗有道理。

這種看法有沒有道理？「道理」在那裡？我們海外的同胞應該不應該附和？這實在有詳細討論的必要。

西方國家之所以把中國視為超級大國，主要是因為中國像美國和蘇聯一樣：

編者按◉　本文用筆名「古蒼梧」發表在《盤古》第四十三期，一九七一年十二月二十五日出版。原文附有注釋，現刪去。

土地大、人口多，而且最重要的是有核子武器，能發射人造衛星，對小國家有影響力。是的，如果我們單看表象而不看本質，中國即使目前不是超級大國，未來也可以是超級大國，而西方的推論也似乎是很有「道理」。可是如果我們只看表象，就盲從西方的看法，那就不知不覺墮入他們反中國的宣傳羅網了。

如果我們要了解問題的本質，最好是先倒過頭來問：為什麼美國和蘇聯會變成超級大國？

現在先說美國。土地大，人口多，資源豐富，固然構成了「大國」的必須條件，這是一個客觀現實，是無可厚非的。但是另外有一個主觀的因素，使美國感到做大國還不夠，還要「超人一等」，非做「超級大國」不可。那就是所謂「自由貿易」的生產觀念。關於「自由貿易」的流弊，許多學者已經著文講述過了，我們這裡不必詳細討論。我們要指出的是「自由貿易」的基本缺陷——一個為生產而生產，為消費而消費的經濟觀念。提倡「自由貿易」的人，基本上假定人是自私的，而且只有「自私」才算是人的「人性」。因此在生產方面，只有讓人的「自私」去「自由競爭」，才能在質和量上提高。這個「自由競爭」既然是由

「自私」去推動，於是生產方面的質量提高，也只能以「利己」為大前提。這樣一來，那些擁有資本、擁有生產工具的人，便拚命為利己而生產，品質愈提高，生產量愈增加，賺錢也愈多，愈能達到「利己」的目的。可是擁有資本和生產工具的人不只一個，大家都為自己「自私」而「自由競爭」的時候，便會發生生產過剩、供過於求的現象。這些過剩的生產品，是不能留在國內的，因為這樣就會使物價下降，不但利潤大減，甚至會大虧其本，「利己」的目的就達不到了。那麼這些過剩的生產品要怎樣處置呢？自然就是要到外國去打開銷場了。這些剩餘產品的推銷對象，當然就是那些經濟落後、工業落後的國家。在十九世紀的時候，擺出一副帝國主義的嘴臉，以大炮軍艦打開銷路；第二次世界大戰以後，便化「剛」為「柔」，以「援外」的姿勢出現，卻絲毫未有改變其欺壓、剝削的醜惡本質，不過更抹上一層偽善的脂粉罷了。我們必須了解的是：「自由貿易」的經濟觀念，並沒有依照「人」的原則來安排生產與消費。在這個觀念下，生產只是為少數人的營利，而不是為多數人的需要。人的需要是有限的，而圖利卻是沒有厭足的；這些肯定了「自由貿易」的所謂「工業先進國」，也就樂得無休止的唯利是圖了。至於人，特別是皮膚和眼睛的顏色不同的人，管他們死死活活呢。所以最後走上欺壓弱小國家、剝削落後國家的道路——一個「超級大國」的道路。

現在我們再來看蘇聯。有人會說：蘇聯是個社會主義國家，經濟觀念和美國的截然不同，何以蘇聯也會走上「超級大國」的道路呢？是的，在列寧（Vladimir Lenin）和史太林（Josif Stalin）的時代，蘇聯確是依據社會主義的經濟觀念發展生產的國家，即施行「計劃經濟」，也就是說整個國家的生產與消費都是由政府加以妥善的安排的。可是自從勃列日涅夫（Leonid Brezhnev）上場之後，情形變了，且看一位留蘇日本學生的觀點吧：

新谷：「我想簡略地談一下蘇聯的『新經濟體制』問題。大家都知道，蘇聯現在的經濟情況不佳，困難很多。赫魯曉夫（Nikita Khrushchev）認為蘇聯經濟發展遲滯的原因，是經濟機構組織不好。他多次下令改組蘇聯的經濟機構，但仍然失敗。勃列日涅夫、柯西金（Alexei Kosygin）上台後，以為仿效資本主義的一套方法，也許可以促進蘇聯經濟的發展。他們提出了一套『物質上關心法則』和

『物質刺激的原則』，以此作為經濟發展的動力。

勃列日涅夫、柯西金集團從一九六九年起，採用所謂『新經濟體制』，放手給予各企業以獨立經營權，放手讓它們追逐利潤。按照勃列日涅夫這一伙的說法，只要人人都有追逐私利、滿足私慾的打算，拚命去追求利潤，就能達到『共產主義』。（笑聲）請問這是什麼樣的『共產主義』呢？這和資本主義又有什麼不同？這樣的做法，只不過是把什麼公司的總經理，換上一個什麼委員會主席之類的稱呼，而其實質根本沒有什麼不同。」

由此可見，自從一九六六年以來，蘇聯的經濟發展，在本質上，和美國並沒有什麼分別。尤有甚者，蘇聯還借列寧所倡議的「和平共處」原則為名，而實行所謂「國際分工」制度。什麼是「國際分工」制度呢？原來蘇聯和東歐國家之間有一個名叫「經濟互助委員會」的組織。這個組織的成員國應該生產什麼、不得生產什麼，都有了具體的規定。這些規定，是由「經互會」的首腦蘇聯來決定的。這種「國際分工」的「好處」，據蘇聯的解釋是成員國在這個集團內部發展成為一個完整的工業體系，互通有無，但事實上蘇聯本身有完整的工業體系，許多東歐國家只能發展單一的經濟。一個沒有完整的工業體系的國家，經濟上就談不上獨立自主。因此，這種「國際分工」、「生產專業化」就被許多人抨擊為新殖民主義的經濟政策。這樣看來，蘇聯的經濟政策不但是和美國的「自由貿易」如出一轍，甚而是更進一步的「專制貿易」了。這樣，東歐國家便變成了蘇聯的附屬工廠，一切仰賴蘇聯的鼻息，偶一忤逆蘇聯的意思，坦克大炮就開進國境，這就是一九六八年捷克的悲劇！

現在我們再回頭看中國。許多西方的觀察家，對於《人民日報》本年的元旦社論說：「中國任何時候都不做超級大國，現在不做，將來也永遠不做。」這幾句話，似乎抱有無限大的懷疑，或只當作是中國向「第三世界」的小國的宣傳口號罷了。但這是不是單純一種宣傳的口號呢？我們不妨看看巴黎《世界報》記者羅拔・紀蘭的意見：

「她（按：指中國）在這一、二年來宣稱：『中國將永遠不會成為一個超級大國。』這句話不但有政治上的，而且也有經濟上的含義。是不是要加速增產？是的，但是要有節制，不要西方那種為利潤追逐而競爭的狂、熱……從我們旅程各種觀察所得到的印象，不論是個別的或是綜合的，可以肯定：中國與其他大國所走的路不能相提並論，步調也是不同的。」

中國現在所走的是「自力更生」的社會主義道路。中國的生產，是為中國人民的需要而設計，最終的目標是達到自給自足。因此中國不會有生產過剩的現象，也就不會為圖私利而向別國傾銷自己的剩餘物資、成為一個剝削弱小國家的「超級大國」。是的，假如中國也像蘇聯那樣走上「修正主義」的道路，也許會步蘇聯的後塵，成為一個「超級大國」。但「文化大革命」已經更正了劉少奇這種錯誤的領導——因為那是一條死路，所有的「超級大國」到最後終會被全世界愛好和平的人民所唾棄的。是的，假如中國將來再有一個像劉少奇這樣的政治觀點的人出現，則中國也難免踏上這條死路。但文化大革命也照顧了這一點，它不但是一個「破舊」的運動，而且是個「立新」的運動。紅衛兵宣揚毛澤東思想就是要為「立新」打下思想的基礎。西方或海外的華人刊物，往往指摘宣揚毛澤東思想是搞個人崇拜，但我相信許多唱這種論調的人根本連《毛澤東選集》也沒有讀過。「毛澤東思想」是什麼？「毛澤東思想」就是以馬列主義的理論來分析中國近百年的歷史現實，為中國近百年歷史上的大問題尋求徹底解決的方法，讓每一個中國人都了解中國近百年受帝國主義侵略的歷史，都了解中國所以受帝國主義侵略的原因，都了解驅逐帝國主義的辦法是打倒官僚買辦集團的政權，是施行「自力更生」的社會主義制度，是打破五千年來家族主義的封建思想，是使每個國民都有「為人民服務」的精神，是把政治開放到每一個細小的單位，使他們有機會發表意見、有機會參與，難道就是「搞個人崇拜」那麼簡單嗎？其實中國宣揚毛澤東思想主要的目的，就是要每個中國人都緊記中國歷史的慘痛教訓，要他們不要走資本主義害人害己的老路，要中國人民「對世界有較大的貢獻」。這不光是一種理論，而且落實到行動。「文革」以後，全中國都洋溢了一種毛澤東思想的新精神：在政治的組織方面，從臨時的行政單位革命委員會到新建立的黨委，都朝着「一班人」集體領導的理想前進。盡量鼓勵每個人參與政治，使一切的政治措施，都是為「人」，而不是為「利」。在這樣一個全新的政治精神與政治體制下，即使有少數想走蘇聯修正主義的道路，想利用經不起「物質刺激」的人性、弱點，把國家的生產資料從人民大眾的手中轉交到少數的當權派手中，去為這個新階級裡的新貴族營「利」，去剝削本國人民和別國人民，便不是那麼容易的一回事了。因此我們有理由相信：雖然同樣是社會主義國家，中國的道路是和蘇聯截然不同的；不但因為中國有一百年受帝國主義欺凌的歷史，更由於中國具有與蘇聯截然不同的人生觀、世界觀，截然不同的政治體制與經濟政策。我們在海外的中國人，如果也追隨西方的論調，給自己的祖國扣上「超級大國」帽子，說輕一點，只是表示我們對祖國的了解不夠；說重一點，就是幫助敵國來誣毀自己的國家了。

事實上如果我們肯冷靜點觀察，就會了解到中國今日仍處於被侵略的地位。美國的第七艦隊仍隨時在台灣海峽出現，今年八月，甚至蘇聯的軍艦也大搖大擺的通過津輕海峽南下。美國在台灣有陸軍司令部，有海軍聯絡部，還有兵力七千人的空軍。而在外蒙，蘇聯的百萬大軍正在鎮壓中國的邊境。蘇聯目前有洲際導彈一千五百一十枚，中國任何一個地方都在蘇聯核彈的射程之內。所以周恩來說中國核爆、備戰，純是為了破除敵人的核子威脅，如果大家都了解中國今日處於這樣的軍事危機，就不會再取笑中國某些官方人士所說「寧要核子，不要褲子」

這句話，因為它的動機本來就是要保衛七億人民的性命。試問是性命重要呢，還是褲子重要呢？再說日本。日本的當權派正在瘋狂地恢復軍國主義的體制，建立了隨時可以化為一支具有強大侵略力量的所謂「自衛隊」，建立了在三個月內可以製成核子武器的工業設備，又常常鼓吹「台灣歸屬未定論」、「台灣是日本南下生命線論」，擺出一副美國亞洲政策代理人的姿勢，甚至與蘇聯勾結，實行對中國圍堵，這難道不值得我們提高警覺嗎？

這只是軍事方面。

我們再來看經濟方面。美國對台灣的投資僅次於華僑的投資額。去年美國對台灣的投資共有十六項，大部分是電器和電子企業，總金額是六千七百八十萬美元。日本在台灣的投資直至一九七一年七月底止，已達三百九十九家，資金九千三百餘萬（編者注：原文如此，究竟是什麼貨幣無法查考）；投資的項目從日常用品到電子工業。這些投資除了榨取台灣的資源與勞力之外，還打擊了當地的民族資本。此外又有所謂「技術合作」、「合資」的玩意，實際就是使日本的工業產品在台灣免稅銷售，因為日資龐大，華資往往被吞食，結果就從「合資」變成了「日資」。由此看來，台灣今日實際上已成為美日經濟的附庸國，和一九四九年以前中國大陸受帝國主義經濟侵略的情況沒有多大的分別。

從上面分析可見台灣對美、日在經濟和軍事方面的重要性，也可見蘇聯對中國威脅之大。美國不會輕易放棄它「太平洋的航空母艦」，日本更不願放棄它「南下的生命線」，蘇聯也不會放棄對於西伯利亞及外蒙的邊境無限擴張的野心。百多年了，帝國主義的勢力，還沒有完全從中國的領土上撤走，他們仍然在中國的台灣省中從事欺壓、剝削的買賣，仍然在原屬中國的外蒙邊境上虎視眈眈！一個這樣處境的國家會不會走「超級大國」的路？能不能走「超級大國」的路？

中國現在一心一意想着的，就是怎樣把帝國主義的勢力，從中國的領土上徹底驅逐。這也就是中國進入聯合國後第一件要做的事。

中國代表團團長喬冠華在聯合國大會第一次發言首先提到的，就是台灣省的問題，他說：

「台灣是中國的一省，居住在台灣的一千四百萬人民是中國人民的骨肉同胞。根據開羅宣言和波茨坦公告，台灣在第二次世界大戰後已經歸還祖國，台灣同胞已經回到祖國的懷抱。美國政府在一九四九年和一九五〇年一再正式確認了這一事實，並且公開聲明，台灣問題是中國的內政，美國政府無意干涉。先是由於朝鮮戰爭的發生，美國政府才違背了自己的諾言，派遣武裝力量侵佔中國的台灣和台灣海峽，至今仍留在那裡未走。現在有些地方散佈所謂『台灣地位未定』的謬論，是在策劃『台灣獨立』的陰謀，繼續製造『一中一台』，實際上也就是『兩個中國』。我代表中華人民共和國政府在這裡重申：台灣是中國領土不可分割的一部分，美國用武力侵佔中國的台灣和台灣海峽，絲毫不能改變中華人民共和國對台灣和台灣海峽的主權；任何企圖把台灣從祖國分割出去的陰謀，都是我們堅決反對的。」台灣是中國近百年受列強宰割的最後一個傷口，中國還需要花很大的氣力去醫治它，又那裡來多餘的力量去欺負別人呢？是的，中國會支持一切反侵略和反逼害的運動，因為它目前就是受侵略和受逼害的！

後記

十一月八日，承馮以泓先生之邀，參加港大學生宿舍「明原堂」的座談會：「中國是一個超級大國嗎？」當時在座的除了港大的同學之外，還有司徒華先生、李怡先生和陳婉瑩、劉達政、包錯石、岑逸飛幾位朋友。大家討論得非常熱烈，由下午八時直至午夜方散。我寫這篇文章，有許多意見，其實是受了這個座談會的啟發，如果本文還有可供參考的地方，應該說是這個座談會帶給我的收穫，故特為此記。

回歸祖國的第一聲號角——紀念「四・十」華盛頓示威談海外中國同胞的轉變

古蒼梧

四月十日，一九七一年，這一天對許多留美的同胞來說，都是非常重要的。這一天，從遙遠的西岸，從中西部，從北方的加拿大，我們的同胞都坐着飛機，乘着汽車，越國過州的來到美國的首府華盛頓。在那裡，我們要向美日帝國主義者、軍國主義者，表示我們的憤怒，因為他們私相授受中國領土釣魚台；我們也要向蔣政權表示我們的憤怒，因為他出賣了中國領土釣魚台，出賣了釣魚台豐富的石油資源。

二十多年了，我們毫無選擇地給父母或親人帶到台灣，帶到香港，帶到海

編者按◉　本文用筆名「古蒼梧」發表在《盤古》第四十七期，一九七二年六月六日出版。

外；我們毫無選擇地給割離了祖國的大地。在外面的人，狠毒地對祖國的大地垂下了厚厚的「竹幕」，然後告訴我們：在祖國的大地上，正進行着殘酷的屠殺；人民給強迫勞役，就像古代的奴僕一樣；老百姓捱飢抵餓，「食『粥』三餐，『瘦肉』四両。」總之，共產黨都是些瘋子，毛澤東是個魔王——一切的苦難，都是共產黨帶來的。共產黨不但「竊據」了中國大陸，而且還要到處搞「顛覆」活動，還要佔據印度支那半島、朝鮮，甚至要佔據日本，要佔據太平洋東岸的美利堅合眾國。於是美國出兵朝鮮，打到中國的鴨綠江邊，中國也不應該抵抗，一抵抗就等於侵略；於是美國出兵支持南越的傀儡政權，接替法國殖民主義者的位置，鎮壓越南人民的解放戰爭就變成了「當仁不讓」的行為，中國在經濟和軍器上援助北越就是搞「顛覆」活動；至於巡邏在台灣海峽的美國第七艦隊，盤據在台灣省中的美國軍事勢力，自然是保護中國唯一「自由」的土地的必要的、合理的措施了。我們是給教會這樣看問題的：反共是最大的前提，國際上任何行為，只要是反共的，就是好的，就是對的，無論它的本質是什麼。只要是反共的，就算出賣了自己的國家和領土也不要緊！

幸好，還有一班比較有民族意識的人。他們雖然也反共，可是不致反得毫無原則。他們在港台及海外，仍然談談中國的歷史和文化，使我們年輕的一代，也知道什麼叫做「國恥」，什麼叫做「不平等條約」，知道中國有五千年光輝燦爛的文化；使我們這些未被資本主義社會完全腐蝕的人，在矇矓的印象中，還有一片秋海棠形狀的祖國地圖，還有一個「文化的中國」，在絕望之中仍然浮現着一個抽象的未來中國的映象。因此，我們對於國家的領土、國家的資源，仍然有一份熱愛；對於企圖侵佔國家領土和資源的帝國主義、軍國主義者、對於出賣國家領土和資源的賣國賊，我們仍有一份切齒的痛恨！

釣魚台事件，就是十九世紀以來千百件列強侵華事件的重演，也是千百件漢奸走狗賣國事件的重演。所不同者，以前的事件我們只是從書本上讀到，這一件我們卻親眼從現實中看到，從一個標榜自由民主，標榜民權的國度裡看到了。

四月的華盛頓，星條旗下，櫻花正在盛放。這一群來自北美洲各地的示威同胞，有許多還是第一次來到這裡。我們的汽車經過許多這個國家的歷史名勝，使我們不禁想到那些開國的英傑：喬治・華盛頓（George Washington）、湯瑪斯・

傑佛遜（Thomas Jefferson）……是否就是單單為白種人，單單為有錢的白種人建立所謂「自由民主」？他們當初會不會想到，他們一部分不肖子孫，會幹起帝國主義的勾當？憂鬱的林肯（Abraham Lincoln），在他的紀念館裡坐着，由南北戰爭結束以後一直坐到現在。他也許也看到，他以自己的生命解放出來的黑奴，現在仍是變相的奴隸吧。

但請你不要憂鬱，林肯先生。人們會自己解放自己的。不用你去打開，人們也會掙脫別人強加給他們的鎖鍊的。我們今天來到這裡，也是要實踐這一點，證明這一點。我們相信，你的黑人弟兄，也必會這樣。人們是不甘於永遠受壓迫、受欺負、受奴役的！

我們中國人也給壓迫、欺負、奴役了一百多年。我們給嚇得戰戰兢兢的蹲下來，甚至跪下來。但現在我們卻要站起來了，連我們這班寄居在別人國土上、從來都躲在一角、不敢張聲的「小中國人」，也要站起來了。請看，我們的兄弟姊妹從四方八面來了！他們扶老攜幼，高舉「打倒日本軍國主義」、「打倒美日勾結」、「保衛中國領土釣魚台」的標語，破天荒地齊集在白宮前面、憲法大道的廣場上了。是的，在美國，示威是家常便飯，而美國的法律也准許外國人示威。可是我們也知道美國的國民防衛軍曾經多次開出坦克大炮來踐踏本國學生的示威隊伍；我們也清楚記得，在一九七〇年的夏天，肯撒斯州有四位示威的學生被軍警亂槍射殺。美國的法律尚且不能保護本國人，又何況是我們呢？我們也知道，美國的「CIA」組織嚴密監視着每個外國居民，一有差錯就會喪失居留權，被遞解出境。我們更清楚知道，國民黨政權是反對中國人向它的主子示威的，從一九七〇年十一月發起保釣運動以來，國民黨的特務就開始了他們的造謠、滲透、破壞的工作了。他們寫恐嚇信、打匿名電話，甚至在華埠中僱請黑社會的打手毆打愛國同胞。這一次愛國反帝的壯舉，也必定有國民黨的特務混在其中，從事破壞的活動；這些破壞活動，可能影響到整個示威隊伍的安危。而且參加示威的同胞之中，有大部分是從台灣來的，他們的家人還在國民黨的魔掌之中，隨時會因為他們在國外觸怒了國民黨而受到處分。但儘管有這種種隱伏的危機，我們的同胞還是來了。

大會主席李我炎先生宣稱：「根據警務人員最保守的估計，今天到這裡參加示威的同胞，至少有二千人！」大家熱烈的鼓起掌來。

「同胞們！今天我們又一次勝利的團結在一起了！」負責演講的王正方同學發言了。他是一個高大的漢子，年紀約三十歲，身穿米黃色的風衣，聲音洪亮而激動。他嚴厲譴責了《中央日報》所謂「凡言軍國主義者都是匪類」的賣國言論；以日本佐藤政府「三、三、三」擴軍計劃的事實粉碎了賣國者的讕言。王同學說：

「中國也亡過，中國也被統治過，原因是什麼？原因就是有一種人叫做『賣國賊』啊！」

他跟着以更憤慨的聲音說：「有人說『賣國賊』這個字眼不好，罵人嘛。我也不喜歡罵人，可是當有人真的要出賣國家的領土和資源的時候，我們便不得不罵，我們一定要罵，我們非罵不可！」

這時廣場上的掌聲像千疊萬疊的巨浪般澎湃起來，「打倒賣國賊！打倒日本軍國主義！」的聲音咆哮着！

擴音器播放着「保衛黃河」和「釣魚台戰歌」；領喊口號的人和群眾一呼一應。

「打倒！」

「打倒！」

「打倒什麼？」

「打倒日本軍國主義！」

「保衛！」

「保衛！」

「保衛什麼？」

「保衛中國領土釣魚台！」

示威隊伍浩浩蕩蕩的來到我們示威的第一個對象——美國國務院。隊伍齊集在國務院前，由我們的代表遞交抗議書，而另外一位美國朋友和余珍珠女士，則在現場演講。余女士用流利的英語發言，從中國近代史中，控訴美帝國主義者對中國人民所犯的罪，每發一言，即獲得台下熱烈的鼓掌。而《明報月刊》去年的一篇文章竟報道說，余女士大放反美言論，與「保釣」主題無關，聽眾噓聲四起，余女士不得不及早下台云云。這篇文章的報道者，簡直就是有意歪曲。試問：如果我們不是反對美帝國主義者，又為什麼要到美國國務院前面來示威呢？

不錯，余女士的演講詞是長了一點，因為時間的關係，主席曾請她縮短了一些，說余女士給噓了下台，卻是絕對沒有的事，那位報道人這樣歪曲事實，我們非常有理由相信他是在為美帝國主義者遮羞的。

我們的代表回來了，他們帶回來的答覆是：

「美國政府認為，尖閣群島是屬於沖繩島的管轄範圍之內，明年（一九七二年）將與沖繩島一起『歸還』日本政府。」

美帝國主義者橫行霸道的嘴臉露出來了，彷彿對我們傲慢地說：「老子高興把這些島給誰就給誰，看你能怎樣？」我們中間，一些平時頗為嚮往美式「自由民主」、認為美國一直在主持「公道」與「正義」的同胞，這時也看清楚美國政府這種大國沙文主義的本質了。於是大家都異口同聲的高呼：「打倒美日勾結！」「釣魚台，中國領土！」

在激動的情緒中，我們的隊伍轉向國民黨的「中華民國大使館」。在代表前往遞交抗議書的時候，我們留在大使館前的草坡上聽廖約克同學的演講，廖同學說：「釣魚台在明年就要讓美國白白送給日本了，可是台北政府仍然沒有任何實際的行動，還派了姚舜來向我們『疏導』，說什麼要循合法的途徑解決。我們還要不要聽這種鬼話？」

「不要！」群眾一聲說。

「我們再不要聽了！」廖同學繼續以憤怒的聲調說：「我們早已聽夠了！我們要請周書楷大使出來，給我們切切實實的答覆。」

「請周書楷出來！」群眾以無比憤怒的聲音，呼喝着：「周書楷出來！」

我們的代表帶着我們的要求進大使館去：我們要求台北政府派軍隊去保衛釣魚台，我們要求它派艦隊保護在釣魚台作業的漁民，我們要求它取消所謂「中、日、韓共同開發海底資源」的協議……我們要求周大使代表台北政府逐條具體答覆我們的問題。代表帶回來的答案是：「周大使說，政府會循一切合法途徑爭取釣魚台的主權。我們的問題，將會在一個月內答覆。」聽了這個官式的陳腔濫調，群眾噓聲四起，大呼：「周書楷出來！」「把周書楷拉出來！」但周書楷並沒有出來，據說他早已悄悄的從大使館後門溜掉了。過了一個月之後，我們也沒有得到台北方面的答覆。

最後我們來到直接的敵人——日本大使館前面，一位日本女士首先慷慨陳詞。她沉痛地講述日本軍閥對中國人民和日本人民所犯下的滔天大罪，認為日本反動政府侵佔中國領土釣魚台的企圖是違反日本人民意願的，她站在中國人民的一邊！

代表把我們的抗議帶了去，又帶了回來。日本大使的態度比美國的官員更為傲慢，對於我們的種種質問，他只是冷漠地說：「No Comment！」還反問一句：「你們的大使怎樣回答你們的問題呢？」我們的代表也只好回一句「No Comment！」群眾聽完了代表的報告，每個人都懷着不可壓制的憤怒，圍繞着日本大使館，高呼「打倒日本軍國主義！」「釣魚台是我們的！」

散隊後，金黃的夕陽悄悄地照在華盛頓的街道上。我們走着、談着、思索着：今天的示威算是成功還是失敗呢？就爭取領土的角度來說，我們是沒有什麼成績的，甚至連向世界宣佈我們的憤怒和抗議都沒有做得很好，當天的電視和翌日華盛頓的報章就隻字不提這件事，只在事後《紐約時報》（*The New York Times*）一位華裔記者寫了一篇短短的報道。華盛頓的大眾傳播不提這件事，可能是受了華府當局的壓力，也可能是我們在報界沒有充分的人事關係的緣故。總之資本主義國家中所謂「言論自由」、「言論開放」是很騙人的：你可以什麼都講，就是沒有人替你傳播，除非你有錢有勢。從這一方面來想，我們的心情是沉痛的。

但另一方面，我們的心情卻又無比的興奮。因為這一次是海外同胞廿多年來第一次團結在一起，為自己的國家做點事。這廿年來，我們飄流在海外，像沒有母親的流浪兒。可是我們都懷念自己的母親，很想為她做點事，現在終於找到機會了。我們覺得今天的行動，雖然沒有什麼實際的收效，卻把我們這一群流浪兒無比複雜的心情，用一根愛國的熱線給綰起來了。我們都知道，這只是開始，然而這是很好的開始，只要我們能把這種團結的精神繼續下去，我們是可以真真正正的為國家做點事的。這次行動，使我們親眼看到軍國主義和帝國主義猙獰的嘴臉，親耳聽到他們傲慢欺人的聲音，也親眼看見國民黨的懦弱無能、賣國苟安的無恥表現。這些經驗好像突然替我們接上那切斷了二十多年的歷史血脈，我們彷彿又看見近百多年來在祖國大地上血淋淋的事實：帝國主義者的軍艦、大炮、刺刀，中國人民面目模糊的屍體；租界裡「華人與犬不准進內」的牌子……我們猛然的醒覺到：這一段沉痛的歷史還沒有完結，釣魚台事件就是新的一頁！

為什麼還沒有完結呢？我們在四月十日晚上的檢討會中討論過了。大家都認為問題的癥結所在，就是中國還沒有統一。一個賣國的黨，一個和帝國主義勢力勾結了幾十年的政權還盤據在台灣省上。釣魚台只離台灣一百多海里，可是蔣政權卻沒有能力保護它，任由琉球政府把在列島上作業的漁民驅逐，任由它在那裡樹碑立界，任由它把中國記者在那裡所掛的青天白日旗撕破。北京政府也不能出兵保衛釣魚台，因為在台灣海峽上，有美國的第七艦隊，中國在目前還不能和美國開戰。所以釣魚台事件並不是孤立的，必須把它和台灣問題配合起來才可以看得清楚。最後我們發現：即使國民黨爭回了釣魚台的名分，也是有形無實的。因為它必須靠美國和日本的資金和技術來開採油礦，結果中國石油就像中東國家的石油一樣，給日、美以五角錢美金一桶的賤價剝奪盡。看來只有一個強大統一的中國才可以徹底解決釣魚台的問題，才可以確確實實的保衛釣魚台的領土和資源。

可是中國為什麼不能統一呢？國民黨政權為什麼和北京政府處於對立的狀態呢？國民黨和北京政府的衝突既然是內政性質，為什麼不能自己坐下來商量解決，而偏偏要由別的國家插手呢？這插手中國內政真的是那麼道義嗎？真的只是為了「保護」中國唯一「自由」的土地嗎？在它的保護下，國民黨政權真的有自主的政治嗎？釣魚台事件都給這些問題一個清楚的答案。如果美國對國民黨政權只作道義上的保護，那麼為什麼它要把中國領土釣魚台自己先霸佔了（在一九五〇年美國在沖繩的軍用地圖中，是沒有把釣魚台列入其管轄範圍內的，後來才慢慢的擴大到這些島嶼中去。讀者可參看「國是研究社」出版的《釣魚台事件專輯》）然後送給它的亞洲養子日本呢？如果國民黨有自主的政治，何以對於釣魚台事件雖然口口聲聲抗議，卻又無法有所行動呢？答案就隱藏在一連串問題的背後。

但假如我們都贊成中國統一，又由誰來統一呢？就現實的情況來說？當然是由北京政府來統一了。可是我們願意接受北京政府的統一嗎？就我們在香港、在台灣、在海外所聽到、所讀到關於北京政府的報道，都說它是一個極權的政府，說它不但給中國人民帶來無限的苦難，而且還要把這種苦難擴散開去，傳到世界的每一個角落。由這樣一個政府來統一中國是否適合呢？但我們又問自己：北京政府真是這樣的一個政府嗎？我們對它，究竟有過怎樣的關心和了解呢？除了讀一些反共的宣傳八股文章之外，我們接觸過多少原始文獻呢？所謂「中共問題專家」的分析，是否就很「客觀」呢？難民潮、浮屍等等現象是否就足以說明中國的苦難就是由這個政府所造成的呢？我們有沒有看清楚一九四九年國民黨統治下的舊中國究竟是怎樣的？辛亥革命後，晚清政府所遺留下來的爛攤子，國民黨有沒有把它收拾乾淨？一九四九年後的中國又怎樣呢？在北京政府統治下的中國大陸，還受不受帝國主義的侵略？還有沒有吸食人民血液的貪官污吏？還有沒有千千萬萬人死於黃河的水患？還有沒有易子而食的人間慘劇？還有沒有勾結了帝國主義、控制着整個中國經濟命脈、大發國難財的四大家族？一九四九年後中國農工兵老百姓的生活究竟怎樣呢？真的是「食『粥』三餐，『瘦肉』四両」嗎？經濟的分配基本上做到合理了嗎？人民有沒有醫療的、職業的、退休的保障呢？知識分子是否受到逼害呢？受批判是否就是受逼害呢？勞改是否是一種嚴厲的刑罰呢？知識分子的下放是否就是人才的浪費呢？中國大陸上真的沒有民主，真的沒有自由嗎？抑或對民主和自由有另一種看法呢？在北京政府的統治下，中國傳統文化真的給摧殘了嗎？抑或正以全新的角度批判、繼承和發揚中國傳統文化呢？

要解答這許多問題，都得作詳細的調查研究，於是就有「國是大會」、「國是研討會」的召開。因為這些複雜的問題，是需要大家一同來研究討論，才可以得出一個比較客觀正確的答案的。這一類「國是研討會」的形式，大都是邀請對某一問題有研究的人作演講，然後由聽眾參與討論，通常發言和辯論都非常熱烈；有時還召開全美性的野營大會，作一連數天的討論。在這些研討會中，不但討論了中國大陸上的各種問題，還討論了台灣省的現況和它的將來。國民黨分子也組織了非官方的辯論隊來參與，其中唱反共八股的固然不足一哂，就算是那些自稱「專家」、「博士」等比較有斤両的人，也一一被會上同胞擊敗。從去年六月「陌地生」（Madison）「夢到他」湖畔的「中國統一野營研討會」，到同年九月安娜堡（Ann Arbor）的「國是大會」，中國留美同學相聚一起研討不下十次之多。最後大家都差不多認為北京政府這二十年來所做的一切，基本上完成了中國近百年來的歷史任務——把帝國主義勢力從中國大陸上驅逐，把封建勢力加以清除。而它針對中國數千年來的人口與土地問題，水災、旱災問題、醫療問題、農工兵生活問題，也做了許多有益的工作。所以它是一個愛國的政府，也是一個為民的政府。至於對知識分子的問題、自由民主的問題，意見則比較參差，但基本上澄清了許多誤解：例如受批判不等於受逼害，許多受批判的知識分子仍能在原位工作；下放也不是長期的。勞改不等於刑罰，那只是幫助知識分子改造自己的一種手段，經過勞改的知識分子，能返回原位工作，作出新的貢獻。至於民主自由社會主義，祖國確有不同於資本主義所謂「自由民主」的解釋：馬列主義認為，在階級的社會中不可能有真正的自由，也不可能有完全的民主。社會主義社會是由資本主義社會過渡到共產主義社會的階段，其中仍有階級的鬥爭，因此只有無產階級內部可以擁有自由和民主，對於一切反社會主義的敵對階級，是要實行專政，並且剝奪其自由的。同時無產階級內部的民主也是有指導性的，而自由亦必須由紀律來約制。這種「自由民主」，是否就是我們所要求的「自由民主」呢？一時還不能成為定論，但至少對現階段的中國來說，這種「自由民主」是可行的、有效的，對中國有好處的。總括一句，經過這些「國是研討會」之後，留美的同胞大抵都認為北京政府是一個可以擁護的政府，足以代表絕大多數中國人民，至於它的政策與措施是否完全合理、沒有缺點，則有待討論，但大方向是對的，這是沒有疑問了。

有許多人認為，海外留學生的普遍左傾，完全是情緒發洩和投機作風。有人甚至認為他們搞保釣運動也是這樣。我覺得持這種觀點的人，如果不是中「反共毒」太深，就是那些玩世不恭以自鳴清高、放言高論來逃避責任的人。他們的論據之一是：留學生去年在美國失業的現象非常普遍，心情苦悶，所以搞個保釣運動來發洩一下。可是他們不知道，有很多人偏偏是放下了自己的職業甚至是學業來搞保釣運動的，特別是那些領導的人。他們的另外一個論據是：中共向美國展開乒乓外交，尼克遜（Richard Nixon）宣佈訪問北京，留學生覺得北京政府開放了，可以接受了。但所謂「乒乓外交」是在一九七一年四月才正式展開的，保釣運動在一九七〇年十一月已展開了，而在六月已有「國是研討會」，當時大家的看法已經有了左傾的現象。他們還有一個論據是北京政府恢復了在聯合國的合法代表中國席位，留學生為了立功好回中國大陸去做官，所以急不及待的「靠攏」。但北京恢復聯合國席位是去年十月的事，而去年最後一次「國是大會」是九月，根據那些調查意見的反映和調查統計，左傾的現象已是非常普遍了。可見這些論據一拿出來和事實對照一下，就知道是「想當然」的站不住腳。是的，「乒乓外交」、尼克遜訪華、中國入聯合國，對留美同胞都有一定的刺激，其中也許有所謂投機分子。但大多數同胞受了這刺激之後，並不是馬上就左傾，而是把自己過去對北京政府的看法，作了重新的檢討，而他們的結論大多是覺得自己過去的看法是錯誤的。因為他們大多數因為生活和環境的關係，沒有真正切實的去作過調查研究，只是偶然讀一些反共專家寫的「匪情資料」，或是「中共專家」寫的「客觀分析」。現在自己親自去接觸那些原始資料的時候，發現那些專家的說法，很多是片面的、歪曲的，甚至是偽造的！他們覺得自己被騙了二十幾年，他們猛醒起原來自己一直在給教會恨自己的祖國，一恨恨了二十幾年，而這個祖國卻不但不應該恨，而且應該愛的。而更重要的是，和北京政府相比，國民黨的賣國本質完全暴露出來了，而美國和日本的帝國主義、軍國主義本質也完全暴露出來了。他們看清楚中國之所以仍不能統一，就是因為有國民黨這個賣國的政權存在，就是因為有美日帝國主義、軍國主義的勢力存在。他們也同樣調查研究台灣省一般勞苦大眾的生活，結果發現他們的生活完全沒有保障，即使在物質生活上也比不上大陸同胞，更不要說社會地位、精神面貌了，因此他們認為統一中國的任務，應該由北京政府來完成。於是「專家」們又冷笑說：「留學生太天真了，被中共官方的宣傳資料所騙。」那麼我倒要向這些「專家」們請教：你們是根據什麼資料來研究中國問題的？主要不也是官方資料嗎？既是同樣的資料，為什麼你們的結論就一定對，而我們的結論就一定錯？如果說我們年輕，沒有學問，那麼楊振寧、楊慶堃、何炳棣這些先生都年輕、都沒有學問嗎？當然，如果你們是根據特務漢奸的情報，根據「匪情」專家製造的謠言來研究的話，我們的結論應該是不一樣的。「專家」們又說：「你們帶了主觀的情緒來看這些資料，是很容易受迷惑的。」親愛的先生，請你不要忘記，在我們來看這些資料之前，我們是看過你們那些「客觀」、「冷靜」的分析的，而你們這些「客觀」、「冷靜」的分析也是根據這些資料而來的。為什麼偏偏你們不能說服我們，而這些資料卻可以「迷惑」我們呢？無他，這些資料報道的是赤裸裸的事實，而你們「客觀」、「冷靜」的分析，卻是可鄙的歪曲、無恥的欺詐罷了。看來帶了主觀情緒的不是我們，而是你們這些反共反華的騙子呢！

我們已被騙了二十多年，經過了「保釣運動」的洗禮，我們的眼睛已明亮起來，我們對國情，對世局都親手做了調查研究，任何漂亮的謊言，也不能把我們和祖國分開了。「四．十」華府示威是呼召我們回歸祖國的第一聲號角，現在我們都齊集好了，我們正學着七億同胞的步伐，向着祖國統一的大道邁進！

覆鄺芷人談中國現階段文化的創造、自由民主及其他一些問題

古蒼梧

芷人兄：

來信提出的問題非常廣泛，例如「自由民主」、「專家問題」等等，但我想你的主要觀點是在「要中國被外人尊敬，那必須從文化方面着手。」這句話裡頭，你的觀點和本港大學中的一些先生們一樣，以為中國無疑是強大了，就可惜沒有文化，主要是因為「政治掛帥」的政策使然。

中國目前究竟有沒有文化，容後討論。現在我想首先和你討論一下文化創造的條件。我想問的第一個問題是：創造文化，要不要有經濟基礎？換言之，文化

編者按◉　本文用筆名「古蒼梧」發表在《盤古》第四十九期，一九七二年八月二十日出版。鄺芷人是《盤古》成員之一。鄺的來信也刊登在此期《盤古》。

的創造是否可以沒有物質條件而憑空造成？如果你同意說：要有。那麼我再問：你心目中所謂「文化」是在怎樣的經濟條件下創造的呢？同時我要更進一步問：你心目中的「文化」，是在怎樣的經濟分配制度下，由哪些人創造出來的呢？當我們要討論中國當前文化的建造時，我們必須弄清楚它的政治和經濟背景、中國政府對於文化創造的理論根據，然後才可以把問題講明白，不能單單以「政治掛帥」四個字來抹殺當局的努力和成就。

遠在一九四〇年毛澤東在《新民主主義論》的論文中就說過：「一定的文化是一定社會和經濟在觀念形態上的反映。」又說：「在中國，有帝國主義文化，這是反映帝國主義在政治上、經濟上統治或半統治中國的東西。」「在中國，又有半封建文化，這是反映半封建政治和半封建經濟的東西。」這說的是當時的文化情況（其實也是現在台灣和香港的文化情況）。至於社會主義的文化，他認為：「以社會主義為內容的國民文化必須是反映社會主義的政治和經濟的。我們在政治經濟上有社會主義的因素，反映到我們的國民文化也有社會主義因素。」中國現在是社會主義建設時期，它的文化，自然是社會主義的政治和經濟因素的反映，現階段中國文化的創造，自然是以社會主義的政治和經濟作為其基礎的。弄清楚了這一點，我們就可以來談中國大陸上究竟有沒有文化？如果有，又是怎樣的一種文化？

社會主義時期在政治和經濟上最大的特色就是「無產階級專政」和經濟分配的平等主義（注意：不是平均主義）。中國的「無產階級專政」，就是以工農群眾為代表的政權對反動的資產階級、地主階級實行專政，而對人民內部——工農群眾、革命的小資產階級、接受改造的民族資本家實行民主，所以叫做「人民民主專政」。在經濟的分配上，所謂「平等主義」就是盡量減小國民在物質分配所得的差距。所以中國現階段的文化創造，是反映出這兩種政治和經濟因素的文化。因為要對反動的資產階級、地主階級專政，所以反映他們的意識形態的資本主義文化、封建主義文化及和他們勾結的帝國主義文化是受到批判和排斥的，但反映工農群眾革命的小資產階級或接受改造的民族資本家的意識形態的文化則是有充分的創造自由的。當然其中也有一些有資本主義傾向的文化貨色，它們經過批判後，只作為「反面教員」存在着。由於經濟的分配是平等主義的，在文化創造上也要推行「為工農兵服務」，即是不要把文化變成少數知識分子的專利品，而是要普及給佔全國人口百分之九十以上的工農群眾，然後在普及的基礎上加以提高。「文革」期間所以批判「專家主義」、「天才論」，就是要貫徹這個文化路線，因為這兩種思想都是要把文化變成少數人的專利品的。這就是中國當前文化創造的情況。從這一個標準和原則來看，中國在文化的創造上是有相當的成績的，只要你到圖書館裡去翻一翻國內自一九四九年以來出版的圖書目錄，就可以得到證實。如果你說這並不是我心目中的「文化」，那就得看看你所謂的「文化」是什麼才可以加以討論了。

現在再來談談民主自由的問題，四十七期《盤古》楊振寧的講話中也討論過這個問題。楊氏認為自由民主不可以坐在椅子上談的，你必須有一個具體的辦法。他的意思就是說：當你提出施行民主自由的政策的時候，你必須同時提出一套施行的辦法來，否則就等於空談。中國目前是否施行着「寡頭政治」？我們在海外是很難加以判斷的。特別是「文革」之後，新建的黨和革命委員會，就其形式而言是有相當的代表性的，但是否真的代表民意？就得由我們自己去實際接觸才可以了解。不過當我們向中國要求自由民主的時候，也正如我們看中國現階段文化的創作一樣，必須了解它的理論根據。馬列主義認為：在階級社會中是沒有真正的自由的。在資本主義社會中，是資產階級的專政，因此，只有資產階級有自由；在社會主義社會中，是無產階級對資產階級的專政，因此，只有以工人為首的人民大眾才有自由。真正的全民主自由只有在階級消滅的時候——亦即共產主義時期才有。同時，所謂「自由」也必須受紀律的約制，無約制的自由是不存在的。關於民主，也可從一樣的原則去了解。資本主義社會中，只有資產階級有機會享受民主；同樣，在社會主義社會中，只有無產階級享受民主的權利。真正的全民民主，也要在階級消滅後才可以出現，而那個時候，「民主」這個字也失去了它本來的意義（即少數服從多數的假設），隨着國家的消亡而消亡了（以上可參看列寧的《國家與革命》）。當然，你可以不贊成馬列主義對於民主自由的解釋。但你必須承認，馬列主義對於達到民主自由，是有其一套辦法和步驟的，而中國目前至少在理論上是要根據這些辦法和步驟去追求自由和民主的。現在我想問你一個問題：你是非常注意一國的文化創作的，那麼，你會不會同意知識是權力的主要來源之一呢？如果沒有問題的話，我又再問：你承不承認經濟力量也是權力的主要來源之一呢？如果也沒有問題。那麼我就要說，馬列主義主張的經濟平等分配，文化普及政策是達至民主的一個很徹底的辦法；至於自由，也可以作如是觀。至少，我覺得比資本主義所謂的「自由民主」要真切得多。當然，如果有人提出更徹底、更可行的達到自由民主的辦法，我是願聞其詳的，我也願意看見它在中國實行。

最後，讓我們來討論一些比較枝節的問題。首先是「群眾路線」和「專家」的問題。你說：「中共在科技方面標榜所謂群眾路線，使專家接受群眾的再教育，此原屬於宣傳而已，其本質之意義則在於黨統治科技專家，毫無科學知識的黨官僚因而得以控制大學教授，這些都是鐵一般的事實。」我不曉得你的講法是根據哪一些「鐵一般的事實」，不過請你先平心靜氣的看看在新中國生活了十五年的洪若詩醫生（英國人）對中國的「群眾路線」的看法：

「何謂『群眾路線』？看群眾有不同的方法。政客們認為他們是可能的投票人，只在競選期間去拉攏他們。另外有一些人開明一點，假稱群眾有着很大的潛能，可以在（自以為是）他們的代言人的有權有勢的知識分子的正確領導之下（其實是偽知識分子）行事。這些都不是中國人所謂的『群眾路線』。中國的群眾在歷史上就一直很活躍。他們是革命的動力，他們有轉變的潛能。只要有正確的目標和領導，他們就會去幹，也同時會組成完整的團體，這就是群眾。領導階層如何看自己呢？領導階層認為他們的主要責任是聽群眾的話，向群眾學習，在群眾中成長，絕不自踞於群眾之上或運用群眾，而是依據馬列主義的分析總結群眾的看法，制成政策，然後回到群眾。這一來，我們的群眾不但成為歷史的創作者、改革的動力，更在創造的過程中提高了人民的政治和意識水平，從而更成了馬列主義的哲學家而能掌握自己的命運了，這就是『群眾路線』精義的簡短說明。」（引自洪若詩〈中國的群眾路線〉，見《留學生》叢刊第一期，一九七二年六月。）

洪醫生跟着舉了三個醫藥界的例子來說明這件事，我這裡不必引述了。從他對「群眾路線」的解釋，和你所謂「原屬宣傳」的看法，真是大大有別。我想主要是你把專家看得太高，而把群眾看得太無知了。依洪醫生的說法：「群眾路線」的基本目的是發動群眾去一起做事，如果領導上不正確，或不能代表群眾的意願，群眾是不會輕易被發動的。如果說：「官僚們可以用槍來強迫群眾。」那我就無話可說了。若果中共真的這樣的「奴役」人民的話，我們又何必太重視它的存在呢？可以預言它馬上就會崩潰的了。

說到「以官僚控制大學教授」云云，我所了解的和你不太一樣。就我所知，許多教授專家，都不只是教授式專家，他們也同時是共產黨員，是幹部，是政治協商組織的人民代表，是政府機構中的長官，所謂「毫無知識的黨官僚因而得以控制大學教授」，是根據哪些「鐵一般的事實」而下的判斷呢？說到專門人才，中國並不是沒有專門人才，只是要消滅專門人才自高身價的心態罷了。因為這種想法會使專門人才變成高高在上的特權階級，漸漸脫離群眾，反而不能真正發揮他們的專長，更好的為人民服務。

說到對外援助的問題，我認為無論是在理想上或單純就中國現實的處境上，都是必要的。馬列主義的最後目的是要完成世界性的反帝反資本主義的革命，所以一個社會主義國家必須在道義上履行支援革命的國際主義。從這個理想出發，中國的無條件援外，乃是非常自然的做法。在現實的處境上，中國也必須這樣做。你應該聽過「唇亡齒寒」這個詞吧？和中國接鄰的印支各國的反帝戰爭，中國固然必須大力援助；而為了對抗兩個超級大國的帝國主義侵略，中國對於第三世界的各國，也是必須加以援助的，因為中國本身也是長期受帝國主義侵略的第三世界的一分子。

真理是愈辯愈明的，上面只是提出自己的想法。我覺得《盤古》的讀者對我們所討論的問題也會有興趣，所以放在「四海談」中發表了。希望你繼續來信談，也希望其他讀者作者來信討論。你大概不會介意吧？

祝

進步！

蒼梧　六月十五日

覆鍾玲玲談國內近事和我們寫作上遇到的困難

古蒼梧

鍾玲玲：

說到廣州，我們也停了兩天，不過廣州太大了，我們連越秀山都沒來得及上就走了。也許是時間太短，沒有「深入民間」的緣故吧，廣州給我們的印象並不太劣。許多朋友回來，都對廣州不滿意，說那是中國的黑點。那也是可以理解的。廣州是「港澳來客」的集散地，給資本主義思想染污的機會是很大的。儘管這樣，廣州給我們的感覺，也沒有黑到伸手不見五指。不過一個人的觀察，往往很難避免主觀因素的；同一個現象，不同的人看了，就有了不同的感受，作出了不同的解釋。我們一些熱愛文藝的朋友，一走進新華書店，最心急要找的，自然

編者按◉　本文刊載在《盤古》第五十一期，一九七二年十一月一日出版，信末寫「古蒼梧」。鍾玲玲的信也刊登在這一期的《盤古》。

是文藝書籍了。可是由於他們對於文藝，已先有了自己的定義和標準，所以即使他們看見一些國內的文藝作品（譬如《廣東文藝》、《廣西文藝》、詩集《放歌長城嶺》、小說《金光大道》之類），也會說這只是「清一色的語錄」或是「一種書籍」，因為這裡沒有他們所喜愛的那一種——喬哀思（James Joyce）、卡夫卡（Franz Kafka）、湯瑪斯・曼（Thomas Mann）之類，失望是顯然的了。當然他們完全有權利為自己這樣想，也完全有權為自己因此而否定中國，如果他們的話只是到此為止，我無話可說。這純粹是個人的選擇問題，他們有絕對的自由。可是有些人就偏偏要「擴而充之」，把這種片面的想法寫成如泣如訴的文藝作品，「控訴」中國「沒有思想的自由，沒有說話的權利，唯一的選擇是接受枷鎖或是接受催眠。」這是什麼社會？跟古代的奴隸社會有什麼分別？而事實上國內可買的書並不是這麼少。我們在八月底去時，即見有大量的《紅樓夢》、《三國演義》、《水滸傳》、《西遊記》，這總該是他們心目中的「文藝」了吧？而全國還有許多新華書店呢。有些「中大」同學在北京即買到康德（Immanuel Kant）的《宇宙發展史概論》，又買到《西方倫理學名著選輯》（由古典希臘選到十八世紀）；也有朋友買到魯迅後期的雜文選；我們在江門看見《中國哲學史》、《西洋哲學史》，至於香港可買到的《杜甫與李白》、《柳文指要》、《全上古文》等等那裡也有；我們在肇慶，則買到新編的《反動的哲學流派——馬赫主義》。可見那「一種書籍」、「清一色的語錄」之類的話是多麼片面的觀察、多麼武斷和不負責任了。

所以我非常贊成你對於寫作的那種謙虛的態度。文藝一寫到國家大事，就不能像寫個人的憂鬱那樣「一花一世界，一葉一如來」、大肆誇張渲染的。因為當你以國家大事作為寫作的題材和對象的時候，你就成了歷史的見證人，我們的後代就會根據你的作品來了解今日中國的情況，其責任之大是可以想見的。所以無論我們對中共贊成或反對都好，發表意見（無論通過什麼形式）都要態度嚴肅、落實，不要只發洩一下個人情緒了事。所以我認為我們還是寫我們熟悉的事物為佳。如果我們不再甘於眷戀在個人的小天地中，要寫些以勞苦群眾為主體的東西，是最好不過了。可是正如你所說，由於種種個人因素，寫這一類題材是會遇到困難的。我倒不擔心自己寫了勞苦群眾的缺點，或是某些落後的想法，因為有些樣板戲也同樣寫到了他們的缺點（如《龍江頌》中的韓小強），問題是看你站在什麼立場來寫；我所擔心的，是我不能成功地寫出他們的生活和感受。由於生活環境的不同，我們無法憂其所憂、痛其所痛，寫起來自然就難以真切動人了。所以我認為國內要求作家深入群眾，如工農相結合的理論和政策是非常重要的。只有當我們和勞苦大眾有同一的處境、同一的際遇的時候，我們才可能跟他們有同樣的想法、同樣的感受。但在這方面的實踐，是不易辦到的。理由並不是因為我們並非生在「雪打燈」的社會就無法跟工農結合（其實能與本港的工農結合才真正有意思呢），而是說我們一時還難以擺脫自己的舊影子、舊的家庭關係和社會關係等等。不過這當然是決心的問題，一旦決心堅定了，事情就簡單了。

雖然如此，我們還是可以寫作的。就寫我們熟悉的東西好了。不能像過去那種「無可奈何」的個人憂鬱了，即使不能寫最進步的無產階級文學，至少也要寫針對此時此地問題的「批判的現實主義文學」（温健騮語），走出個人的井底，是我們的第一步！

古蒼梧　九月三十日

我們的一些困惑——試談知識分子的傳統思想與新社會新觀念之間的矛盾

古蒼梧

哪些問題使我們最感困惑？

楊振寧先生和王浩先生回國參觀後發表的文章，都提到「為人民服務」是國內同胞建設國家的基本精神，而王浩先生更提及知識分子和「為人民服務」這個觀念的矛盾問題。王先生說：「知識分子在各種社會裡都會苦惱，這是自古已然的事，在新社會裡總不免去了舊的苦惱，添些新的苦惱。何況去私是非常難的事，理智上接受『為人民服務』的原則，並不見得就能在情感上接受這一原則的後果。」我覺得這是非常值得深入探討的問題。究竟這「新的苦惱」指的是什麼

編者按◉　本文用筆名「古蒼梧」發表在《盤古》第五十五期，一九七三年三月一日出版。

呢？王先生就地取材把海外中國知識分子的一般生活習慣，對職業、學術研究的看法舉例加以說明，但還沒有發揮得很詳盡，例如知識分子從中國的傳統和西方傳統中接受過來的既有觀念，就是這些「新的苦惱」的一個主要的根源。這是一個涉及面很廣的問題，以下我只是就自己所想到的提出來，希望有更多的朋友來參加討論。

首先作為一個知識分子，最關心的，應該就是「知識」這個問題，我們且從這個問題開始。對於「知識」的研究態度，西方的傳統，大抵非常注重純粹的研究態度。所謂「為科學而科學」，認為研究本身就有其自己的價值，不必斤斤計較這種研究在當前的實用問題，理由是這種研究的結果在目前未必有用，但很難肯定它以後沒有用。中國傳統上對「知識」的態度，並不特別提倡這種純粹的研究，像孔子等思想家更提倡「致用」的為學態度。但問題就是這種「為學」的主要對象卻是所謂「內聖」的道德修養工夫，而宋明的理學更把它摻雜了道家、佛家的養氣參悟的方法，這樣一種對「知識」的態度，就比西方純研究、離開生活的做法實踐得更遠了。但是我們海外這些中國知識分子，由於早已接受了這種觀念，就會覺得這種對待「知識」的方法是天公地道的事。可是目前國內對於「知識」的態度，基本上是把實踐放在第一位，也就是說先考慮「知識」在當前的實用價值。在理論上，甚至認為一切的知識，無不必須通過實踐而後可以獲得，因此落實到具體政策的時候，便要求知識分子離開他的書房和實驗室，下廠下鄉，從實踐中研究知識，和為可以致用的知識作出更多的貢獻。這在海外許多知識分子甚至國內部分老一輩的知識分子看來，便會覺得這是一件值得痛惜的事，認為這是一種人才的浪費。我們這班人會想：「為人民服務，是否一定是馬上見效的服務才能夠用得上呢？有許多科學的發現也不是在後世才發揮了它的用途嗎？」這是傳統帶給知識分子矛盾的第一點。

其次，知識分子所關懷的是文化創造和繼承的問題，特別是哲學和文學藝術創造的問題。在知識分子的傳統觀念中，認為知識分子這個階層，在文化和繼承方面負有重大的責任，而中國的知識分子尤甚，從孔子開始，中國知識分子就將文化的創造與繼承放在自己的肩上。孔子在《論語》〈子罕〉說：「子畏於匡，曰：『文王既沒，文不在茲乎？天之將喪斯文也，後死者不得與於斯文也；天之未喪斯文也，匡人其如予何！』」這裡更把這種文化創造與繼承責任看作是天賜的了。另一方面，海外的中國知識分子，又從西方的傳統中，接受了自由主義和個人主義的思想，從這些思想出發，便認為每個人的觀點都有被尊重的價值，這樣一來，文化的創造和繼承不但是一種責任，更是一種個人的權利了。知識分子這樣重視自己在文化創造和繼承的責任和權利，因此便覺得一個理想的國家，應該給予他們依自己的觀點創造和繼承文化的自由。但在國內，則認為一切文化都是勞動人民的智慧結晶，不是少數天才所單獨創造的，因此無論文化的創造或繼承，都應該從「為人民服務」的觀點出發，不應聽任個人的觀點隨意發展。前者是個人主義的自由競爭的創造與繼承，後者是集體主義有紀律性的步伐一致的創造與繼承，其中的矛盾不可謂不大。具體的說起來，矛盾更多。例如有些海外的中國知識分子認為，文化可以是超階級的、超政治的，用「階級鬥爭」和「政治掛帥」的觀點來創造和繼承文化，就會窒息文化的生命力。但國內則認為，在階級社會中，一切文化都是為其所代表的階級服務的，因而都是帶有政治性的，所以不可能是超階級和超政治的，所以無論自覺與不自覺，一個人一旦參與文化的創造或是從事文化的繼承工作，這些工作的成果就客觀地為着某一個階級服務。中國目前既然是一個無產階級政權的國家，文化為無產階級的政治服務豈不是必然的趨勢嗎？這是矛盾的第二點。

最後要提出的，就是知識分子的切身問題，那就是他們在國家裡的工作和崗位的問題。這一方面，海外的中國知識分子又有許多觀念上的糾葛。無論是中國的孔孟或是西方的柏拉圖（Plato），都認為人在社會中因為天賦及才能不同，而有不同的工作和崗位，這種觀念發展的結果就是要把勞心的人和勞力的人分隔開來，最後還把勞心的人放在較高的位置，甚至成為統治階層，孟子說：「勞心者治人，勞力者治於人。」是最鮮明的表現。近代知識分子雖然接受了「人類生而平等」的觀念，但是這種「平等」觀念是資本主義思想的產物，它是基於所謂「平等競爭」的前提的。而在不同的經濟條件下，這種「平等競爭」其實並不「平等」，而勝利者和統治者，又往往是所謂「勞心者」；這樣，「勞心者」也就很容易把自己看成是高於「勞力者」的一種人。所以他們便自覺或不自覺地瞧不起勞動，低估了勞動的意義和價值。但在國內卻認為勞動是神聖的，有無比的意義，而「勞心者」非但不可以超人一等，還要謙虛地向「勞力者」學習。落實到具體的政策就是要求知識分子下放，抽一部分時間從事「勞力者」的工作。這在接受了「勞心」、「勞力」分工觀念的海外中國知識分子看來無疑是一種最不合理、最不可忍耐的事。他們覺得：「既然要下田、下廠，又何必唸這麼多書呢？」他們覺得：「這才真是學非所用了。」想得更嚴重的人，甚至認為，這就是對知識分子的逼害了。這是知識分子最切身的問題，也可以說是他們的現實問題，其矛盾就更難取得調和統一了。

我們一向怎樣考慮這些困惑呢？

上面提出的三種問題？我想都是海外的中國知識分子想得比較多的，有着上面所指出的矛盾的人我相信也普遍地存在着。不過我想過去我們考慮這些問題的時候，往往先帶了反共的偏見，因此，便單單從自己既有的價值觀念去考慮，沒有細心地深入地把自己的價值觀念和國內的價值觀念放在同一的位置上去加以比較，因此就很難得出比較客觀的結論。譬如說，我們認為文化是超階級的、超政治的，國內卻持相反的意見。我們因為先有了偏見，便不去深入調查研究國內在這個觀點上的理論和事實根據，卻以自己的偏見去加以臆測，認為國內提倡這種觀點，無非是想假借這些觀點來把文化變成政黨的工具，以鞏固它的統治云云，這是多麼的不客觀和反科學的做法呢？其次就是當我們考慮這些問題的時候，我們往往沒有想到立場的問題。那就是說，我們並未想過我們是為誰在考慮這些問題，我們究竟是為全國大多的人民呢？還是為我們少數的個人呢？當我們指責國內的文化創造是根據一小撮人的意願來考慮的同時，我們是否也想到我們的考慮其實也只是為一小撮人而考慮呢？假如我們能這樣想，則我們至少可以更深入詳盡一點去觀察國內目前的文化政策是否為大多數人民考慮，然後再拿出來和我們自己的意見加以比較。這樣，我們在這一方面的困惑也許可以找到更合理的解決。

一些個人的體驗

我本身是一個喜愛文學藝術的人，並且希望從事文學藝術工作，我想趁這個機會，講講自己在這一方面的感受。

回顧這二十多年來，國內在文學藝術方面發生的種種事情，從批判武訓電影開始，跟着就是胡風事件、鳴放運動、反右派運動、反修正主義文藝觀運動以至於使舉世震驚的「文化大革命」，可以說給我展現了一幅驚心動魄的圖畫。讀國內的文藝刊物，差不多每隔一個短時期，就會有一些作家或作品受到批判。讀這些批判的資料的時候，心裡着實覺得難過。因為有許多被批判的作者或作品，都是由於在表現上不合政治的要求而受批判的，而政治上的限制，似乎又愈來愈大。在「文革」期間，這種限制給人的壓力就更強烈了。在以前，很自然地，我是同情那些受批判的作家的。在我看來文藝的創作是應該有它自由獨立的天地的。除非作家自己願意，否則便沒有理由強迫他為政治服務，而且在強迫的情況下進行創作，也不會寫出什麼好的作品來的。因此當那些作家發表文章，要求有更廣大的寫作題材，要求表現「人性」、「人情」，要求寫「中間人物」的時候，我覺得是非常合理的，我覺得應該讓作家寫他們愛寫的東西，因為只有讓他們寫自己喜歡的東西，他們才會寫得好，寫得動人。可是，正是因為一些作家提出了我所謂「合理」的要求的時候，他們就給批判了。這樣，我對國內文藝的政策，就不能不產生了反感，而且對於中國文藝的前途就不能不產生悲觀失望的情緒，唯心地認為在這種情況下，中國不可能出現俊秀的文學作品了。

近兩年來的歷史衝擊，使海外的中國人重新檢討自己對新中國的看法。當我檢討自己對新中國看法的同時，也檢討了自己的文藝觀點。我想我以前對於國內文藝政策的不滿，不管對或錯，在態度上和方法上就很有問題。首先，我絕對地肯定了自己的價值觀，又同時絕對地否定了國內的價值觀，這樣一來，我就無法看得出兩者真正的優點和缺點了。其次，在考慮文藝問題的時候，我只是從作者的立場出發，並沒有考慮到全國大多數人的立場。這兩種錯誤的態度，使我把文藝看成是一種脫離社會、孤立自存的東西，看不出文藝和其他事物的相連關係（特別是和政治、經濟之間的關係），也因而看不出它們之間的相互作用。所以國內文藝政策所給我的矛盾和痛苦，我自己實在應該負相當部分的責任。

當我抓到了這個矛盾的焦點的時候，我就再去翻國內近二十年來的文藝資料，並且去學習一些馬列主義的文學理論。由於抱着比較客觀和公平的態度，我開始懷疑過去自己認為沒有疑問的文藝觀點。例如說文藝創作的自由這個問題。當我要求國家給作家文藝創作自由的時候，這所謂「自由」究竟指的是什麼呢？以前我會很快就回答，讓作家毫無限制的從事創作。但是現在我就會停下來思考一下：即使政治上不限制作家表現什麼，難道作家就能「毫無限制」的從事創作嗎？即使可以，也只是毫無限制的表現他自己這個「個人」而已。但是，他自己的這個「個人」，不正是頗大的一種限制嗎？因為一個作家也是一個人，一個普通的人，並不是什麼脫離社會實踐的抽象的「文藝人」。一個人的生活經驗、意識形態，沒有可能不受他所生活的社會環境所限制（這種種社會環境對人類心理結構的影響，即使是西方資本主義的心理學家也不能否定）一個文藝家所要表現的，不外就是他這個個人的生活經驗和意識形態，因此他所能有的創作自由就不能不受他所生活的社會環境所限制。因此，所謂「毫無限制」的創作自由是不存在的。

不過我以前又會想：作家要求的，就是這點表現自己的自由而已，因為能充分的表現自我，正是文藝的價值所在。這就涉及立場的問題了。這所謂「價值」，究竟是對什麼人而言呢？是對全國大多數的民眾而言還是對和這個作者有相同背景的人而言呢？好比說喬哀思的《優力西斯》（*Ulysses*）和艾略特（T. S. Eliot）的《荒原》（*The Waste Land*）是海外一些中國作家所推崇的作品，甚至是他們創作的一個楷模，可是像《優力西斯》或是《荒原》這種作品，就算是一些熱愛文藝、對文藝有相當修養的人也未必能完全欣賞，又何況是一般給剝奪了文藝欣賞能力的普通百姓呢？所以如果我們的作者按照自己的想望，寫出一些像《優力西斯》、《荒原》的作品來，豈不是只成了少數人的專利品嗎？當然我們又可以說，文藝的價值，並不在讀者的多寡，所謂「陽春白雪」不已是千古的定論嗎？要理解這個問題，就不能不考慮社會制度和文藝價值觀的關係了。

在資本主義社會中，我們肯定所謂「個人」的價值，把它放在集體之上，因此文藝被看成是抒發個人懷抱，甚至是昇華個人情緒鬱結的東西，因此，「個人的表現」便成了衡量藝術價值的標準。但在社會主義社會中，卻把集體的價值放在第一位，因此文藝的價值便指向對「集體的表現」，社會主義文藝作品不表現單一性、特殊性的「個人」，卻要表現集體性、普遍性的「典型」的原因正在這裡。此外，在社會主義社會中文藝作品的作用並不在作者自己的抒情，而在為集體服務，鼓舞集體的生活，堅定集體戰鬥的意志，為理想的社會制度吹起號角。

在這兩種價值標準下，我們究竟肯定哪一種呢？假如我們說自己是為全中國的人在考慮問題，應該選擇哪一種標準豈不是很明白的事嗎？

關於孔子思想的「抽象繼承」問題

古兆申

為什麼要談「抽象繼承法」？

說到中國文化，許多人就會抬出孔子來，把孔子奉成是中國文化的主體。說什麼批判孔子就是批判中華民族優秀的傳統，打倒孔家店就是摧殘中國燦爛的文化。我以為這都是言過其實的講法。

不錯，孔子是有相當影響力的，甚至在二十世紀七十年代的今天，他的影響力還依然存在。但是，這不等於說孔子的學說有超越時代的價值；他的學說，畢竟只是他那個時代的產物，而且是代表了保守、落後的勢力，即使在他那個時代

編者按◉　本文原分為上、下兩篇，用古兆申名字發表在一九七四年五月一日出版的《盤古》第六十九期和一九七四年六月一日出版的《盤古》第七十期。

已經不能切合歷史環境的需要了。墨家、法家，甚至第三代的儒家荀子，對他的思想都作出過尖銳的批判，固然反映了這一點，他周遊列國而不見用於世更是鐵一般的證據。

可是孔子是通過什麼方式「流傳千古」的呢？這就是我們所要討論的問題。

孔子思想的主要部分，就是他的政治學說，他所講的倫理學說、他所鼓吹的「仁」這個道德規範，不過是為他的政治學說找尋理論的根據而已。孔子政治學說的中心思想是「復禮」，就是恢復周代的典章制度；「復禮」的方法是「正名」，就是要正確地對待君臣、父子的名分。秦漢以後，周代的制度已基本被推翻，由秦至清，在歷代所推行的是一套不同於周禮的中央集權的君主專制政體，孔子所推崇的周禮，根本沒有立足的餘地。但孔子的「正名」思想卻給歷代的君主借用過來，作為「教化」老百姓的道德規範，因為「正名」的最終目標，就是「忠君」，對統治者來說，是無往而不利的。

為了推廣「正名」思想，歷代的君主就利用了他們的御用哲學家，把當時的一些重要的思想體系和「正名」思想結合起來，並把和「正名」思想有着密切關係的「仁」、「義」、「智」、「勇」等等道德規範賦予新的解釋、新的概念，使它更切合具體的歷史環境的需要，更有效地為自己服務。這種做法，表面上是發揚了孔子思想，把孔子思想「微言大義」地發揮到極致，實質上是將孔子思想中的「正名」哲學命題，抽離了它的內容；就是說把它和孔子政治學說中的「復禮」分割開來，把「正名」發展成一個普遍的、絕對的、超時代的倫理規範，使它更具說服力、更具權威性，也更有利用的價值，更能矇騙和麻醉老百姓！

因此，孔子思想的影響力，完全是歷代帝皇及其御用哲學家藉着他們的權位用一種「借屍還魂」的手法搞出來的，並不是孔子思想有什麼永恆的價值。這種「借屍還魂」的做法，從學術上來講就是今天我們所要討論的「抽象繼承法」。弄清楚了哲學上的「抽象繼承法」，我們就可以看穿那些「借屍還魂」的把戲，對於保守、落後的思想，也許可以有一種預防的作用。

什麼是「抽象繼承法」？

一九五七年一月八日，國內的《光明日報》刊登了馮友蘭先生的一篇文章：〈中國哲學遺產的繼承問題〉，提出了這種「抽象繼承法」。他說：

「在中國哲學史中有些哲學命題，如果作全面了解，應該注意到這些命題的兩方面的意義：一是抽象意義，一是具體的意義。」

什麼是命題的抽象意義和具體意義呢？馮先生繼續舉了一些例子來說明，譬如，《論語》中所說的「學而時習之，不亦說乎。」這句話，就具體意義來看，孔子叫人學的是詩、書、禮、樂等西周傳統的東西；但它的抽象意義則是：無論學什麼東西，學了之後，都要經常溫習，這都是很快樂的事。馮先生認為具體的意義大多不能繼承，而抽象意義，則大部分還是可以繼承的。

「抽象繼承法」有什麼問題？

首先，一個哲學命題的抽象意義，是跟它的具體意義分不開的。

我就拿孔子學說的中心「仁」這命題來討論吧。在春秋戰國時代，墨家和儒家都講「仁」，但是墨家說：「兼即仁矣」（引自《論語》〈兼愛〉），可是孟子卻斥墨家的兼愛是「無父」，是「禽獸」，因為儒家認為「孝」是「仁」的基礎（《論語》〈學而〉說：「孝悌也者，其為仁之本歟。」），愛是有差等的；墨家主張不分親疏的「兼愛」，就是「不孝」，自然要給孟子斥為「禽獸」了（其實「禽獸」才不會談兼愛呢！）。由此可見，同是一個時代，對於「仁」這個哲學命題，即有對立的內容，如果取其抽象的意義，孤立地抓着《論語》〈顏淵〉中孔子答樊遲的話：「仁者，愛人。」就說「仁」就是「愛人」，推而廣之，說成是愛一切的人，那麼就不是孔子的「仁」，而是墨子的「仁」了。那麼，我們所繼承的，並不是孔子的「仁」了；那麼，我們所繼承的，並不是孔子哲學命題的抽象的意義，而是墨家學說的具體意義的一部分了。

從上面的分析，可以了解到，一個哲學命題的抽象意義是不能離開它的具體意義而存在的。

其實一個哲學命題，如果有抽象意義的話，也只是字面意義而已。因此，馮友蘭先生在最近的批林批孔運動中就索性明確地指出，他那時所提出的「抽象繼承法」，實際上是繼承傳統哲學命題的字面意義。這樣一來，「抽象繼承法」所繼承的，只是傳統哲學命題中的一些語言而已；那麼這種繼承已是文學遺產的繼承，而不是哲學遺產的繼承了。

繼承傳統哲學中的語言的唯一好處，是使哲學的著述中，增加一點語言上的民族風格和色彩，但是另一方面，卻造成了更大的壞處。

第一，會混淆了傳統思想和現代思想的概念，容易使人把傳統的思想現代化，也容易使人在了解現代思想的時候，混雜了傳統思想的某些部分。因為傳統哲學命題的語言，已經是一種典故，會發生一種歷史性的聯想。

第二，傳統思想和現代思想混淆的結果，就是無形中樹立了傳統思想的權威性，使人以為這種傳統思想，具有所謂「永恆的」、「普遍的」價值，忽視了它的歷史、時代和階級的背景，對人發生一種麻痺、矇騙的作用。

我們也用孔子哲學的一些命題來說明。有人引用《中庸》所載孔子說：「仁者人也。」的話，跟着就抽象地把它現代化起來，說孔子是人本主義、人道主義、博愛主義等等。但孔子的話還沒有說完，他接着「仁者人也」這句話馬上說：「親親為大」。「親親」就是愛自己的父母親。孟子也說：「事孰為大？事親為大。」孔子的「仁」是有其具體的內容的，至少，「仁」的意義認為，愛自己的父母親，比愛其他人重要，如果我們說孔子的「仁」就是不分親疏的博愛主義、人道主義，就是把傳統思想和現代思想混淆了。

隨着這兩種不同思想的混淆，問題就來了，孔子的「仁」竟然就是現代資本主義社會所歌頌的博愛主義、人道主義，孔子的思想豈不是有超時空的價值嗎？那麼孔子豈不是很偉大嗎？這樣，孔子思想的權威性就樹立起來了。權威性一旦樹立起來，孔子提出的許多哲學命題，便都成為絕對化的觀念——也就是說，成為一種無可置疑的教條，它的麻痺性、矇騙性也就更大了。我們再進一步了解「人者人也，親親為大。」這句話，就可以知道，這種麻痺性、矇騙性之大。

前面說過，「孝」是「仁」的基礎，何以要提倡「孝」呢？原來是為了「忠君」。《論語》〈學而〉說：「其為人也孝悌而好犯上者，鮮矣；不好犯上而好作亂者，未之有也。君子務本，本立而道生，孝悌也者，其為仁之本歟。」看，原來孔子的「仁」歸根到底是為上面的統治者服務的，而有人竟然把它當作「博愛」、「人道」的等義詞，豈不是很危險嗎？

歷代御用哲學家，就是利用了這種繼承字面意義的「抽象繼承法」來替統治者麻痺、矇騙人民的。

歷代帝皇的御用哲學家怎樣利用了「抽象繼承法」？

前面說過，孔子學說中的「正名」思想，對於統治者來說是無往而不利的，因此歷代帝皇所要利用的，正是這種「正名」思想。可是，時代變遷了，「正名」思想原有的具體內容、理論根據，都不適合了，必須要賦予新的內容、新的理論根據，才可以適應時代環境的需要。這種做法，也就是一種「抽象繼承法」。我們現在只舉兩個比較明顯的例子。

首先，我們看看漢代那位主張「罷黜百家，獨尊儒術」的董仲舒。

照道理推想，董仲舒應該是一個儒家了吧？但是，卻偏偏不是。他所講的儒術，和原來的孔子學說，是有很大的差別的。且讓我們先了解一下他為什麼要主張「罷黜百家，獨尊儒術」吧，他在答漢武帝的《對策》中說：

「春秋大一統者，天地之常經，古今之通誼也。今師異道，人異論，百家殊方，指意不同，是以上亡以持一統，法制數變，下不知所守。臣愚以為諸不在六藝之科，孔子之術者，皆絕其道，勿使並進，邪辟之說滅息，然後統紀可一而法度可明，民知所從矣。」

漢代繼承了秦的規模，成為一個統一天下的封建王朝；漢初雖然推行所謂「郡國制」，到了漢武帝的時代則基本上否定了周代那種封建制度，維持中央集權、君主專制的統一局面。董仲舒之所以要「罷黜百家，獨尊儒術」，其目的不過是為了鞏固這種「一統」的觀念，以更便利君主的統治。但是董仲舒所提倡的「儒術」，是什麼呢？它是不是孔子原有的學說呢？不是的。

我們知道，漢代所流行的，是從陰陽家學說發展出來的讖緯之學，連統治者都信這一套。漢武帝尤其迷信所謂「災異」。因此他在《策賢良文學之士》的第一篇中就問董仲舒：

「三代受命，其符安在？災異之變，何緣而起？性命之情，或夭或壽，或仁或鄙，習聞其號，未燭厥理。」

董仲舒其實是個如假包換的陰陽讖緯家，漢武帝問起災異和政治的關係，正中下懷，他便急不及待的回答說：

「臣謹案春秋之中，觀前世已行之事，以觀天人之際，甚可畏也。國家將有失道之敗，而天迺先出災害以譴告之；不知自省，又出怪異，以警懼之；尚不知變，而傷敗迺至。」

這裡董仲舒把「天」看成是一個人格化的神，藉着「災異」來表示它的意志。孔子雖然也說「天生德於予」，似乎也認為「天」是有意志的；但他又說：「天何言哉！」則顯然不會把天看成是一個會說話的神。可是董仲舒的「天」卻會通過「災異」這種語言來警告人、恐嚇人。把天神化了，那是漢代讖緯學的迷信，不是孔子的「天命」思想。

但是，董仲舒卻要利用孔子在政治理論上的「正名」說的。方法就是「抽象繼承法」：

「今所謂王必改制者，非改其道，非變其理；受命於天，易姓更王，非繼前王而王也。若一因前制，修故業，而無有所改，是與繼前王而王者無以別。受命之君，天之所以大顯也。事父者承意，事君者儀志，事天亦然。今天大顯已，物襲所代，而率與同，則不顯不明，非天志……若夫大綱：人倫、道理、政治、教化、習俗、文義盡如故，亦何改哉！故王者有改制之名，無易道之實。」

董仲舒這裡就是主張改制度的形式（「有改制之名」），不主張改制度的精神（「無易道之實」）。原因是君主仍然是「受命於天」，「事天」就要像事奉父親、事奉君主一樣，要照着它的意思去辦事（「承意」、「儀志」），現在「天」既然要大大的表彰（「大顯」）你，捧你做皇帝，你就要改變制度，否則就無法表明天的意志了。我們看，孔子是主張恢復西周的舊禮的，而董仲舒在這裡卻主張要「改制」，並且用陰陽家的觀點來強調其事，這和孔子的政治學說是有分歧的。但是董仲舒卻認為人倫、道理、政治、教化、習俗、文義（語言文字），這些是不必改的，原因是儒家在這方面的理論是有利於任何一個統治者的，所以他就分別對待，主張改制，是為了討好當代的統治者，因為漢代所行的，已是中央集權的專制政體了；主張不改人倫教化，也是為了討好，因為那也是有利於鞏固統治者的地位的。好，現在就讓我們看看董仲舒怎樣進一步以陰陽家的觀點來利用孔子的「正名」說吧。

他在〈順命〉中說：

「天子受命於天，諸侯受命於天子，子受命於父，臣妾受命於君，妻受命於夫；諸所受命者，其尊於天也。」

這就是把這種互相扣連的名位的規定，說成是天的意志了。於是他就進一步提出他的「三綱」：君為臣綱，父為子綱，夫為妻綱。為了配合他這種「正名」說，他在〈深察名號〉甚至把什麼「孝」呀、「忠信」呀、「禮義」呀等道德規範也納入這個系統：

「受命之君，天意之所予也。故號為天子者，宜視天如父，事天以孝道也；號為諸侯者，宜謹視所候奉之天子也；號為大夫者，宜厚其忠信，敦其禮義，使善大於匹夫之義，足以化也；士者，事也；民者，瞑也；士不及化，可使守事從上而已……是故事各順於名，名各順於天，天人之際，合而為一。同而通理，動而相益，順而相受，謂之德道。」

原來各種名分，和由各種名分而產生的倫理關係，都是「順於天」的產物，這種產物就叫做「德道」。董仲舒的動機，在〈玉杯〉裡明白的招認了：「《春秋》方法，以人隨君，以君隨天……屈民而伸君，屈君而伸天，《春秋》之大義也。」

「屈民而伸君」在他那個時候確實是容易辦到的。「屈君而伸天」，「天」是無知無覺的自然，又怎能「屈君」呢？董仲舒不過是把「天」神化了來矇騙人民罷了。

由上可見，董仲舒是以他的陰陽讖緯觀點，「抽象繼承」了孔子的「正名」說，其理論不同，但為統治者服務的動機則是一致的。

現在我們再來看朱熹怎樣「抽象繼承」孔子的「正名」說。

我們知道，「儒術」在漢代雖然定於一尊；但是，前面說過，漢代的官方儒學，是帶有濃厚的陰陽讖緯學的色彩的。而陰陽讖緯之學，畢竟是一種迷信，在學術上，終歸是立腳不穩的，許多民間的思想家，如王充等就給予尖銳的批判。到了漢末，由於佛學的傳入，這種陰陽派的儒學，更面臨一個新的挑戰。隨着漢王朝的崩潰，和魏晉南北朝及隋唐各代佛學的大量輸入，儒學更受了大大的衝擊；那種為統治者服務的「正名」思想，必須找尋新的理論根據。宋代的理學家，就想到利用佛學，其中朱熹更是集大成者。

宋代的「理學」或稱「道學」，是一種儒、佛、道合流的產物，朱熹是這種「理學」的代表人物。朱熹的「理」，在理論上沿襲了華嚴宗的「理事」說，採取了佛學的思辨形式；他的「理一分殊」的理論，實即華嚴宗所謂「一多相攝」的關係。他在《語類》卷九四中說：

「事事物物皆有箇極，是道理之極至……總之天地萬物之理，便是太極。」

「太極」是「道理之極至」，是統攝一切「道」或「理」的。建立了這種形而上學的理論體系之後，朱熹便把它拿來解釋社會倫理及等級關係：「宇宙之間，一理而已。天得之而為天，地得之而為地，而凡生于天地之間者，又各得之以為性，其張之為三綱，其紀之為五常，蓋皆此理之流行，無所適而不在。」（引自《文集》，卷七〈讀大紀〉）

這樣「太極」或「理」便把一切道德規範都統攝起來了。但是同是「道」或

「理」卻是有大小、先後、尊卑、上下的等級之分的，各有不同的位置。他在《語類》卷六說：

「理只是這一個道理則同，其分不同，君臣有君臣之理，父子有父子之理。」

他在《語類》卷九八更進一步說：

「《西銘》大綱是理一而分自爾殊，然有二說。自天地言之其中固有分別，自萬物觀之，其中亦自有分別。不可認是一理了，只滾做一看。這裡各自有等級差別，且如人之一家，自有等級之別。」

在《語類》卷六八說得更具體：

「物物有箇分別，如君君、臣臣、父父、子子。至君得其所以為君，臣得其所以為臣，父得其所以為父，子得其所以為子，各得其利，便是和。若臣處君位，君處臣位，安得和乎？」

跟着又說：

「男正位乎外，女正位乎內，直是有內外之辨。君尊於上，臣恭於下，尊卑大小，截然不犯，似若不和之甚，然使之各得其宜，則其和也。」

這裡朱熹為孔子那套「正名」說找到了一種形而上學的根據，於是更「理直氣壯」的說是永恆不變的：

「所謂損益者，亦是要挾持三綱五常而已……三綱五常終變不得，君臣依舊是君臣，父子依舊是父子。」（引自《語類》卷二四）

從上面的分析，可以明顯的看出，朱熹借用了佛學華嚴宗的思辨形式，「抽象繼承」了孔子的「正名」思想，把「君臣」等倫理的關係形而上學地解釋為永恆不變的東西，更徹底的為統治者服務。怪不得他後來便被宋王朝抬進了孔廟了。

現代反動統治者也利用了「抽象繼承法」

回顧歷史，我們可以清清楚楚的看到，孔子思想，並不是有什麼超越時空的、普遍永恆的價值。他之所以在中國歷史上佔據了這許多篇幅，完全是統治者及其御用學者們「抽象繼承」的結果。無論是把孔子「陰陽化」或是「理學化」，結果都是利用了孔子的「正名」說來矇騙廣大的老百姓。到了現代，孔子更被反動的統治者「抽象繼承」得一塌胡塗。在辛亥革命之後不久，大發皇帝夢的袁世凱就說：

「孔子生貴族專制時代，憫大道之不行，哀斯民之昏墊，乃退而祖述堯舜，刪修六經，春秋據亂之後，為升平太平之世，禮於小康之上，進以大同之義，此其導源。遠如顏、曾、思、孟，近如顧、黃、王諸儒，多能發明宗旨，擇精語詳，大義微言，久而益著，醞釀鬱積，遂有今日民主之局。」（引自《袁大總統書牘彙編》，〈通令尊崇孔聖文〉）

根據袁世凱的說法，孔子竟是近代民主的先驅，不過他的思想要到二千多年以後才實現罷了。但是袁尊孔氏的真正目的何在呢？大家都知道，就在他大談孔子的民主思想不久，他就把自己扮成皇帝了。

在一九三三年的時候，蔣介石大軍圍攻中國共產黨，也「抽象繼承」了孔子學說：

「古人說：『仁者人也』……有『禮義廉恥』能行仁才能算是人，否則就是禽獸！……我們現在剿匪，就是要行仁，要救國救民，亦即以做人的道理來消滅禽獸，用『仁』字為中心的三民主義來打倒共匪不仁的邪說異端……剿匪就是行仁。（引自《蔣總統集》，〈軍人精神教育之精義（一）〉）

原來消滅中國共產黨就是「行仁」。這幾十年來，蔣介石「行」的是什麼「仁」，我們都看得清清楚楚，這裡不必細談了。

還有就是在抗日戰爭的時候，漢奸汪精衛也大捧孔子：

「我們知道中國一切典章文物，無不源於先師孔子，無先師孔子，便無所謂中國文化；我們於先師孔子誕辰舉行紀念，一方面在道德上發生猛省，一方面在智慧上發生勇猛精進的決心。說到時局『子貢問信，子曰足食足兵，民信之矣。子貢曰：必不得已而去，於此三者何先？曰去兵。子貢曰：必不得已而去，於此二者何先？曰去食。自古皆有死，民無信不立』。今日從事和平運動，原因和平可以救國，決非偷生苟活……這種『自古皆有死，民無信不立』的精神，是儒教的真精神，有了這種精神，方談得上經濟、軍事。我們從事和平運動的人，於紀念先師孔子誕辰，更應該發生猛省，勇猛精進。」（引自《汪主席和平運動之言論》，〈紀念孔子的意義〉）

這裡孔子思想又一變而為漢奸們為日軍國主義者所日夕奔走的所謂「大東亞共榮圈」的「和平運動」的真精神了。無他，又是「抽象繼承」這個八八六十四變的法寶。

結語

可見無論古今，反動的統治者都通過「抽象繼承」的方法全面地或片面地利用了孔子學說。他們對孔子這樣熱心，歸根到底就是我們在一開始時指出的：孔子學說的「正名」，是有利於統治者的。「抽象繼承」無可避免的引起「具體繼承」，歷來統治者「抽象繼承」孔子的目的，無非是要「具體繼承」孔子思想中的「正名」這個部分，「抽象繼承」不過是他們擾亂視聽的手法罷了。因此我們必須徹底揚棄「抽象繼承法」。只有揚棄「抽象繼承法」我們才可以看到孔子的真面目，才可以看得清楚孔子究竟有沒有值得繼承的東西，才不會胡裡胡塗的做了有益於統治者、有害於人民的事！

文化回歸的理念與實踐

集意　文樓、梁秉中、古兆申
執筆　古兆申

前言

面向即將來臨的「九七回歸」，我們在不同的場合，不同的文章中，不只一次地呼籲要重視「文化回歸」的問題。例如文樓在香港中華文化促進中心的《十周年紀念特刊》序言〈十年甘苦不尋常〉中就曾指出：

「文化滲透於人們生活的每一個環節，塑造着人們的心理傾向、意識形態。香港回歸中國，如果純是主權的回歸，問題並不複雜。今天引起對一國兩制的種種疑惑、論爭，與文化背景相關的心理衝突是重要的原因。這種衝突肯定會延伸

編者按◉　本文收入《雙程路：中西文化的體驗與思考 1963-2003　古兆申訪談錄》一書中，作為該書的附錄三。文章寫於香港回歸前夕，由當時的香港中華文化促進中心主席文樓、副主席梁秉中、學術總監古兆申討論後，由古兆申執筆撰寫。此文的一篇三千字的撮要由文樓署名在《大公報》發表過，完整的全文則首見於二〇一〇年出版的《雙程路》。

到九七之後，影響到過渡的平穩。」

儘管有人對「文化回歸」提出質疑，甚至認為此論不符合基本法的整體精神，容易引起人們的思想混亂等等，我卻愈來愈覺得，「文化回歸」不但對回歸祖國前後的香港很重要，對整個中國，包括海峽兩岸的未來發展都是一個非常重要的理念，必須在此歷史的關鍵時刻進行廣泛深入的討論，並進而付諸實踐。

一、「文化回歸」的基本理念

思考「文化回歸」的問題，並非始於本文，而本文作者的思考也並非始於今日。遠在一九六八年，就在「文化大革命」方興未艾的時候，一批台灣留美中國知識分子首先提出了「回歸」問題，他們所說的「回歸」，主要就是指「社會的歸屬」和「文化的認同」，而二者，有着千絲萬縷的關係。要一個人對一個社會產生歸屬感，最重要的一點即為文化的認同。文化的涵蓋面極廣，他們所強調和突出的，是標示一個民族文化的特徵。那就是每一個民族每一成員，在悠長的民族歷史中所共同追求的生命理想，即一個民族文化的價值觀。這種文化價值觀，是文化認同的依據，也是社會歸屬的凝聚力所在。文化價值觀的失落，意味着社會凝聚力的瓦解，社會成員的離心與飄浮由此而生。用他們的術語來說，就是「原子化」現象。

什麼是原子化現象呢？在〈海外中國人的分裂、回歸與反獨〉一文（包錯石執筆、陳齊等十二人合意）中有下面一段論述：

「所謂『失落』，就是個人的原子化；所謂『獨立』，就是一群人的原子化。其過程、其特徵正像一個原子從它原有的化學組合中分裂出來的情形一樣，是極端不安定的。不論個人或一群人，他們的統歸是沒有了人文社會的依屬，遊離在社群的整合結構之外而被棄於一種虛懸浮蕩的狀態中。所以『失落』、『獨立』都是一種社會連帶關係的破裂。這樣的原子人佔了多數，那個社會就會逐漸解組成為解體的社會。」

在解體社會中，其成員會有怎樣的心態，其社會又會處於怎樣一種狀態呢？他們這樣描述：

「在足供新歸屬的新社會還沒有產生之前，這些身處社會解體過程中的個人或社團分子也會逐漸形成人格的解組或甚至於人格的分裂——表現在各種價值觀念、生活習慣、社群關係、知識判斷和文學藝術之中，形成一個虛偽、雜亂、互輕、模擬、失離、爭奪的雜取文化。一個解體社會和雜取文化最大的特徵是社會的各組成部分——血緣團體、社區團體、地位團體、技能團體、信仰團體、教育團體、政治團體、職業團體——之間喪失了協調配合的功能關係而分隔於地位主屬關係的分裂衝突中。」

這種協調配合功能的失調產生的後果，除了主屬關係的分裂衝突，還有進一步的危機：

「是社會及其分子喪失了創立價值、估量價值的能力與社會獎懲的威信而使人才埋沒、道德低落、是非不明，導向泯散；是社群及其分子喪失了社會向心力而增加了『社會距離』以至於人才外流、人際散亂；是社群及其分子喪失了社會延續性及社會期待性，而但以目前的具體利害為取捨以至淪於無信無常無恆的善變狀態；是社群分子喪失了對於本社會的認同與參與，而因此只以自卑情結去盲目雜亂地採行其他社會的價值與文化特質。在這社會解體的過程和雜取文化的生活中，對『過去』，人們沒有根底；對『將來』，人們沒有展望；對『現在』，人們不能獲得安定的位置。」

這雖是一群身居海外的中國知識分子對台灣地區或海外華人社群的觀察，卻也同樣生動而具體地描述了本港在殖民地後期人們的心態與社會狀況。本港著名作家西西把香港叫做「浮城」，對於這個沒有「過去」，也沒有「將來」，對「現在」也毫無把握的殖民地城市是多麼深刻的一個比喻！

香港的回歸祖國，如果僅僅是主權的回歸，問題倒比較簡單。在現階段的歷史情況和國際形勢下，只要完成所有政治及法律的程序便可以解決。問題是中國從英國殖民政府手裡接過這樣一個「浮城」，這樣一個原子化的社群，數百萬原子化的居民，又如何使之落地生根，和祖國的母體復合，趨於安穩呢？

我們認為，如果沒有文化的回歸，主權的回歸雖可過渡，卻不能平穩。而這種表面的回歸終究不是香港之福、中國之福。一國兩制，畢竟是「一國」先行。這「兩制」社會必須有一內在聯繫才能統率於「一國」之下。此一內在聯繫，我們認為就是對民族文化共同的價值觀。沒有此一聯繫，則香港的回歸祖國和一國兩制便失去本質性的意義。因此，我們認為：文化回歸，必須更全面的從理念走向實踐，放在九七回歸的歷史日程上。

實踐的第一步是對香港的文化現狀進行考察。

二、香港殖民地後期文化的考察

有論者把香港文化簡單地分為「中國傳統」、「殖民文化」和「西方文化」三個部分，並認為「上述三種文化成分，只有殖民文化是必須清除的。」又指摘文化回歸論者的失誤在於：「第一、對中國傳統文化在香港的地位認識不足；第二，一概否定中國傳統文化以外的外來文化，將西方文化和殖民文化混為一談。」認為「國家統一並不以文化統一為前提」，擔心文化回歸會改變本港多元文化的面貌。

我不知道有哪些文化回歸論者曾經提出過如此愚昧的觀點，以致引起論者這樣的指摘和憂慮。但這些論點，和我們所說的「文化回歸」是兩碼子事。我們關切的，是在長期的殖民文化政策下，民族文化價值觀的失落。這種失落是長期的殖民地文化政策推動下造成的（當然國內政局的動盪，兩岸的政治鬥爭亦是不能否認的因素，但這兩者只起推波助瀾的作用，不是主因）。沒有民族文化價值觀的依歸，對文化的選擇、吸收或再創造便無所憑藉、不辨主次。香港作為一個國際城市，文化資訊雖然極為豐富，但面對眼花繚亂的文化式樣，本港市民並沒有從所謂「多元文化」中獲得太多好處，他們所得的，其實是以模擬、附和或盲目崇拜、隨波逐流為特色的「雜取文化」，看似多彩多姿，實則缺乏原創意念，為有識者所譏。殖民地政府要塑造的，正是這樣一種文化形態，這麼一些沒有歷史意識、對生命沒有遠大追求、對社會沒有人文歸屬的浮游分子。港英做得很成功，尤其在六十年代末，內地爆發「文化大革命」、香港發生「五月風暴」之後。

港英政府，一向宣稱自己沒有固定的文化政策，以示對文化的開放態度。實際的情況卻不是如此。在資本主義社會或工商社會的文化結構中，有三個大的組成部分：其一是納入商品市場，與其他商品消費競利的文化商品，亦即論者所謂的「商業文化」。其二是政府提供資源，由政府推行及控制的教育及文康活動。其三是非牟利的、自發的民辦文化工作。

商業文化包括了大部分以牟利為目的的娛樂事業（電影、電視、廣播、卡拉OK、夜總會等等）、出版事業（小說、漫畫、影音磁帶光碟等等）、飲食行業（酒樓、茶肆、餐館、會社等等）、廣告行業（各種媒介的包裝、推廣製作等等）、時裝行業（製衣集團、時裝店等等）。這個部分，港英政府的確持相當開放的態度，直至黃、賭、毒氾濫，引起種種社會問題才作極有限度的管制。真正能制約商業文化的，只有市場規律。對商業文化固不應妄加排斥，但其畸形肥大卻不是一個社會之福。港英對此基本採取放任政策，原因是放任正有助於殖民文化政策的推行。商業文化恰好大力發揮了「雜取文化」的功能，製造大量模擬、附和、盲目崇拜、隨波逐流、安於現實、醉生夢死沒有遠大追求的社會俗眾。一個充斥着這類俗眾的社會，自然更有利於殖民政府的管治。

我們再來考察香港文化中由政府提供資源、推動和控制的部分，即教育和文康活動。先看教育。近代教育的基本內容主要有三方面：即德育、智育、美育，以此培養一個人格完整的現代人。這三方面涵蓋甚廣。從港英政府所推行的教育工作來看，表面似乎已包括了這三方面，實質上卻只着重智育，而且只重視智育比較狹窄的部分——即知識及技能訓練。至於德育、美育只作裝點或陪襯。對德育更是有意弱化。

從課程的設計到考試的制度都可以看得出港英政府對德育的忽視。例如：在五十年代中葉之前，本港中小學課程中仍有公民科，一些學校除了香港公民科，還有中國公民科，儘管所謂德育重在實踐，但有專科的授課時間對學生的教導畢竟有集中化、系統化的效果。五十年代之後，公民科在小學課程中被取消了；在中學，公民科後來也變成了純知識性的「經濟與公共事務」。在小學中，其他與德育有關的人文科學如歷史、地理等科目亦取消了，都合併於「社會」一科。理論上是簡化學科，減少學生的學習負擔，客觀上是破壞了和德育有關的學科完整而系統的教學。尤其是歷史科，在五十年代初，小學中原有初小和中小兩輪中國通史的教學，如今卻零散地夾雜在社會科中跟地理、公民等內容混在一塊。中學原來也同樣有初中、高中兩輪，由淺入深，由簡而繁，後來卻只得一輪。在會考中，中國歷史也不是必考科目，這樣一來，香港學生中對中國歷史能有完整觀念，甚或清晰地認識朝代的名稱、先後的也沒有多少人。此外，課務甚重使得教師也沒有時間心力對學生進行課外的德育指導（香港小學長期推行「一點一」制，即全校平均一班學生只有一位教師授課，教師上課節數幾乎跟學生一樣）。

港英政府在教育方面何以會弱化德育及與其有關的人文學科的教學呢？明顯地是由於德育及有關學科必然會涉及民族主義和民族文化的問題，這對殖民地的管治是不利的。本來，語文教學也可以有助於德育工作，但在港英的教育則例和教學指引下，語文教學亦變成純知識、技能的訓練。語文教學也鮮明地體現了港英的殖民文化政策：從考試制度到就業制度都突出了重英輕中的做法。即使在中文運動和社會輿論壓力下，港英承認中文為法定語言之後，整個制度仍然是重英輕中。這類教育措施，長期執行下來，對瓦解本港民族文化的價值觀，起了極大的作用。

再來看港英政府主辦推行的文康工作。在六十年代中葉香港大會堂建立之前，由港英主辦的文康活動很少。一方面固由於社會經濟還沒有很大發展，政府沒有太多資源舉辦文康活動；另一方面，在港英看來，所謂「文康」只是「文娛」、「康樂」，而不是「文化」。其作用只是紓解工作的疲勞，而不是怡情養性，提高生命的品質，增加創造的動力，或是在學校教育以外，作為文化教育的延伸。事實上，即使在大會堂成立之後，港英比較有規模和有計劃地舉辦的文康活動，首先考慮的對象也是和本港旅遊事業有關的遊客，或長居本地的外國人及洋化的高等華人。一般市民實際只是陪客。一些動用大量資源的行動諸如香港節（現已停止舉辦）、藝術節、亞洲藝術節等等舉辦的初衷，原就為了旅客，市民只是分佔旅客的眼耳之福罷了。如此一來，活動的性質、趣味、種類，自然以旅客、外國人的興趣為依據。活動以表演藝術為主，而表演藝術又以西方表演藝術佔了最大的比例，或佔用了最大的資源。即使有東方或中國的節目，也抱着一種投合洋人好奇或獵奇的心態。這些活動的設計，既只從「文康」觀念出發，文化教育活動的配合自然很少，甚至闕如；直至八十年代中，「九七」問題提出之後，港督衛奕信從英國的利益立場考慮，才驚覺香港的文化教育起步太遲，注意到文化教育對市民的思想意識塑造的重要性，對英國撤離香港後遺留影響力的重要性。從這時起，官辦的文康活動才略帶「文化」意識，開始多舉辦一些具有教育意義的配合活動。

總的來說，港英所推動的文康工作，是沒有長遠計劃、沒有宏觀視野、沒有文化教育意識的，在價值取向上與其他工作環節一樣，是重外輕中、重西輕東。由於沒有計劃、視野，因而也沒有系統性、連續性，零碎、雜亂，欠缺目標，結果也納入了「雜取文化」的範疇。這不但瓦解了民族文化的價值觀，同時也大大削弱了它對一個社會的眾多成員應有的啟迪作用。到了一九九五、一九九六年，在輿論的壓力及某種政治動機下，藝術發展局和市政局文化組才匆匆諮詢各界意見，各自搞出一個極粗糙、缺乏專業知識與嚴謹的所謂「五年計劃」，而這還只是「九七」前夕的形勢逼出來的。

最後讓我們看看非牟利的、自發的民辦文化工作。在商業文化與官辦文化之外，本港還有一個小小的空間，讓有組織的社團、機構，或是零散的個人去舉辦文化活動，推行文化工作或從事文化創作。這類文化工作，在資源人力上雖遠遠無法和商業文化或管辦文化相比，其影響也只能及於小眾，但其目的性卻比較鮮明，理念層次也往往較高，視野較廣，自主性也較強。許多社會精英分子，都曾參與過這類文化工作，也有不少參與過這類工作的人後來成為了社會的精英。這類民辦文化工作，範疇很大，種類很多，包括出版、辦學、文藝創作、表演藝術、視覺藝術、青少年活動、文康、體育、宗教、學術……可說應有盡有，多彩多姿。不但補足了商業文化與官辦文化的不足，讓市民的文化生活有另類選擇，而且正是這個部分的文化，具有創造意識，建立或維持了一個社會應有的理想與價值觀。

當然，這類民辦的文化工作也不可能超越客觀的歷史與社會環境，而是受着各種歷史因素和政治勢力的影響，但總體而論，所起的作用卻是正面的、積極的。本港學者黃繼持在〈文藝、政治、歷史與香港〉一文中說：

「……在這『左』、『右』政潮起伏，而香港當局採取微妙的控馭策略中，戰後香港成長的一代，也就在五、六十年代之際，開始借在『右派』或『左派』經營的報章雜誌中，發出自己的聲音。雖則未必真能超越中國黨派政治的籠罩，但香港成長的這一代，一定程度上突破殖民主義的蒙昧，開始探索自己作為在香港的中國人的文化使命。在促成民族意識的覺醒上，「右派」與「左派」有共同的功績。」

黃繼持在這裡點出的還不夠全面。事實除了國共兩黨所辦的機構、報刊、活動之外，還有許多非黨派的個人團體，諸如雜誌社、劇社、舞團、樂團、畫會以至沒有參加任何組織的文化工作者也作出了貢獻。甚而備受批評的「美元文化」機構，客觀上對香港人的民族意識也起過積極作用。原因正如古蒼梧在〈美雨蘇風四十年〉一文所說的：

「從五十年代到七十年代初期，民族主義對本港的華人仍有一定的說服力。尤其是在五十年代，儘管從內地移居本港的人士對國共兩個政權都表懷疑，可是由於剛經歷了抗日戰爭，嚐透了帝國主義所造成的苦難，在心理上仍澎湃着民族主義的激情。因此，雖然香港政府在整個建制……上都是反民族主義的，民族主義思想卻仍普遍獲得本港華人的共鳴。所以無論是宣揚美式意識形態或是蘇式意識形態，如果從民族主義的角度出發，彷彿便更具說服力……客觀上，提倡民族主義，儘管提倡者有不同的政治立場和動機，對本港的文化創造，仍是有積極意義的。」

他在這裡所談的，最典型的例子就是友聯機構。友聯是本港規模最大、業務最多樣化、影響最悠久、深遠的美元文化機構，它一方面為美國提供大量有關當代中國的資料和研究報告，另一方面，它在本港所辦的刊物諸如《中國學生周報》、《大學生活》、《兒童樂園》及其配合的文化活動都相當突出民族主義和中國文化的觀點，也培養了大批人才，有相當一部分還成為本港文化創造的精英。

從上述可知：在香港殖民地後期的文化結構中，只有民辦文化這個部分較有方向性、價值觀和創造性；也只有這個部分維護了民族主義和民族文化價值觀。長期以來，港英對民辦文化都極少給予扶助，這當然也是殖民文化政策之一。八十年代後期設立了「演藝發展局」，九十年代中轉為「藝術發展局」，算是提供了一個扶助的渠道。但扶助的原則仍堅守着殖民地文化的總策略：以地方主義抵消民族主義，以雜取文化對抗民族文化。

三、文化回歸落實的幾個步驟

基本法的兩個最重要的前提是：「一國兩制」和「港人治港」。從這兩個前提出發，回歸後的香港，在關係上，一定牽涉到下面的問題：一、中國政府，作為國家的代表，會以怎樣的心態對待香港特區的人民？它會把香港人當作有血肉之親、文化之親的「同胞」，抑或像香港人的舊宗主國——英國那樣，只把他們當作「海外公民」，也就是「次等國民」呢？二、香港人又會以怎樣的心態對待自己的國家、自己的中央政府？他們會不會將之視為血脈相通的政治及文化母體，抑或僅僅看成是一個新的只在這個城市謀取政、經暴利的殖民宗主國呢？三、在歷史上，自一八四二年香港被割讓給英國以來，除了日本侵略的三年零八個月，一直都是「英人治港」，九七之後實行「港人治港」，中國政府會怎樣看待「港人」的政治地位，「港人」又會怎樣看待自己的政治身分？當「港人」取得「治港」的權力，而政治上、文化上對中國卻無歸屬的觀念，把自己當作一個原子化的個人，把香港當作原子化的、獨立於中國之外的社會。那麼，在「九七」之後「港人治港」發展到某一階段，會不會像今日的台灣那樣，有相當一部分人變成台獨分子，倚仗外國勢力、輿論，大搞獨立運動？（當然，客觀上，無論「台獨」或「港獨」，成功的機會甚微；但一旦愈鬧愈烈，就必然會釀成動武的局面，生靈塗炭，又豈是中國之福？）

以上所述，儘管只是「九七」後可能有的政治心理和文化心理問題，但處理得不好，便會轉化為實際的政治問題。對治之法，就只有促進「文化回歸」。因此，「文化回歸」即使從最狹義的、層次較低的政治現實考慮，也必須成為未來的特區政府主要的文化政策之一，甚至定為最重要的政策亦不為過。因為如果從「一國」的角度作宏觀考慮，必須看到「五十年」之後，看到千秋萬代。那麼，又有什麼比為「港人」確定文化身分、尋回其失落已久的人文歸屬——民族文化價值觀更重要呢？

落實「文化回歸」政策，可從本港現有的文化結構着手。此一任務，當然首先要由管辦文化部分來承擔。因為它不但擁有大量的資源和人力，並擁有行政權力，具有指導性的帶頭作用。

但原殖民地的文化機構，存在許多遺留下來的缺點，必須加以矯正，否則政策便得不到落實與貫徹。香港官方機構，頗以其辦事效率高而自豪，而這方面也頗為世人所表揚。因而港英政府非常強調「行政主導」，以為行政主導是效率高的重要因素。問題是我們以什麼角度、標準來衡量效率。就過去的情況來看，主要就是以速度、數量，而不是以質量作為指標。某些簡單的工作，也許可以根據這兩種簡單指標來考核其效率，但像文化這樣複雜而需要大量專業知識的工作就不能光以速度、數量來評估，最重要是看它的質量。例如年前大球場落成，花了一千多萬，特聘一個法國專家來搞的那個激光晚會就是很生動的說明。從觀眾的數字來看，不能說不多，可謂萬人空巷。結果卻大受詬病。原來激光晚會竟以一隻「大眼雞」船來象徵香港——用這樣一個洋人眼中獵奇性的、落後的形象來代表香港的社會和文化。這當然不能只怪專家的無知，首先應該譴責的，就是主其事的官員及其屬下的行政人員。是他們花了大量公帑去買這樣一個羞辱性的節目回來。這種行政主導應用於文化工作上而發生的缺失，案例不勝枚舉，激光晚會不過是較「著名」的一個罷了。

但作為殖民地政府，港英似乎覺得，文化工作也可以按照行政主導的原則來運作。因為他們並沒有什麼宏觀的文化政策要推行。辦教育，主要是為社會培養人力（不是「人才」！）；辦文康活動，主要是為了使市民紓解工作壓力，使他們可以恢復體能，繼續工作，或在工餘、課餘讓精力有適當的出路，免於走歪路為非作歹，破壞治安，如此而已。唯一的文化政策就是抑制、瓦解民族主義，以雜取文化觀念代替民族文化價值觀。凡此種種，只要制度上有所配合，實施上有簡單的指引即可達到效果。有關工作，具有一般行政訓練的人員即可勝任。因此，在港英心目中，文化工作，跟其他官方工作並無太大差別，仍可採取行政主導的原則。至於在工作的專業性方面，以為只要加上一個義務的諮詢架構，便可以交代過去了。

長期以來，官方以為文化工作就是這樣運作。沒有一個宏觀的政策研究及執行的專責部門，甚至沒有一個訓練文化管理或藝術管理專業人員的部門，大學裡也沒有這樣的學系或學科。行政人員僅按一般公務員資歷的要求來挑選和任命，於是，執行起來又怎麼會有好的質量呢？

有人也許以為諮詢架構可以補充行政架構在專業問題上的不足，事實卻不如此。很長一段時期，管辦文化機構的諮詢組織成員都是委任的，直到藝術發展局的成立才有部分委員是民間團體推選的，但委員底下的諮詢組織成員則仍是委任的。委任並不一定有問題，正如民選也不一定妥當。搞文化工作需要有專業知識和文化視野，無論委任或推選都應該有一些具體的準則作為依據。但我們看不到有什麼準則或指引公佈。例如在九七前夕，竟委任不懂中文的何鴻卿為藝術發展局主席；只會講廣東話，不會書寫中文的陸恭蕙為副主席。這樣的委任，真不知道其準則何在。如果這兩人在文化工作上確有豐富的經驗和資歷，我們還可以理解到他們被委任的原因，然而他們卻是兩個文化界不見經傳的人物。諮詢架構成員的委任既可以這樣漫無標準、這樣遠離工作的要求，諮詢便難以成為有效的諮詢，諮詢架構也可能僅僅是一種形式化的存在而已。

即使諮詢架構的成員都有適當的委任或推選，目前的制度仍有一個大大削弱諮詢作用的漏洞，此即諮詢架構的成員都是義務出任公職，他們都是業餘做這項工作，能夠發揮的作用因而非常有限。不必說在宏觀性的策略上有什麼重要的影響，就是在審批節目撥款之類的具體事務上，也只能是急就章式、意見性的而非專業性的審批。這種審批最後由諮詢組織一人一票表決，但民主決定在文化工作上卻不一定是（而且往往不是）最正確的決定，因為文化工作需要大量的專業知識。在管辦文化的諮詢架構中，每個文化界別的成員往往只得一位，若要表決不同界別的有關事項，便會發生問題。例如投票表決一個與視覺藝術有關的撥款，美術界的一票應該比音樂界的一票更具指導作用。何況即使架構中有多過一位美術界的成員，如兩位成員的修養和視野不是同級的，甚至差距很大，兩人所投的一票分量就不一樣。文化工作不宜無原則地按民主機制運作，專業意見是首先要受到重視的。

從上面的討論可知：行政主導，不應該是文化工作的推行原則；徒有形式的諮詢制度也不能發揮應有的功能；民主機制不宜無條件地用於文化工作上。港英的文化機構即存在大量這類缺失。文化工作一定需要有效率的行政配合，但作為主導的應該是宏觀政策和專業的意見和原則。香港特區的文化工作如果要推行宏觀政策，這類結構上所造成的缺失便應該首先矯正過來。

第一，必須有制定、研究宏觀政策並考核其執行的專責部門，其中「文化回歸」應作為重要政策處理。這個部門要由資深而有學術聲譽的專業人士主持，亦可以有諮詢架構，但只是諮詢渠道之一。政策的制定，必須廣泛徵詢意見，尤其是專業性的意見。但所有意見，只供參考。諮詢架構，不應是決定政策的權力機構。政策最後應由專職人員制定。

第二，在本地大學中，必須有一部分開設文化管理或藝術管理的學系，培養有專業知識的文化行政人員。現職的文化行政人員如缺少這方面的學歷，必須由政府補送進修一些主要課程。在學系課程中，除了有關的管理課程為必修外，一些基本的文化課程，諸如中國文化史、文學史、戲曲史、美術史……外國文化史、文學史、美術史等等亦應列為必修科。另外還須選修一些相關的人文學科，諸如美學、歷史、人文地理等等。務使培養出來的文化行政人員除了具有管理的技能之外，還具有豐富的文化知識和廣闊的文化視野。因為文化政策最後是要靠行政人員來執行、落實的，成果如何，相當依賴這一層人員的素質。

第三，改革諮詢架構的運作機制。目前諮詢架構的主要功能似乎就是審批撥款。這實在太浪費人才了。在文化工作上，諮詢架構最重要的功能應該是：一、監督作用，對管辦文化工作給予實事求是的批評及評價，其評論應包括民意及專業性意見。二、對宏觀政策的制定，提供專業性意見。最後才是三、審批撥款，主要是大型項目，牽涉動用巨大資源的撥款。至於其他小型項目以至一般項目的撥款，諮詢架構只負責制定原則和指引，具體工作便可交行政人員處理。

至於諮詢架構成員被委任的資格，應有明確的標準及指引。成員的工作也不應該是純義務性的，應按具體情況給予合理的報酬，視其貢獻給予應有的榮譽。

第四，盡力扶助民辦文化工作及個人的文化創造。扶助不應因其組織背景、思想背景不同而將之分別對待，應在最大程度上維持文化工作的自由氣氛。但對於有助於「文化回歸」的項目應予優先考慮，並提供較多的資源。

在殖民地時期，「文化回歸」——與中華文化有關的項目，在官方的文化架構中長期受到歧視、冷漠的對待，只有民間團體及個人勉力於這方面的工作。民辦的有關工作，實際上就是本港文化回歸工作的基礎，對官方有極大的參考性。再者，民辦工作不受各種規章制度所限，有較大靈活性，既反映了民意，也較有創意，是非常值得重視的。

商業文化部分，仍可以採放任政策，但對於一些危害社會安寧及道德的文化商品，應有一定的管制。當然管制要有很明確的條文規定，以不影響言論自由、經濟自由為原則。

「文化回歸」的工作，有官方帶頭，民辦文化呼應，配合整個歷史環境與社會氣氛的變化，慢慢即會形成一股潮流，這股潮流很自然會為商業文化所吸納。例如侯德健的《龍的傳人》、張明敏的《我是中國人》為什麼會由台灣、香港而傳唱於整個大陸及世界各華人社區？這正好說明人文的歸屬具有強大的凝聚力，也可以流行音樂這樣的商品形式發揮作用，商人也可以利用它牟利。

四、近代中國民族文化價值觀的失落、恢復、轉折的歷程及香港對中華文化創造可能有的貢獻

余英時在其《從價值系統看中國文化的現代意義》一書說：「中國現代化的困

難之一即源於價值觀念的混亂；而把傳統文化和現代生活籠統的看作兩個不相容的對立體，尤其是亂源之所在。」又說：「價值系統問題如果長久地不獲澄清，會給中國文化招致毀滅性的後果，更不必說什麼現代轉化的空話了……這個系統面臨着現代變遷必須有所調整與適應。我並且毫不諱言在某些方面中國必須『西化』。但是整體地看，中國的價值系統是禁得起現代化以至『現代以後』（Post-modern）的挑戰而不致失去它的存在根據的。」儘管余英時在書中把儒家思想的「仁」視為中國文化價值系統的核心，並認為「仁」可以成為「中國民主的精神憑藉，可以通過現代的法制結構而轉化為客觀存在」等觀點頗可商榷，但上引的兩段話卻發人深省，值得思考、討論。

中華文化，根據近四十年的考古成果，即使從新石器時代算起，也有八九千年的歷史。除了黃河流域，在長江流域、內蒙、東北、西南、嶺南和台灣都有不同系統的文化源流，上萬年綿綿不絕地發展，不斷交流、吸收、創造，其中並無間斷，已成為世界文化史上一項奇跡。上萬年來，它不但孕育着縱橫一千萬平方公里的中國大陸上的炎黃子孫，為他們創造、形成一套涵蓋豐厚、多彩多姿、別具個性的生活方式，還建立了一個巍然矗立於東方、光華照遍東南亞洲的華夏文明，使亞洲區的古國諸如日本、朝鮮、越南、泰國、緬甸、老撾、柬埔寨、印尼等等，均受潤澤，使它們很早便進入了文明生活。

中華文化是在不斷吸收外來文化的過程中日漸茁壯的。但它總是以強大的文化主體去融和外來文化，使之成為創造的新元素、新動力，從而內化為中華文化的一部分。漢、唐對西域文化、佛教文化，乃至於回教文化的吸收就是如此。在明代中後葉，中國本有一次以同樣的條件和態度去吸收西方文化的機會。西方在文藝復興運動中重新整理的古典文化通過耶穌會的傳教士利瑪竇（Matteo Ricci）、湯若望（Johann Adam Schall von Bell）等人傳到中國，中國朝野亦欣然接受，徐光啟等更翻譯了許多西方的經典著作。而中國一些哲學、文學作品亦在此時給譯介到西方去，宋明理學甚至影響了西方的啟蒙運動。其時正入西方的科學及科技文化開始了超越的發展，進入現代文明，而中國的古典文化趨於爛熟，以李贄為代表、反省正統文化的運動正在展開。這兩種思潮原有一個接合的良機，中國古典文化本可順利地過渡到現代文化的階段。但滿族的入主中國、西方來華教士的宗派之爭等歷史偶然事件，使中國從雍正至道光之間閉關自守了百多年。而這個期間，西方隨着其殖民地的拓展，大大推進了以工業化為標誌的現代文明，其他許多相應配合的學科亦突飛猛進。道光年間，中國因鴉片戰爭被洋人以堅船利炮打開了海禁大門之後，彷彿一覺醒來，發現「天下」遠遠大於中國，天外有天；堂堂「天朝」竟被「夷人」、「番邦」打敗，簽訂喪權辱國條約，面向茫茫的新世界和強勁的西方勢力，不免方寸大亂。中國人對民族文化價值的失落，由此而起。

打晚清起，這一個多世紀中，我們經歷了追求堅船利炮，主張中學為體、西學為用的洋務運動，主張變法的維新運動，主張科學與民主的五四運動，全盤西化派與國粹派的論爭等等。儘管各種思潮的倡議者都抱着一腔民族主義的熱血，但客觀上都無法尋回已失落的民族文化價值觀。因為中西文化還一直在歷史的進程中較量，積弱的中國在戰爭、外交上的連串失敗，在內政上的顢頇腐敗，使中國人尤其是知識階層的主流，對中國傳統文化信念日減。中國人對民族文化的評價，隨着連連受挫的歷史現實而不斷貶抑，因而有影響廣遠的崇洋媚外社會風氣產生。直至抗日戰爭勝利，國共內戰，中共取得政權，情況才有所改變。帝國主義的政、經勢力給掃出中國大陸，雖然一窮二白，中國仍能在戰爭的敗瓦頹垣中自力更生，靠自己的力量站起來，對於民族文化自信心的恢復正是一口強心劑。

五十年代之後，大陸上推行的基本上是毛澤東在四十年代提出的「古為今用，洋為中用」的文化政策。從態度上說，可謂不亢不卑，既不保守，也不崇拜。問題是如何了解這個「用」字。但是民族文化價值重新得到肯定，對團結大多數中國人、對中國文化的保存與繼續創造，自然是有利的。一些論者看到「文革」期間「破四舊」對傳統造成災難，就咒罵中共毀滅中國文化，這顯然是片面而不公平的。實則這幾十年大陸在考古、典籍的整理點校與出版、戲曲劇種舞台藝術的保存與發展、民間文化的採訪與研究、敦煌研究等等都很有成績，亦有大量堅實的學術著作出版，文獻俱在，不容抹殺。這些工作，對於當代中國人了解中國文化，恢復對民族文化的自信無疑是有貢獻的。

但大陸文化政策上的錯失卻在過分強調一個「用」字。不但過分標榜實用功利主義，而且往往流為政治實用主義。於是對儒家、法家的研究便變成了「批林批孔」、「儒法鬥爭」，變成了當代毛澤東與林彪、周恩來與四人幫的活生生的政治鬥爭，周恩來變成共產黨內部的「大儒」……這樣政治化、工具化狹隘的「古為今用」態度在這幾十年大陸學術界是非常普遍的，對引導國人正確對待中國文化自然是無益的。

「洋為中用」的政策在實踐上也有偏差。中共「以俄為師」，此「俄」還不是較開放的列寧時代的「俄」，而是史太林時代的蘇聯。史太林把列寧「黨的文學」的基本觀點教條化，由其御用理論家日丹諾夫（Andrei Zhdanov）提出「社會主義現實主義」理論，定於一尊並向影響所及的共產國家及政治組織推廣、執行。毛澤東的《在延安文藝座談會上的講話》以此為理論基礎，數十年來成為中共文化工作的指南。於是一切文化工作無不以蘇聯一套「進步的」、「革命的」、「社會主義」的標準來衡量，對於中國文化自然也以此「去其糟粕，存其精華」。結果實際上不是「洋為中用」，而是「中為洋用」，因為「馬、恩、列、斯」思想都是西方文化的一部分，蘇聯文化也是西方現代文化的一支，唯蘇聯馬首是瞻無疑是失去了民族文化的主體意識，歷史已證明那是弊多於利。隨着中國的改革開放、蘇聯的解體，這種偏差正在受到矯正，但意識形態的影響既深且廣，這不是一天兩天可以改變過來的。

台灣近五十年來的情況又怎樣呢？我們不妨先看看台灣著名作家陳映真的考察：

「這四十年來，特別在台灣，我們耳熟能詳的分類的方法就是：自由世界和共產世界，民主世界跟極權世界。這樣的分法……一九五〇年從所謂『冷戰時期』開始，這種兩極對立的政治、軍事結構，對全世界產生了非常深遠的影響，而實際上還遠遠地波及到藝術、文學、教育、政治、文化各個方面……在體制這個框框裡面，各個體制內的組成國家或成員國家，被體制陣營這個框框，扭曲了它自己的民族在政治、經濟、文化各方面的發展，這是一個現實。」

以蔣氏為代表的國民黨政權，雖則以中國文化的正統自居，把尊孔崇儒的活動搬到台灣去表演，把故宮的文物珍寶私運到台灣去，建立故宮博物館，以此作為其「正統」身分的物證。在政治意識形態上，國民黨一方宣稱自己提倡民主、自由，是與中共極權統治對抗的「自由中國」，但卻長期執行戒嚴令，實行軍法統治，控制新聞、廣播、出版等文化媒介，並以特務組織散佈「白色恐怖」，許多優秀的知識分子、文化人都變成了「匪諜」，或墮獄，或犧牲。於是有部分論者便認為國民黨的獨裁統治、蔣式政治觀念，源於中國傳統政治，是中國傳統文化的產物。於是在六十年代，乃有李敖再以全盤西化之論，批判中國文化；有柏楊批判「醜陋的中國人」；有殷海光批判「天朝」觀念。這些批判，固然能針對中國文化某些弊端，對現實政治亦引起頗大的衝擊，但另一方面，對民族文化的信念，亦不可避免地、客觀上起了負面作用。而其中一種影響深遠的就是「台獨」思想及由「台獨」政治思想延伸出來的所謂「台灣文化」。當然台灣在文化發展上的種種轉折，總的原因要歸咎於冷戰年代的兩極結構，是這種世界性的意識形態對立扭曲了民族文化的發展。所以陳映真在十年前的考察和論述，無疑是很值得深思的。

香港自五十年代起，無疑也受冷戰的兩極意識形態影響。但大部分香港人是為了逃避這種政治鬥爭而定居於此，因此對政治大多採取疏離、淡漠的態度，所以意識形態的兩極對香港中國人在文化創造上的影響不及海峽兩岸。另一方面，香港是一個資訊開放的城市，我們可以得到的文化資訊比海峽兩岸都要豐富，這是我們在文化創造上最有利的條件。過去幾十年香港文化發展最大的問題是前文所述的殖民地文化政策對民族文化價值巧妙的瓦解。九七之後，「治港」的「港人」如能注意到這一點，推行各種必要的矯正措施，則在恢復中國人對民族文化的自信上、在創造新的中國文化上，香港憑其現代化的經濟及社會條件，應該可起帶頭作用。

「雨傘運動」與手機世代

香港這次被外國傳媒稱為「雨傘革命」或「雨傘運動」的社會運動，其中一個特點，是資訊科技造成的虛擬力量。[1] 網上資訊，因為平面手機的方便，已成為愈來愈多人了解時事發展的途徑。不但年輕人，就是他們的父母、老師一代，也都這樣。今日不但讀報的人很少，連看電視的人都少之又少了。儘管這些傳統媒體的報道也有鮮明立場和傾向性，畢竟還算可以看到第一手的報道。其實，網上也可以找到傳統媒體的網上版及其他以幾十倍、幾百倍以至千萬倍計的相關資料。但看網的人，大多圖個方便，哪有時間去全面瀏覽，更無意去識別、認證真偽，於是只挑最簡短的看，甚至只看大標題、只看圖。這種「方便法門」，卻已成為大多數人獲得資訊、了解事實、進行判斷、決定立場和行動的辦法和習慣。如此一來，在這場運動中，許多人看到的都是網上亂發、轉發再轉發、簡化再簡

編者按◉　此文在古兆申去世後從他的電腦中找出並下載。據一位友人說，此文曾在某刊物上發表，但究竟是何刊物，經一番查索後無法找到，現據電腦上文檔排印。

化，以某一政治立場千百倍地誇大、扭曲過的四、五手資訊，而且挑符合自己立場、又簡化得像一句口號或宣傳圖片的來相信，深信不疑之餘還熱心地不斷轉發、群發以擴大其影響。[2]於是大部分討論都失去了實事求是的理性，相關爭議都變成了感情用事的立場表達。網上風行一時的 unfriend 潮正由此形成。

在此次運動中，資訊科技把虛擬力量發揮得最有效的，無疑就是催淚彈事件。凡稍留意世界各地政治運動的人，都會同意林鄭月娥所說，在處理暴亂事件中，警察發催淚彈驅散群眾是「最低武力」。催淚彈對人體最大的傷害只是「催淚」，不會使人流血，更莫說致命。在本港經歷過上世紀一九五六年右派暴動或一九六七年左派暴動的人，也許有機會聞過，身體的不適也就止於眼睛酸疼流淚。（當然，我們還記得，這兩次暴動警察都開了槍，有人流血倒地）但催淚

1　在佔領運動清場後，「獨立媒體網」一位署名「金鐘道上班的白領」的作者寫了一系列文章，詳細論述了新資訊科技在所謂「雨傘運動」中所起的重大作用。其中二〇一四年十二月十九日題為〈雨傘世代最大的武器〉一文說：「網媒或許不賺錢，但影響力已蓋過很多傳統傳媒。香港三大報，銷量有幾十萬份，其他的收費報紙，多在十萬份或以下。免費報紙，發行量已介乎十萬到四十萬份。『獨立媒體網』，FB 上讚的數目為四十一萬，接觸面比大部分的報章更高。隨着雨傘世代不停壯大，而這些媒體繼續深耕，未來的接觸面會愈來愈廣……網上行動，邊際成本是零，只要人心所在，是可以無限重生。」第二天（十二月二十日）作者又發表了〈雨傘世代的反蛇齋餅糭（四）：把知識轉化成力量〉，指出科技的創新取代了舊技術，所謂「創造性破壞」（creative destruction）為人們的生活和社會帶來新的動力。「雨傘運動，本身就是一場 creative destruction，用的政治手法，一開始沒有人認同……到了雨傘運動就取代了舊有的模式。」反映佔領人士十分自覺運用網媒的虛擬力量。

彈在視頻上的效果卻像烽煙四起的炸彈，沒有見識過的家長和老師給驚嚇了：啊呀，太「暴力」了！參加「佔中」的孩子和學生會不會給炸得血肉模糊，身首異處？於是政客們就出來譴責了：連放近百顆催淚彈，簡直瘋了，用這樣大的暴力來鎮壓手無寸鐵的學生。學生領袖們撿了這些話，不斷講、不斷起鬨、不斷重複，通過視頻不斷轉發、群發。家長和老師們心慌了、心疼了，豁了出去，紛紛來到佔領區參加佔領。忽然大雨傾盤，行雷閃電，彷彿人怨天怒。片刻之後，竟開出朵朵黃傘之花，雜以五色，漸漸人數已由數千，增至十萬、十五萬、二十萬，雨中一片繽紛的傘海，好不壯觀！但清醒的人不禁懷疑：轉瞬之間，這麼大數量的黃傘從哪裡來？運動像是失控，卻又像在被控之中……

平面手機製造了虛擬的力量，也製造了虛擬的英雄。十七歲的黃之鋒，在這次運動被推上了虛擬英雄的寶座：一個未成年的中學生，在所謂「佔中三子」對何時「佔中」還猶豫不決的時候，率先帶着他用手機號召的同夥，佔領公民廣場，迫使這些大學教授不得不宣佈「佔中」開始，否則就會錯失良機，無法落台，因為運動至此時已宣傳了一年多。黃之鋒在被捕又被釋之後，一夜之間變成

2　在上註第二篇文章談到：使用資訊科技武器要「策略」配合「心態」，「重複意念重點，人海戰術發聲」，利用一切「實際有效的平台：網媒、網誌、地區報、vlog」，可見充分利用新媒體擾亂視聽已成為佔領行動主導者的一個重要策略。

了運動的大英雄，似乎在主導運動的方向。美國的主流傳媒《時代雜誌》（*Times*）和《紐約時報》採訪了他，本地還有人建議提名他競逐諾貝爾和平獎。

黃之鋒的崛起，使本港年輕人發現了手機的神奇力量：從「反國民教育」、「罷課」到「佔中」，黃之鋒都出盡了風頭，聚集在他頭上的鎂光燈，遠遠超過了爭逐出位的泛民政客。短短兩三年間，黃之鋒成了香港有史以來最年輕的「社運領袖」。當然，政客的利用和媒體的追捧，也起了推波助瀾的作用，何況國際政治勢力也不會放過這一杯羹。到了今天，他已是一個全球知名的人物。他自己也很重視、自覺這個「政治身分」，努力學習政客們的一套手、眼、身、法、步，處處以運動的代言人甚至香港民意的代言人自居。許多跟他差不多年紀的青少年，在崇拜、羨慕之餘，也有不少人懷疑、模仿，甚至想到「彼可取而代之」。

因為手機人有我有，政客的做派大家也十分耳熟能詳，模仿並不困難。只要有一個手機，人人都可以興風作浪！

於是，發起「佔中」的人士，便在手機族的催逼下提早「佔中」，在運動開始不到兩天，已發現不能按他們策謀已久的方法和方向進行，不得不宣稱運動失控，自己不能負責。連學生組織也不承認他們的領導權，更莫說其他各類佔領分子。這樣，運動便陷落在目標模糊、步驟混亂、進退失據，以致各自為政的局面：「佔中」變成了佔金（金鐘）、佔銅（銅鑼灣）、佔旺（旺角），更有人號召佔領機場，以至遍地開花！像吃了迷幻藥一般，不但到處以公物設障，還搭起帳篷，搬來床鋪、廁所……甚至建成舞台，設立關聖祭壇，繼而歌舞連場，還帶雜技魔術、道士作法，間雜街頭對罵，亂呼非禮，好不熱鬧，巴西嘉年華亦不禁黯然失色！

政客的做派、語言，無非就是佔領道德制高點，站在「政治正確」的舞台上，用影視藝員誇張的演技、煽情、做假、抹黑。此次運動，這些慣技在無知而熱情的年輕人那裡，給運用到熟練如流、青出於藍的地步。因為他們對於胡言亂語、胡作妄為都無所顧忌，「無知」、「年輕」都會成為他們被原諒的理由，而且他們也不必像真正的政客那樣擔心會失去選票。於是有意或無意的煽情、造假、抹黑，變成為此次運動最重要的手段，平面手機的方便與迅速，更把這類負面的功能發揮到淋漓盡致：幾秒之間，假象變為事實，偏見變為正確，意識形態變為真理——香港在一夜之間變成「民不聊生」，甚至「水深火熱」，而原因是沒有民主，而「真民主」就是「一人一票」、「公民提名」下的「真普選」，只有持此觀點立場，才是「政治正確」，反對或不這樣做的市民甚至被取消了做「人」的資格！[3]

最近幾年，世界上許多的街頭政治運動，都達到了推翻現政權的目的：北非、中東、泰國……而其中手機和網絡資訊也發揮了很大的作用。這些所謂「顏色革命」大大提高了手機世代的自信心。據陳莊勤（他是本港民主黨創黨人之一）《請救救香港的青年學生！》[4]一文披露：早在二〇一三年港大學生報《學苑》的五月號，已宣佈了學生們的「佔中」主張，那就是：「佔領中環，香港革命」！而革命的對象，就是「中共」。其中一篇題為〈佔領中環全民起義統一戰線博弈制勝智取中共〉提出了下面的行動綱領：

一、以佔領中環為契機團結所有香港人。

二、紮營於中環的要道，面對解放軍總部和添馬艦，以「廣場政治」挑戰極權。

3 在佔領人士讓出了一條小路方便公務員到政府總部上班的第一天，有線電視記者訪問了一位掛黃絲帶上班的公務員，他說：「凡是人都應該這樣做（按：即支持佔中）。」

4 文章見二〇一四年十二月十四日出版的《亞洲週刊》。

三、癱瘓中環直至中共讓步為止。
四、封鎖主要幹道，不論如何皆不可被清場。
五、要封鎖的主要幹道不是中環心臟地帶，而是夏慤道、金鐘道和新建的龍和道。

陳莊勤文章跟着又指出：《學苑》二〇一四年二月號又呼籲「香港民族，命運自決」，把香港人分離於中華民族之外。到了同年九月號的《學苑》，更在封面宣告了「香港民主獨立」！該刊社評「苑論」題曰《中共絕不是上帝》，猛烈批判「佔中三子」跟港共一樣「俯伏在地上仰望中共，追求民主，卻沒有獨立人格」，認為「香港民主運動要根本改變，民主回歸論死亡；『香港民主獨立』應運而生，香港新的民主運動是將香港獨立訴求與爭取民主連成一線」。儘管這種文革或北京之春大字報式的文風和思維，使我頗懷疑我們的大學生有沒有這樣的水平寫出來，後面有沒有人代筆；但所提出的理念，將獲得許多頭腦簡單、意氣用事的青年學生的共鳴，甚至認同，卻是不必置疑的。在二〇一四年九月號的《中大學生報》，學聯副秘書長岑敖暉即有呼應：

「三十年來民主真正力量不在三子，而在於每一個人，你去參與抗爭，你坐在馬路，那才是真正的力量。」

這和黃之鋒對《時代雜誌》說：「要改變這個社會，只有上街！」幾乎是異口同聲。這幾年看到街頭政治在世界各處推倒了一個又一個的政權，我們的年輕人都躍躍欲試。認為只有敢於上街，才算有「獨立的人格」，豁出了超乎父母和老師那一輩的勇氣，為後人打開「普世」追求的民主之路，成為「香港民族」第一代「英雄」。

但運動並沒有按照大學生或有人代他們預先寫好的劇本進行。劇本不斷被修改。首先被他們的同盟軍、以黃之鋒為代表的中學生組織修改，迅速把運動帶向一個非理性的激烈方向。跟着就是所謂「佔中三子」，他們想以老師和長輩的身份獲得領導權，意圖把運動引向他們所謂「愛與非暴力」的「公民抗命」，但他們忘記了他們那一套早已被學生批判。而且就在他們宣佈「佔中」正式開始的現場，已有學生指責他們想騎劫學生的成果。隨後各種勢力紛紛介入：泛民政客、親美媒體大亨、政治主教、牧師……以至各種政治及社會勢力，包括黑道勢力。這樣一個開始時聲勢浩大的「雨傘運動」，很快便從內部分裂：不但不能像他們的行動綱領所說那樣「團結所有香港人」，就連自己內部的政治同盟，也團結不了。

運動就在這種各懷目的、各佔路段、不顧社會成本的情況下繼續進行[5]。不到一月已反對抗議之聲不斷，從個別行業組織到大規模反「佔中」簽名運動，反「佔中」者的聲浪已遠遠超過了「佔中」者，[6]即使大多站在「佔中」立場的主流媒體亦無法掩蓋。到最近，連「佔中」發起人戴耀廷也不得不在《紐約時報》撰文指出：「有清楚的跡象顯示，佔領行動已失去公眾的支持」，「港大最近所做的民調顯示已有近八成應訪者不支持繼續佔領行動。」[7]

運動苦撐了六十多天，在金鐘佔領區，人們看到有幾個青銅色的大氣球升起，有一兩個造型像廣東舞獅的獅子頭，嘴巴張得大大，卻只露出兩顆大門齒，雙目則是日本動漫人物的大眼睛，氣球下拖着一條標語：「我要真普選！」字體很小，嘴巴張得那麼大，口號卻叫不出聲……氣球畢竟是用氫氣吹大的，也許只有破了才能轟然爆響。然而，其效果頂多是嚇人一跳，因為那只是氫氣球，不

5　據二〇一四年十月九日《蘋果日報》報道：「佔中」進入第二周，市場估計情況若維持一個月，將會對本港經濟帶來二十至六十億港元的損失。

6　按各大媒體報道，反「佔中」簽名共收集到超過一百八十萬個。

7　見 What Next for Hong Kong ? 一文，發表於二〇一四年十二月五日的國際版《紐約時報》。

是氫氣彈，並未產生什麼革命效應！幾千年前，我們的祖先在鬧湯武革命的時候，已深切明白到，革命必須「順於天而應於人」，他們成功了，但也付出「血流漂杵」的代價。這場未「順於天」也未「應於人」的「雨傘革命」，雖然沒有太大的傷亡數字，社會成本卻不可謂不高：初步最保守的評估，也是每日一億港元，七十多天就是七十多億。黃之鋒向傳媒宣稱：「佔中」雖然暫停，「雨傘運動」卻沒有結束，他們還會發動各種不合作運動、打游擊戰或重啟佔領行動。香港社會即使承受得起這樣的虛耗，也沒有理由縱容無知的青少年這樣做。

從本土政治的角度而言，所謂「雨傘運動」實質是政黨政治角力的一部分，年輕學生不過被泛民政客利用作激進的先鋒隊，借意識形態的對立，誇大自己的「民意」實力，打擊建制派，增加自己的政治籌碼。從國際政治而言，以美國為代表的西方政治勢力，則想藉香港政黨爭利的亂局，抑制中國政治經濟的高速發展，在物質上對運動主動給予資助，在輿論上也大力呼應。青年學生天真、簡單的政治幻想造成的虛擬力量，已被納入本土泛民政黨的政治實力之中，繼而轉化為西方針對中國的政治博弈實力。台灣近期的政治現象，正好是香港政治未來發展的一面鏡子：台灣今年的三合一選舉，國民黨大敗。除了敗於馬英九的執政欠佳，還敗於國民黨疏忽了手機族的虛擬力量，而這種新興力量卻被民進黨充分利用了。台灣的兩岸政治今後恐怕又有一番曲折，那是美國所樂見的。同樣，香港一國兩制發展的曲折也是美國所樂見的。

更使人憂慮的是，跟北非、中東以至泰國近期發生的「顏色革命」一樣，我們的青年學生也迷信美國是民主運動的旗手，所以向美國求助依然「政治正確」，「美金政治」可以「為香港保留一點民主血脈」，一點問題也沒有！我們的學生以至他們的父母老師輩，大多不讀歷史，也不關切世界其他地區的政治現實，更不會主動去深入了解。學生們但見這幾年一些國家的年輕人走上街頭，在美國及西方的鼓動和支援下，推倒了一個又一個政權；以為只要把政權推倒，就可以建立「民主」；建立了「民主」，就有好的政治，合理的社會⋯⋯所以岑敖暉告訴他的同學說：「你坐在馬路，那才是真正的力量。」黃之鋒更高呼：「要改變社會，只有上街！」他們終於有機會一展抱負，雖然失敗了卻仍不甘罷休。因為手機族對政治的觀察，往往只看眼前，不管前因也不顧後果。他們只見利比亞強人卡達菲（Muammar Gaddafi）被推翻，慘死街頭，卻不見卡達菲後的利比亞今日依然哀鴻遍野，恐怖活動頻繁；他們只見統治了埃及數十年的軍方總統穆巴拉克（Hosni Mubarak）被捕入獄，卻沒有看到一人一票選出來的新總統穆爾西（Mohamed Morsi）僅約一年就下台被拘，新上台的仍是美國一直支持的軍方人物；他們只見泰國的紅衫軍、黃衫軍先後把執政政府推倒，卻沒注意到最後出來收拾殘局的仍是親美的軍方；他們只見今日美國仍派出軍事顧問團及空軍支持伊拉克反恐，卻不深究所謂伊斯蘭國今天在此攻城掠地、放火殺人的恐怖武裝分子，正是美國在敘利亞支持的反阿薩德（Bashar al-Assad）政權的同一批人……年輕人的無知，政客們的自私，在國際反中勢力別有用心的介入下，如此下去，無寧日矣！香港人所期待的「真普選」即使實現，也不一定得到真民主，更無法得到好政治，只有一日復一日的內耗和民生的疲憊，長此以往，真的會陷於近日年輕人口中的「民不聊生」、甚至「水深火熱」的境地，這幾年世界發生所謂「顏色革命」的地區，其處境及現狀，都可作極有說服力的參照。

我對上面所引陳莊勤文章中的這段話甚有同感：

「我們欣賞年輕人有理想而且甘願為理想無私付出，但也必須對他們說出殘酷的現實是他們正走進沒有出路的死胡同。政客為一己政治目的不負責任地對年輕人脫離現實的想法，有悖常理人倫的做法不加勸戒……作為局外旁觀仍有良知的大多數港人，應否保持沉默，對充滿熱情的一代人脫離現實的想法仍不聞不問不置可否，對他們的歪理不加斥責、對他們有悖常理與人倫、損害自己的行為仍無原則的包容；還是應該更主動多了解他們、更明確地面斥他們的謬誤？」

美國學者馬克・鮑爾萊恩（Mark Bauerlein）因寫了《最愚昧的一代》（*The Dumbest Generation*）一書而轟動世界，敲響了人類智慧危機的警鐘：在資訊科技高速發展（特別是手機方面）的情況下，年輕人在學習和思想人格的建立上出現了很嚴重的問題。他最近接受北京《三聯生活周刊》的訪問，談到他為什麼堅持用「最愚昧」這樣刺激的字眼來形容美國年輕的一代。他說必須用這個字眼才能引起那些以為一機在手萬事皆曉、自信心爆棚的年輕人的注意和警惕。他根據尼爾森公司（Nielsen Corporation）的調查數據得知：年輕人最常去的十個網站中，九個是社交網站。他們通過這些網站二十四小時膩在一起，互相交換一些關於自己的個人訊息，浸淫在同代人一些身邊小事上。這樣他們在知識和思想上就只能停留在青春期的水平，因為大家的經歷和學問都很有限，沒有更複雜的見地和更深刻的想法來衝擊他們，大家都那麼膚淺，「更多的交流意味着更少的意義」。他指出「一個人成熟的標誌之一，就是明白每天發生在自己身上百分之九十九的事情，對別人而言，根本毫無意義。」如果青年人把時間都花在同輩間的八卦新聞上，便再沒有時間和耐性去讀書和思考，失去了跟前代智者交流的機會，無法與更有深度的「歷史、藝術、公民等理念相遇」。對此等理念所累積的博厚遺產，無法直接繼承，最多是道聽塗說，人云亦云。[8]

從整體文化環境、教育情況和媒體水平來說，香港比美國要糟糕得多；如果說美國的手機世代是「最愚昧」的一代，則說香港的同代人是比「最愚昧」更愚昧的一代也並不為過。「雨傘運動」中那些揚言要為民主流血抗爭，甚至絕食犧牲的熱血青年，他們對民主究竟有多少了解呢？水平較好的頂多也只會給我們這樣的答案：一人一票、普選、政黨輪替。但任何人只要肯花點時間讀上幾本西方民主理論的入門書，都會知道，這些都不過是一種形式、一種制度安排、一種遊

8　訪問見二〇一四年十二月一日「華人生活網」。

戲規則；普選和政黨輪替並不一定能帶來好的政治。在寬容的政治文化和法治的社會形成之前就推行民主，其結果往往是災難性的。上世紀下半葉至本世紀初，我們見到的例子甚多，尤其是由美國或西方勢力強行推銷建立的民主：菲律賓、利比里亞、海地、伊拉克……甚至我們的台灣。「雨傘運動」中青年人所表現的偏狹、狂妄、非理性和破壞法紀的意慾，預示了類似的災難性。本港青年如果不了解到自己的問題所在，他們能爭取到的，只能是民主形式或遊戲所造成的災難。

本港青年以至他們的父母輩、老師輩，必須意識到資訊科技對我們學習和了解世界方面的巨大影響。鮑爾萊恩說：「互聯網的危險性在於它的知識與信息資源過於豐富龐大，人們再也不需要將這些知識與信息內化為自己的東西。」Google 一下就出來了，何必花時間去讀書呢？手機世代多半會這麼想。但學問、思想、智慧都不只是信息，而是包含了深層的道德、理念和哲學對個體生命及人類整體生活的價值，我們需要這些從內部來塑造我們的人格、精神，加深我們觀察及思考事物的廣度和深度。如果我們沒有這樣的基本功，我們也就無從辨識互聯網上信息的好壞真偽，更遑論對社會、政治現實正確的觀察。要具備這樣的基本功，鮑爾萊恩認為只有讀書一途。他說：「網上那些短小快速的文本，不可能像書本那樣鍛鍊你的記憶力。」其次，「讀書鍛鍊你的想像力。沒有圖像，沒有視頻，你必須在自己頭腦中想像這些角色的形象……哲學、政治、小說，你必須通過讀書才能消化。」

從本地的出版業和書籍行銷的情況來看，香港本來就是世界最不喜歡讀書的城市之一。在手機文化的大浪潮下，讀書的人更成了稀有動物，而他們讀的卻大多數是和個人專業相關的或是娛樂、消閒的書刊。每年都舉辦的書展，竟都靠漫畫書來支撐場面，嚴肅的人文書籍問津者少，由此即可評估本港的讀書風氣。這樣一個不愛讀書的城市，其市民的文化修養和精神素質是很成問題的。

回歸前後，香港的官辦大專院校從三、四所增加到十多所，其性質已從精英專利變成平民普及，但大學生的學養水準卻愈來愈差，有許多還不如回歸前的中學畢業生。這樣令人吃驚的結果，不能不承認特區政府在教育政策上的失敗。有學者指出：一般經濟發達的社會，其教育的投入都在 GDP 的百分之二十以上，而香港的投入卻只有百分之三，這是極不合理的做法。[9]這反映了香港的政府和社會把教育放在非常次要的位置。所有政治制度，都須要由人去執行。沒有好的人才，即使有好的政治制度，也不會有好的政治。香港人能不能治理好香港，人的素質仍是具決定性的。我們的社會資源，應該用來培養政治家，而不是培養政客。香港社會和政府如果不注意到這一點，則「港人治港」也可以是災難性的，因為未來的「港人」就是我們的青年人，如果我們的青年人一直停留在「雨傘運動」這一批手機族的水平，則香港的前景是十分令人憂慮的。

9　參見「二〇一四港澳發展論壇」二〇一四年十一月十五日余永賢〈深層次矛盾的浮現：佔中、拉布的成因與化解〉一文。

政治運動的虛擬性與現實性

最近韓少功在香港出版了新書《革命後記》。這位在青少年時期經歷了「文革」全程的作家，數十年後對此一已被普遍定性為「一場浩劫」的政治運動，做了另類的思考。這些思考並不局限於「文革」，而是可以針對法國大革命以來，各種政治運動中許多共通的問題。

讀韓少功這本書，使人感慨殊深。所有政治運動，都有兩個層面：一個是理想的、道德的、關乎公益的；另一是現實的、個人的、關乎私利的。政治是所謂「眾人的事」，政治運動自然以第一個層面的理念為號召，以此形成運動的力量，令許多人願意為此灑熱血、拋頭顱；但運動實踐的結果，卻往往落到與理想層面相距甚遠，甚至背道而馳的現實層面中。為什麼會這樣？原因多樣：歷史的、民族的、文化的、宗教的、意識形態的、人性的、經濟的，以至國際霸權干預，媒

編者按◉　本文是《我們走過的路——「戰後香港的政治運動」講座系列》（關永圻、黃子程主編，天地圖書公司，二〇一五年六月出版）的〈序〉。另古兆申在二〇一四年第三十四期的《亞洲週刊》上發表〈政治運動與當前香港〉一文，所論和本文接近，該文開首的一段話很值得注意，現轉錄如下：「當年的保釣運動對香港政治最大的貢獻，是為市民爭取到示威的權利。但隨着政黨政治在香港興起，街頭示威、絕食抗議等卻被政客為一己私利而濫用；一切政治運作都被狹化為街頭政治，終使香港社會永無寧日、耗盡資源。」

體的攪局等等。這種種原因，會把運動的理想層面不斷作論述上的誇大、扭曲，加大了它虛擬性，把原來較為單純的訴求變得複雜，激化了參與者之間的矛盾，也同時使訴求實現的可能性不斷縮小，最終能落實於現實層面的，竟與理想層面大相逕庭。近年發生在北非、中東和當下仍硝煙未散的埃及、敘利亞、泰國和烏克蘭的政治運動，都一一印證了相近的結果。

然而，政治運動似乎仍然是許多國家或社會改變現狀的主要手段，雖然經歷了一個又一個運動的折騰，現狀依然沒有多少改變，人們還是樂此不疲，卻很少有人去總結其代價，衡量其得失。當然，政治運動的訴求，並非完全落空，尤其是一些簡單的訴求，往往都會得到一定的滿足。這也是政客們通常自我標榜的「政績」。但這些「小得」，也可能造成整體社會的「大失」。最顯然易見的，就是激烈的政治運動形式——諸如街頭暴力示威、絕食抗議、自焚等等——濫用的後果。芝麻綠豆的小事都要發動上街，並動輒激化為暴力或絕食等極端行為，這不等同於小孩子因為家長不讓看電視或打機就揚言自殺嗎？在民主政治運動中，許多政客為了媒體曝光，爭取選票，便不顧社會成本，以發動群眾上街為樂事。多年來我們近距離觀察台灣的政治運動，已不難看出這類部分人小訴求的「小得」，造成了多大的社會內耗與浪費的「大失」。教人憂慮的是，當台灣朝野也在反省這個問題的時候，這一股「台風」卻吹到了香港，還有人煽風點火、誤導市民。

至於要改變一國整體政治現狀訴求的大政治運動，就更值得深思。利比亞政權易手驚心動魄的過程，給我們留下了深刻的印象。幾乎所有政治運動的負面作用，都在這裡發揮得淋漓盡致。其中大國介入謀取利益，表現得最為突出，北約國家甚至揮軍直入干預，造成了軍事強人卡達菲慘死街頭的下場。卡達菲固然是獨裁者，但在他的統治下，利比亞在經濟、內政、外交等各方面還算能控制得住局面，民生情況更是差強人意，在北非已算不錯。再看卡達菲後的利比亞：內戰遺留下來的黨派鬥爭未已，恐怖事件無日無之，人才缺乏，哀鴻遍野的國家難以重建，運動過後數年的今日，人民仍生活在水深火熱之中。

差不多同一時期，敘利亞也爆發反政府運動，繼而發展成內戰，折騰了數年。儘管以銷毀化學武器為條件，在聯合國的干預下政治談判已露出一線曙光，但和平之日仍遙遙無期，因為反對派成員複雜，包括許多不同立場的基地組織分子，各謀其利。數十萬難民湧向鄰近國家，半島電視台（Aljazeera）報道難民情況時，形容為「現代世界最大的人禍」；首都大馬士革，按英國廣播公司（BBC）最近的報道，則已成了「人間地獄」……埃及呢？美國長期支持的軍事強人穆巴拉克被反對派推倒後，一人一票選出的穆爾西，執政僅約一年，即被軍方硬拉下馬，新的抗議運動又隨之而起。現在局勢稍為定下來，但收拾殘局的，依然是美國長期支持的軍方人士。離我們最近的泰國又怎樣呢？幾乎每個總理上台不久，都會被反對派的政治運動推倒，週期甚短。曾令人眼前一亮的第一個女總理英拉（Yingluck Shinawatra），首屆任期未完，新的抗議運動已在去年發起，延續至今，暴力事件不斷，局勢依然未明朗。新近爆發的烏克蘭反對派運動又如何呢？半暴力政變似乎成功了，但國民回顧二〇〇四年橙色革命的經驗，對新的局面毫無信心，還憂慮內戰的爆發，因為俄羅斯人佔多數的東部政治勢力一定不會罷休。最新的消息是：俄羅斯的裝甲部隊已開進了克里米亞，美、俄兩方的軍艦已不斷調動，俄、美、歐盟的角力又開始了。BBC 一個政論節目甚至認為這一場角力，可能標誌了新冷戰的開啟。

政治運動最慘烈的結果就是戰爭，以大量人命和國力衰敗為代價。在古代，政治運動不到人民忍無可忍的情況下不會爆發，我國古代的政治家如商湯、周武等都明白革命必須「順於天而應於人」的道理。即使這樣，史書仍有「武王伐紂，血流漂杵」的記錄。到了近代，在政治運動掛上了「民主」的招牌之後，卻變成了各種利益訴求的主要手段，甚至成為一種「慣技」，被國內政客和國際霸權所利用。叫人心疼的是：此一手段，往往是唯利是圖的政客和坐收漁利的霸權勢力，運用得比當局者迷的民主人士高明得多；結果是利益被謀利者拿走，災難由盲目介入或置身事外的人民承擔。到了本世紀，這種結果，天天都在世界各處重複着。人們卻毫無悔意，「造反有理」更成為絕對的意識形態。無他，只因政治運動的虛擬部分，永遠都具有吸引力，常常帶給人無窮的希望，而其沉重、慘痛的現實部分，則被視為必須的代價。

香港是一個移民城市，打上世紀下半葉開始，大部分人口都是因為逃避政治而來，對政治有一種「先天的」冷感。但香港這個城市，偏偏又是國際政治的產物：在百多年前，它是大英帝國從中國領土切去的一塊肉；二戰之後，本來肉可還身，而傷能癒合，國共內戰卻令它的傷口延遲結痂。半世紀前來此定居的香港人，實際上是走進了一個更複雜的政治環境中。上世紀五十年代以來，香港不但成為國、共政治交手的重要平台，更是世界範圍內冷戰雙方的角力場地。港英政府表面保持中立，實則暗地放縱和自己立場相同的一方而抑制不同立場的另一方。港人的冷感心態和港英的「中立」策略，都增加了本地政治運動的虛擬性。

幾十年來，從內地來港的新、舊移民，都以為自己對政治保持一種「客觀中立」狀態或立場。但「冷」卻並不一定能使人「客觀」，「客觀」的政治態度也不一定是「中立」的。「冷」很多情況下會變成「懶」：對政治不聞不問。無知造成黑白不辨、是非不分，又何來「客觀」？更何況個人原有的政治觀點，來到新的政治環境，無論怎樣「冷」，也多少會受到影響。儘管香港相對於海峽兩岸，是所謂「言論自由」的地區，冷戰雙方的政治爭論，由於媒體勢力的懸殊，歐美一方的觀點，到今日仍是主流。香港人希望自己保持「中立」，「客觀」上卻辦不到。

何以故？原因正正是香港人最害怕的「洗腦」。「洗腦」一詞是冷戰時期流行的政治詞彙，由歐美一方提出，針對另一方的政治。香港人那麼害怕「洗腦」，其實就是被「洗腦」的結果。回顧一下這半世紀在香港的冷戰體驗，我們其實是不斷受到對立雙方的「洗腦」，只是「受洗」的方式不同。一方是直率的、教條的、粗糙的沖刷；另一方則是間接的、隱蔽的、潛移默化的污染。擁有強大媒體優勢的歐美一方，用的是後一種手法。我們在鋪天蓋地的歐美媒體包圍下，日復一日，耳濡目染，思想基因在不知不覺中被改造或重塑，政治觀點也不自覺地成為歐美政府意識形態的一部分。但我們大部分人仍振振有詞，宣稱自己是「客觀」的、「中立」的。甚至最近斯諾頓（Edward Snowden）爆出美國世界性的「稜鏡」監聽醜聞，連美國媒體都提出抗議後，本地媒體卻還有人扮「客觀」去為美國政府辯護。

一切意識形態都有可能擴大政治運動的虛擬性，而造成現實層面悲劇性的結果。今日回顧幾十年來本地發生過的政治運動，必須從這個角度加以反省。例如一九五六年右派策動的「九龍騷動」，國民黨利用了黑社會勢力，很快便把以「反攻大陸」為號召的意識形態鬥爭，變質為一場姦淫擄掠的暴行，不但左派人士受到很大的衝擊，連當年瑞士駐港副領事參贊恩斯特（F.Ernest）夫婦也因乘的士路過而受到攻擊，夫人死亡。一九六七年的「五月風暴」本是產業工人的工業行動，左派介入後，大大強化了運動的虛擬性。運動發展為「反英抗暴」，轉化為文革式武鬥。結果是土製菠蘿遍地開花，傷及無辜市民，右傾播音員林彬慘死，數以千計左派人士包括大量年輕學生被捕。

保釣運動原是港、台、海外中國學生、無黨籍人士發起的保衛國土運動，在政治上本較單純。但可能因為運動針對美國對日本的偏袒，或由於「五月風暴」的餘悸，港英執行了殖民地禁制示威的法令，在一九七一年七月七日的維園示威中，保釣人士還是付出了血的代價。其實保釣事件的發生，其根本原因也來自冷戰，美日對中國領土的私相授受，本就是美國太平洋戰略佈局的一部分。此事今日重新挑起的國際爭端，仍可理解為冷戰未散的硝煙。保釣事件歷時四十多年仍無法解決，未嘗不能歸咎於冷戰的餘寒，使兩岸不能團結對外。而今日香港的保釣運動，竟又變成了本地政黨政治的一枚棋子。

從保釣運動引發的「認識中國，關心社會」運動，本也是較單純的學生運動，參與運動的學生後來被標籤成所謂「國粹派」和「社會派」。這其實正是某些人頭腦中的一種意識形態分類。運動的兩個方向並無矛盾：認識中國並不妨礙關心社會。例如《盤古》早在「保釣」沒有發生之前就發表了包錯石的〈從匪情到國情——研究全中國〉，提倡排除國民黨及歐美意識形態偏見，以獨立的態度去了解、認識整個中國的情況（並不只是政治方面）。到了「認中關社」的時候，《盤古》固然鼓勵「認中」，但也以同樣熱度支持「關社」，用了很大的篇幅報道、評論「教師薪酬運動」、「金禧中學事件」、「六一八水災」等社會大事。參加運動的大學生，就我所見，大多數也都以同樣的熱情參與兩種運動。

但運動是在冷戰背景下的香港進行的，無論參與者的想法如何單純，也少不免受到冷戰意識形態的影響，包括主觀和客觀兩方面。世界政局其實不是那麼容易看得清楚的：社會主義陣營一方，信息封閉不透明，固不易知其底細；資本主義陣營，則媒體的商業操作與政治污染，也使人難辨究竟。香港人一向政治冷感，除了本地社會新聞，對國際政局極少關心。保釣運動之後，大家也知道需要

「放眼世界」，但能了解到的真相，仍極有限。反越戰和保釣使許多港、台和海外中國人認清了美國的霸權主義面目，雖仍有不少人依然迷信美國的民主旗幟，卻也有一些過去反共、恐共的人，開始對中國改變看法，因為中國和第三世界反霸權的人民站在一起。在這些人中的一部分，由於看法的改變，在言論上受內地書刊及本地左派媒體影響，慢慢地也會從「認中」變成了「親中」。因為有意識形態的傾斜，其政治思想與行動，也就加強了虛擬的成分。例如對內地一些不合理的現象，往往會從理論上加以合理化的解釋。所以他們被標籤為「國粹派」，雖不準確，也非無因。至於被標籤為「社會派」的學生或介入運動的人士，部分人在意識形態上接受了那時歐美流行的新左思想，激烈的反殖言論，也具有頗大的虛擬性，由此而影響其行動的成效。正是這些虛擬性造成運動的分裂。

保釣運動對本港政治運動最大的貢獻，是為市民爭取到示威的權利，往後種種爭取社會權益的運動，因此得以展開。但隨着政黨政治在本港興起，示威行動、街頭抗議、絕食等等，也被政客普遍濫用：打着龍獅旗、高舉種族分裂標語，反對陸客搶購奶粉和帶水貨；大主教挺女教師粗口罵警察，名政論家呼籲港人向她學習；名店門前辱罵名牌產品顧客等等怪現象，層出不窮……簡直被意識形態弄到頭腦混亂的地步，這恐怕是當年流血爭取示威權利的保釣人士難以想像的。把一切政治運作，狹化為街頭政治，終會使一個社會永無寧日，耗盡資源。

本文所談，似乎都針對政治運動的負面現象，但本意並非在否定政治運動所引起的正面作用。主要是想在政治運動日益頻繁的今日香港，建議介入者或可作稍為冷靜的歷史回顧和現狀觀察，進而琢磨如何使其虛擬層面與現實層面更靠近些。韓少功的想法很值得參考。尤其是他在《革命後記》書後附錄的「答客問」中一些意見。例如下面這幾段話：

「應急性的運動，不能代替制度管理。從表面上看，當時官員專權和民眾造反不大一樣，但往深層裡看，只要制度系統缺失，危權量在官員和民眾間轉手，一沒有降低支配度，二沒有削減管理量，不過是以險易險，以患易患……[1]

一些失敗國家的民主也是這樣，沒有制度系統的精編細織，只有權力檯面的洗牌；沒有社會的總體換血，只有政治高層的換臉。他們的民主也就是『文革』

1　編者按：對引文中的「危權量」一詞，韓少功說明如下：「我們可以把最高支配度設為一，其乘積得數就是『權力』，也可以叫做『危權量』—— 我們暫且約定這個說法。管理量大，支配度高，確實就是危險的權力。」見該書二百四十三頁。

水平，烏合之眾，佔山為王，一群民主的小皇帝……」

「成熟的民主總是依託一個制度體系，既要制約元首，也要想辦法制約選民、議員、媒體、政黨、意見領袖；既要制約政客，也要想辦法制約資本、宗教、地方勢力。無所不在的約束，才能促成社會總體的理性最大化——否則民主的風險就會升高。」

這段痛定思痛的話，是個經歷過大政治運動的人的睿見，不妨細讀深思。

第三輯

天人、古今

◉編者按　本輯由五篇文章組成，曾經細分為五十一則在「灼見名家」網站上發表（二〇一五年三月十日至二〇一六年五月三日），發表時所用的總題目為〈天人／古今〉，現改為〈天人與古今〉。編者從古兆申遺留的電腦中找到原文文檔，從而得以改正了網站文章上的一些錯誤和遺漏。此文現據電腦中的文檔排印，五篇文章的題目是文檔上原有的，各文章內的分題則為編者參考網站上的分題加上。

歷史不這樣發展，也不會在這裡終結

世界為什麼需要一次綠色革命？

歷史的腳步在哪裡停下來？

荀子的富國論

禪讓政制的遺產

歷史不這樣發展，也不會在這裡終結

二〇〇八年，無論中國或世界都發生了許多大事。其中影響全球的，無疑就是美國華爾街的金融海嘯。這場海嘯，不但又一次預示了資本主義的危機，更使人關切人類未來的前途。

在上世紀末，日裔美國學者法蘭西斯・福山寫了一本名著《歷史之終結與最後一人》（*The End of History and The Last Man*），書中提出了這樣的觀點：

「自由民主制可能構成『人類意識形態演進的終點』且成為『人類政府的最後模式』，由此造成相關『歷史的終結』。就是說，較早的政府模式，性質上都突顯了嚴重的缺陷和非理性成分，引致自身的崩潰，自由民主制卻能免除這些基本的內在抵觸，雖則仍有異議。」（譯引自由企鵝出版社〔Penguin Books〕二〇〇五年出版的版序）

福山這本書出版於一九九二年，正值蘇聯解體不久，這種言論，獲得了世界性的迴響。由十九世紀中到二十世紀末，資本主義與共產主義兩種政治意識形態的鬥爭，似乎已由資本主義獲得了最後勝利。換言之，由資本主義理念發展的自由民主政治制度，也獲得了最後勝利，可以成為人類最理想的社會模式。歷史可以在這裡終結，人類已找到了真正的烏托邦。

所謂自由民主制真的沒有非理性的成分和與其制度或理念相抵觸的缺陷嗎？

打從十八世紀以來，自從大衛・李嘉圖（David Ricardo）、亞當・斯密等經濟學家肯定了「慾望作為歷史動力」之後，人的慾望，在資本主義社會制度理念中便成為正面的、合法化的價值；生物學家達爾文（Charles Darwin）、赫胥黎（Thomas Henry Huxley）從「物競天擇、適者生存」等自然現象總結的所謂「進化論」更為之推波助瀾，由慾望所驅動的爭奪、剝削於是便合理化為「強者」、「進步」的代名詞。由十八世紀到二十世紀的三百年間，儘管資本主義受到各種社會主義，特別是馬克思主義論述的挑戰，卻由於東歐自由化、蘇聯解體及中國、越南的「改革開放」，而造成了資本主義是人類未來唯一道路的假象。

但對資本主義有所懷疑的人，實在不必那麼快就宣佈自己敗陣下來。福山這位日裔美籍學者論述的，不過是一廂情願的想法。這與我們從歷史上讀到的或在現實中看到的，都大相逕庭。尤其是進入了本世紀，美國帶頭的全球化金融經濟，導致消費主義的氾濫，發生大傷世界經濟元氣的金融風暴之外，更因物質過度消耗，科技與工業超速發展，引致大氣污染、氣候變化，威脅人類及一切物種的生存條件；美國及其西方盟友為爭奪能源及政治利益，以其強大軍事力量，到處硬推民主，大搞顏色革命，結果卻造就了恐怖主義的日益壯大，北非中東國家哀鴻遍野。這些事實，難道不足以懷疑建基於資本主義的自由民主制有內在的缺陷和非理性成分嗎？

另一方面，上世紀下半葉的社會主義國家，一無例外地被判定為在經濟上一敗塗地，必須改弦易轍。但何以其中的中國，卻能在適當地調整後，在三十年間，發展得比完全自由化的原東歐社會主義國家和許多其他發展中的自由民主國家好得多，而被認為可能成為世界經濟發展的新模式呢？那麼所謂社會主義國家內在的缺陷，就不一定是福山所說的那麼不可救藥，必會引致制度的崩潰。相反，也可能有其優勢，諸如決策過程和執行的效率等等。這使福山本人也不得不重新思考自己當年粗疏而魯莽的論斷。

論述一種政治體制，如果只從理念或高度簡化的意識形態出發，不看其在歷史上和現實中的實踐，只作邏輯推論或文學想像，當然可以成為一個完美的烏托邦。福山以實踐的角度來宣佈社會主義制度的失敗和結束，卻以意識形態的角度來肯定自由民主制，最後定於一尊，重引黑格爾（Georg Hegel）「欲他人之所慾」的「認受」說，作為其邏輯推論的前提，而無視於這個制度在實踐過程中種種災難性的缺失。那麼就讓我們回看一下福山迴避了的歷史和現實。

布羅代爾從歷史看資本主義政治

資本主義發展到二十世紀末已蛻變為怎樣一種結果？且看法國年鑑學派史學大師費爾南・布羅代爾怎麼說：

「這樣一個世界是在不平等的徵兆之下自我肯定下來的。萬變不離其宗……一邊是富國，另一邊是不發達國家……富國與窮國並非一成不變……但是在其規律之中，世界並沒有變：在結構上，它繼續分化為貧與賤。世界是一個大社會，它和普通社會一樣等級化了……」（引自《資本主義的動力》〔*La Dynamique du Capitalisme*〕，下引同。）

這是這位窮畢生之力研究資本主義歷史的學者，出版他的三大冊名著《十五至十八世紀的物質文明、經濟和資本主義》（*Civilisation matérielle, économie et capitalisme, XVe-XVIIIe siècle*）之後，在美國紐約州立大學為他舉辦的研討會中所發表的肺腑之言。布羅代爾這種說法，是他對十五至十八世紀世界（特別是資本主義最先興起的歐洲）的物質生活和經濟活動作了詳細考察的結論。他並不認為由資本主義理念建立起來的社會制度是平等的。相反，他發現那是在不平等的經濟基礎上建立起來的。他指出：「資本主義是個作弊的機制」，「不作弊，資本主義是無從發展起來的」。

布羅代爾與一般經濟學論者不同，他認為資本主義的特質並不由「市場經濟」來顯現。市場經濟只是資本主義形成的條件之一。資本主義發展的必要條件卻是「資本」

——那就是不斷參與資本的再生產進程的「資金」(以貨幣來表現)。資本主義的作弊機制便出現在資本家對資本的運用上。據布羅代爾考察:在買主與生產者間,有中間商出現,他們通過囤積手法搞亂市場,左右價格。這種交換中,「市場經濟的根本規律——競爭——大失其位;在這些交換中,(中間)商人佔了兩項優勢:其一,他斬斷了生產者和最終獲得商品者之間的關係……其二,他有現款……就這樣在生產與消費之間便拉開了商業長鏈……這些長鏈拉得越長便越能避開規律和慣常的控制,資本主義的進程也就越加清楚地突顯出來。」

這類中間商人慢慢變成了一個擁有愈來愈多資本的「資本家」,形成了一個人數並不多的「資產階級」。「資產階級是資本主義進程的推動者,是日後成為資本主義牢固的等級制度的創造者和利用者。在實際中,為了確立其財富和勢力,資本家們輪番或同時依靠商業、高利貸、遠程貿易、官府和土地……在貨幣經濟的幫助下,資本主義終得以浮現」。「家財孕育經千日,光彩成就一朝至」,資本家終於打敗了貴族階級而成為國家的統治者,並把他們的貪慾向全世界伸展。

資本主義從其誕生開始，就含有「作弊」的性質；而這種作弊，竟然能形成一個長遠運作有效的「機制」，自然和政治脫不了關係。

布羅代爾的考察發現，資本主義的推進與成功還需要下面的社會條件：

一、安定的社會秩序。

二、國家的中立、寬容，甚或殷勤。

三、有一個代表性的階級。

這三個條件表面看來似是題中應有之義。但關鍵性的是第二個條件的「殷勤」二字。這兩個字大有文章。國家為什麼會對資產階級特別殷勤呢？布羅代爾說：

「這些資本家都是君王的朋友，是國家的同盟者或是不擇手段利用國家的人。」

為什麼會這樣？因為在歐洲歷史中，這類商人有不少是從貴族地主轉化過來的。他們是「資本化」了的貴族階級，他們最後的目的是全面取代封建貴族而建立資產階級政權。但遠在建立政權之前，他們已盡量利用這種關係建立其以新方式運作的財富與權力：

「他們很早地、一貫地超越『本國』的界限，和外國商人串通一氣。他們千方百計為自己的私利搞鬼，通過操縱信貸，也通過在好錢和壞錢之間進行偷梁換柱的把戲。金幣銀幣值錢，是好錢，用於大宗交易，流向資本；銅幣不值錢，是壞錢，用於發工資和日常支付，流向勞動。這些人有着信息、智力和文化優勢。他們攫取一切可取之物——土地、房產、定期租金……他們依仗着壟斷或必要的權勢，十居其九可擊敗競爭對手。」

資產階級是靠原統治階級賦予的特權而興起的。他們原就屬於特權階級，時移世易，他們從商人那裡學到了新的手法，把擁有這種特權的人數縮得更少，變成一個有高度壟斷能力的少數集團。壟斷，是資本主義與生俱來的 DNA：

「資本主義是一小部分人的特權……資本主義是世界不平等的產物；為了自身的發

展，它需要國際經濟的默契……它是專橫組織所生下的兒子。」

「一切壟斷皆具政治性。如果沒有一種政治保證，你就永遠不能支配經濟，永遠不能扼殺或限制住市場的力量……認為在沒有國家的支持，甚至在反對國家的情況下也能成為一個（布羅代爾定義下的）資本家，那簡直是一個荒誕的想法。」

以上三段引文中，第一、二段是布羅代爾自己的話，第三段是一個研討會上美國紐約州立大學社會學教授、該校費爾南・布羅代爾研究中心主任伊曼努爾・沃勒斯坦（Immanuel Wallerstein）教授對布羅代爾觀點正面的回應。兩段論述都為資本主義的壟斷性質定性。

不平等的經濟只能提供不平等的政治

從布羅代爾的歷史考察看來，由資本主義理念發展出來的所謂「自由民主社會」會不會因為「一種被承認的慾望得以解放」而「整體愈發平等」呢？布羅代爾的答案剛好和福山的看法相反，而沃勒斯坦對布羅代爾觀點的回應則是肯定的，他同意布羅代爾把資本主義的本質定性為壟斷，而且進一步指出這種經濟上的不平等導致了政治上和文化上的不平等。因此，布羅代爾看到一個完全不同的「自由民主社會」：

「市場是小人物的領域，是自由的領域；市場進行着不斷的鬥爭，反對壟斷。但壟斷是大人物的領域，是壓制他人的領域；壟斷只有依靠國家的活動才得以存在……壟斷之所以能處於統治地位，是因為它在經濟的角力上否定了自由和平等，進而也就在政治舞台和文化舞台上否定了自由和平等。」

沃勒斯坦可是來自歷史上第一個「自由民主國家」的學者啊！他是這個自由民主國度的子民，但他卻無法否定歷史的真相，為祖國的資產階級辯護，因為這樣的歷史還在變本加厲地發展着。

金融經濟的營運方式最有利於資本主義的壟斷活動，而早在十九世紀中葉這種營運方式已發展成熟——「銀行已掌握了一切，既控制了工業，也控制了商品……最終撐得起金融建築了」，布羅代爾寫道。金融經濟無疑是實行資本主義對全世界資源壟斷的最佳手段。但當代資本主義理論卻以什麼「全球化」、「地球村」等等類似烏托邦或大同世界的名義來加以包裝。

台灣學者金寶瑜為我們拆穿了這華麗的包裝：

「在經濟學中，『全球化』常被定義為國與國之間的經濟關係、國與國之間的貿易關係或投資關係等。這些關係常被認為是一種量的關係，因此可以用一些數字，像絕對的或相對與國民生產的貿易額，來表示『全球化』程度的大小，或比較不同時期『全球化』的增減……」（引自《全球化與資本主義危機》，下引同。）

「贊成和擁護華盛頓共識（Washington Consensus）的新自由主義學者和政客們也用全球化來推銷他們一套論述。他們用李嘉圖的比較利益貿易論（comparative advantage）來說明『自由貿易』有利於所有國家，而落後國家只有在『自由貿易』中來參與世界分工，才能取得經濟成長。因此落後國家應該本着它們自身的利益，取消一切對貿易和投資的限制，並要將它們的經濟自由化、私有化，以便應付『全球化』的新形勢。這樣的論述為壟斷資本在全世界擴張找到了合理性。」有何事實證明呢？

華盛頓共識不僅只是論述而已，它是近年來由美國、歐盟和日本所控制的金融組織（如國際貨幣基金 International Monetary Fund，簡稱 IMF、世界貿易組織 World Trade Organization，簡稱 WTO）的政策的主要內容。這些金融組織對壟斷資本在世界擴張有很大的貢獻。

「全球化」反映了資本主義無法抑制的慾望和野心，這方面金寶瑜的書有很詳盡的歷史回顧和理論分析，在在都說明資本主義大國提倡所謂「全球化」，不過是要通過金融經濟的形式擴展其資本勢力，以達到全球性的壟斷。

但這種壟斷並沒有使全世界大部分國家受益。

我們不妨回頭看看，就在福山歌頌資本主義的二十世紀九十年代，世界的財富是怎樣分配的呢？且看亞洲一個自由民主國家印度的經濟學家怎麼說：

「根據世界銀行的資料，現今世上有百分之四十五的人生活在少於兩元美金的貧窮日子裡，而且在九十年代裡，世界貧窮人口在不斷的增加……一九九三年全世界的收入最高的百分之一人口所得超過了最低的百分之五十七人口的所得；而收入最高的百分之五的人口所得超過最低的百分之八十五人口的所得。」（引自《印度經濟學》第三十五期）

蘇聯已解體，上面所說的人口絕大部分來自所謂自由民主，也就是資本主義控制的國家；那麼，即使從壟斷資本主義大國的銀行資料看來，世界性的貧富懸殊竟然是愈來愈大。這就充分說明布羅代爾對資本主義發展總結的規律是對的。

為何最富有的百分之一人始終屹立不倒？

二〇一三年法國經濟學家托馬斯・皮凱蒂（Thomas Piketty）出版了《二十一世紀資本論》（*Le capital au XXIe siècle*），馬上成為本世紀最受熱議的經濟學作品，二〇一四年即有了英譯本和中譯本。這本連中譯本也厚達六百多頁的學術著作，竟引起熱賣熱議，而且有頗多年輕讀者，可說是一個異數。但這的確是馬克思（Karl Marx）《資本論》（*Das Kapital*）之後一本重要的書。如果說布羅代爾是從物質文明歷史的角度來觀察資本主義的發展，皮凱蒂則從資本累積本身去觀察三百多年來資本主義政治經濟發展的規律。兩人所得的結論是一樣的：經濟的不平等造成了政治的不平等。

皮凱蒂通過對法國大革命後西歐法、英、德三國、美國獨立運動後北美洲加拿大和美國資本數據的考察，並參考北歐國家相關資本數據，發現了在資本主義政經運作的框架下的規律，可用下面的公式來表示：

$$r>g$$

「這裡 r代表資本收益率，包括利潤、股利、利息、租金和其他資本收入，以總值的百分比表示；g代表經濟增長率，及年收入或產出增長。」（引自《二十一世紀資本論》，下引同。）經過對上述幾個發達資本主義國家資本發展數據的考察，皮凱蒂發現：繼承財富增長的速度，要快於產出和勞動收入。為什麼呢？因為在資本主義政經框架開始運作之際，社會各成員擁有的「原初資本」已極不均衡，新興商人和資本化的貴族所擁有的，和絕大部分參與勞動生產的成員所擁有的根本不成比例。因此，擁有大量原初資本的極少數人群及其繼承者，便佔盡了優勢。於是，上面的公式便形成了：

「繼承財產的人只需要儲蓄他們資本收入的一部分，就可以看到資本增長比整體經濟增長更快。」

由這個公式，皮凱蒂得到跟布羅代爾相同的結論：

「相對於那些勞動一生累積的財富，繼承財富在財富總量中將不可避免地佔絕對主導地位，並且資本集中的程度將維持在很高的水平，這一水平可能有違現代民主社會最為根本的精英價值和社會公正原則。」

皮凱蒂還進一步分析說：

「r>g 的根本性不平等，與任何形式的市場缺陷無關。恰恰相反，資本市場越完善，以經濟學家的角度（古按：應指零障礙的自由貿易角度）r>g 的可能性就越大。」

猶有甚者，這種可能在他所考察的三百多年以來的數據顯示，竟是歷盡天災人禍依然不變，而集中擁有百分之六十至九十的整體資產的百分之一至十的人群卻不一定要花很大的精神氣力，即使到了今天，只要高薪聘用一些投資精英來理財，就可以坐享其成了。但所謂高薪，一般只不過佔他們擁有的資本總值百分之一而已。這就是皮凱蒂考察到的第二個規律：「規模效應」。對擁有百分之六十至九十的全國資產的人來說，百分之一的資本額也是天文數字，資產「規模」不夠大的資本家，很快就失去了競爭能力，轉眼即被淘汰。天災人禍只不過暫時調整一下百分之一至十的人群資產分布的比例，但擁有最多資產的百分之一的人群始終高高在上，屹立不倒。

由此可見，資本主義自由民主根本不可能使其公民獲得福山所謂「欲他人之所慾」的「認受」，那依然是一種意識形態的妄想，在資本主義社會並未存在過。原因正是布羅代爾和皮凱蒂所指出的資本主義政經體制難以矯正的內在缺陷。儘管皮凱蒂提出全球化的資本累進稅的辦法來矯正這些缺陷，但他也不得不承認這種稅制是烏托邦式的，即使理論上可行，也不是一時一刻可實現。何況全球累進稅制的做法簡直與金融經濟全球化背道而馳，顛覆了今日資本主義經濟學家要求政府幾乎零干預的理念，控制了國會政黨和政客的壟斷資本家又怎會妥協呢？再說，全球累進稅制成功之日，原意義的資本主義社會已不復存在，我們已進入全球化福利制的社會主義社會了。

金融資本：資本主義全球化的野心

金融經濟全球化是一個全球性的騙局。資本主義大國即使對本國投資者的做法也不會例外。不但不會，還用種種手段、方法、制度把他們引向一個虛擬經濟的深淵。且看美國一位被譽為華爾街預言家的投資行家怎麼說：

「長期以來一直作為世界最大債權國的美國如今已淪為世界最大的債務國，並日益陷入貿易和金融失衡的泥潭之中，難以自拔……雖然負債纍纍，它卻仍沉浸在非生產性進口商品的過度消費狂潮之中。」（引自《美元大崩潰》〔*Crash Proof: How to Profit From the Coming Economic Collapse*〕，下引同。）

這位預言家叫彼得・D・希夫（Peter D. Schiff），上面這段話引自他在二〇〇六年與約翰・唐斯（John Downs）合著的《美元大崩潰》一書。在這本書中，他預言了十三項美國面臨的經濟危機，其中十項在二〇〇八年的金融海嘯中已兌現，尚未兌現的三項也完全有可能成為事實。由此可見希夫對美國經濟了解之深。

美國陷入了空前的經濟災難，孰令致之？美國推行全球化的資本壟斷政策，借助國際儲備貨幣制度及各種由美國控制的國際商貿組織，使全世界向美國輸送商品，把美國從一個以工業為基礎的經濟體轉變為以服務業為主的的經濟體。希夫說：「從製造業到服務業的轉變，導致了日益增長的貿易赤字。」但華爾街的既得利益集團和跟他們關係密切的美國政府卻不覺得貿易赤字有什麼問題。

他們的如意算盤是讓發展中國家來製造商品及承擔借貸與投資風險，他們自己則從事（他們以為是）必勝的金融經濟，賺了大錢便可坐享其成。美國官方的經濟學家認為：經此轉變，美國可以無限度消費和借貸，而生產和儲蓄則由發展中國家來承擔。於是在美國政府和華爾街金融集團共同建立的銀行制度、貨幣政策影響下，美國人被鼓勵不斷借貸和消費，許多人不事生產，只搞金融投資。

美國已變成了一個以借貸度日、負債纍纍的國家，而官方的經濟學家卻用許多複雜的經濟學術語來掩蓋它的實質。比如以消費主導的 GDP 增長來標示經濟發展就具有很大的虛假性。希夫說：

「以消費為主導的 GDP 增長並不是衡量一個國家創造了多少財富的標準；相反，它是衡量一個國家破壞了多少財富的標準。」

「最後的結果就是每年高達八千億美元的貿易赤字，三千億至四千億美元的預算赤字，以及八點五萬億美元的國債。」

希夫認為：「美國正快速地接近一場完美風暴」，果然金融海嘯一年後就來了。希夫進一步揭露美國經濟官商勾結的情況：

「美國的現代政治是建立在民眾的高期望值上的。政府已經熟練掌握了如何將不利的經濟信息轉化為有利的經濟信息這一技巧。這樣，他們便可以取悅民眾，從而保住自己的執政地位。」

常用的方法是操弄數據。希夫說：

「美國政府發佈的經濟統計數字充其量不過是一個宣傳幌子而已。它最先由政府部門發佈，然後再經過發言人和金融界人士予以解讀，最後通過大眾媒體進行傳播。至此，這些信息早已被篡改得面目全非，而他們操縱這些信息的目的無非是為了迎合政府的需要。」

美國政府對自己的人民尚且不說真話，何況對外國人：

「同樣，由於美國的貿易夥伴、外國央行以及其他外國投資者得到的也是這些信息，所以他們還會繼續把錢扔進美國這個無底洞中。」

希夫認為官商這樣聯合製造假象，無非都為了自身利益：政客是為了選票，華爾街大鱷則為謀取暴利。

慾望鴻溝引發金融海嘯

說到這裡，我們必須回到福山所歌頌的「欲他人之所慾」問題。福山說：「整體社會越發平等，人們才不僅想得到更大的財富，也開始要求自己的地位獲得承認。」但無論歷史或現實都告訴我們，在資本主義理念下發展的社會中，更大的財富只有通過不平等的手段才能獲得；而唯有獲得更大的財富，社會地位才得到承認。邏輯剛好倒過來。資本主義經濟的發展打從一開始就是不平等的。

在資本主義理念中，最重要的是「競爭」，有如生物學上的「優勝劣敗」，但人類的優、劣處境卻並不完全是天生的。那是社會和歷史在人類慾望驅動下發展的結果。資本主義既對慾望作整體的正面肯定，又怎會去考慮平等的問題呢？在觀念上沒有，在現實上更難以發生。由慾望膨脹所形成的資本壟斷觀念，由此而發展出來的壟斷資本勢力，正如沃勒斯坦所言，在經濟的實際角力中，已客觀地否定了平等的可能性。

一切生物都有生存和生殖的慾望，人類自然不例外。但人類因為有語言，發展出複雜的思想和意識形態，其慾望自然複雜得多，並隨着人類文化歷史的發展而變化無窮。這多種多樣的慾望，既可由理性抑制、轉化，也可非理性地無限擴張。資本主義經濟發展到今日這種災難性的局面，正是慾望無節制地膨脹的結果。

在壟斷資本的理念中，資本必須不斷流動，不斷累積，否則它便變成一筆無意義的呆帳。美國之所以要把自己從一個生產型的經濟體變成一個服務型的經濟體，並非因為它有什麼仁心仁術，同情第三世界國家的貧窮落後，故以金融經濟的方式使它的財富「全球」均沾。而是因為資本累積得太多了，要找出路。有大筆資本如果不去動它，就變成了資本家最害怕的呆帳。

資本主義的經濟學家早就知道「錢生錢」的方式使資本累積得最快。資本不怕多，就怕它不繼續增多。金融經濟就是把錢生錢的方法制度化，使資本可循一定的軌道不斷累積，達到「事半而功百倍」的效果（「事半功倍」已滿足不了現代資本家的胃口了）。於是在所謂「新自由主義」的經濟理論推動下，美國成為金融經濟的龍頭，帶領着少數資本主義發達國家，從事「全球化」的高速資本累積活動。在美國國內，在政府的鼓勵和金融機構的苦心經營下，絕大多數人都捲入了這場「賺快錢」運動。其中直接引爆二〇〇八年金融海嘯的「次級貸款業」（下稱「次貸」）曾掀起過運動的高潮。

早在上世紀八十年代，美國已多次立法放鬆信貸監管，調低貸款利率，為次貸行業發展鋪路。在一九九四年底，次貸行業步入再融資周期的尾聲。隨着利率走高，標準類貸款數量收縮。為了彌補這個缺口，經紀和貸款公司開始創造次級抵押貸款。

華爾街的投資機構將這些抵押貸款證券化，把抵押貸款包裝成金融產品——「抵押貸款支持證券」（mortgage-backed security，簡稱 MBS），借款人支付的本息是這些金融產品的投資擔保。以房地產作抵押的次貸證券，創造了一個可迅速牟利的市場。這類證券被輾轉買賣，不流動資本變成了流動資本，加強了投資慾望，於是水漲船高。到一九九四年為止，投資者每筆貸款的支付價格上浮了七百個基點，也就是每筆貸款的百分之七。換言之，每月貸款額為一千萬美元，乘百分之七，毛利就是七十萬美元。剔除百分之三的成本，次級貸款公司的淨收入是四十萬美元。十多年下來，次貸投資便變成無法填滿的慾望鴻溝，導至房地產投資泡沫化，「二房」破產，引爆了金融海嘯。

難以矯正的資本主義內部缺陷

金融海嘯席捲全球，還有不少論者為資本主義辯護或作合理化解釋的。這類觀點，不過是福山「歷史終結」論的修訂：

「這場面對巨大災難的金融危機中，投資銀行家備受物議，政府干預經濟的左翼社會主義思潮抬頭，但不等於蘇式或毛式社會主義回潮，因為民主資本主義就是一個不斷犯錯不斷矯正的過程。資本主義糟糕，其他主義更不堪。」（引自《信報財經新聞》前總編輯邱翔鐘〈金融海嘯的來龍去脈〉）

暫不討論其他主義是否比資本主義更不堪，或只許資本主義犯錯，其他主義制度就不可以改正等看法的荒謬；且看所謂「民主資本主義」上世紀三十年代的「經濟大蕭條」所犯的錯誤，到二〇〇八年的金融海嘯前夕有沒有得到矯正。

不必引述什麼左翼社會主義大理論，只參考《美元大崩潰》作者一個敏銳的觀察便可以悟出一些道理來。

希夫在該書〈導言〉一開始就引了一大段前美聯儲主席格林斯潘一篇評論上世紀二十年代美聯儲經濟措施造成經濟大恐慌的文章：

「當商業活動在美國出現輕度震盪時……美聯儲印製了更多的票據儲備，以防任何有可能出現的銀行儲備短缺問題。美聯儲雖然獲得了勝利……但在此過程中，它也幾乎摧毀了整個世界經濟。美聯儲在經濟體中所創造的過量信用被股票市場吸收，從而刺激了投機行為，並產生了一次荒謬的繁榮。美聯儲曾試圖吸收那些多餘的儲備，希望最終成功地壓制投機所帶來的繁榮，但太遲了……投機所帶來的不平衡極大地抑制了美聯儲的緊縮嘗試，並最終導致商業信心的喪失。結果，美國經濟崩潰了。」

希夫驚訝地發現，同一個格林斯潘在擔任美聯儲主席時（一九八七至二〇〇六年），竟變本加厲地做自己嚴厲批評過的事：

「前美聯儲主席針對二十世紀『喧囂的二十年代』所做的這番評論同樣適用於美國當前的經濟形勢，但也存在一個巨大的差別。這差別就是相對於以前他所批評的美聯儲的調控措施，格林斯潘在一九八七至二〇〇六年擔任美聯儲主席期間所採取的調控措施更加不負責任。在此期間，格林斯潘並沒有採取措施去吸收多餘的儲備。相反，他還增加了更多的儲備，從而導致房地產領域和消費領域出現了前所未有的泡沫。」

為什麼會這樣？希夫說：「按格林斯潘的說法，二十世紀三十年代發生在美國的大蕭條是由於二十年代美聯儲創造了過多的流動性，以致出現了大規模的投機失衡。然而，在格林斯潘任內，美聯儲創造了更多的流動性，它所引發的投機失衡現象也更嚴重。」希夫警告過：「在這個時候，如果美國出現經濟危機，那麼後果將不堪設想。」但兩年之後，金融海嘯果然發生了。因為格林斯潘的繼任者本・伯南克（Ben S. Bernanke）依舊執行格林斯潘的貨幣政策。

格林斯潘和他的繼承人為什麼會明知故犯呢？這就值得深思了。

羅斯福新政——資本主義的偽改革

美國的確曾對資本主義經濟作過矯正，而且是針對大蕭條的。首先是富蘭克林・羅斯福（Franklin D. Roosevelt）的「新政政策」（New Deal）致力於調節生產和市場需求之間的矛盾。當時，工業已因為企業破產或停產而生產下降；農業則要用大量銷毀農作物和牲口的方法來提高農產品價格。

至於格林斯潘所批評的票據儲備過多的問題，羅斯福則取消金本位的貨幣政策，使貨幣流通量不受黃金儲存量限制，以便中央銀行可以主動進行調節。他又同時整頓銀行和對金融機構加以監管和支持，限制金融投機，使信貸活動恢復正常。對民生問題則擴大政府開支，創造就業機會，用促進農村電氣化，研究農村環保，提倡文藝創作、演出等等方法增加職位。

羅斯福「新政」據云有效，於是成了約翰．凱恩斯（John M. Keynes）新經濟理論強有力的現實基礎。

凱恩斯批評了古典經濟學。他認為生產的供求失衡並不能由市場來自動調節，必須由政府干預才可解決問題。他把社會的總支出（需求）分為三部分：個人消費、生產設備和國家開支。其中消費者並不會把全部收入都花光，這在總需求上便會出現缺口（demand gap），繼而發生供求失衡的問題。在經濟不景氣的時候，消費和生產設備的需求（支出）都不可能提高，只有通過擴大國家開支的方法來填補這個缺口。他也建議用貨幣政策來調節經濟。如增加貨幣供給來調低利率，刺激投資生產，鼓勵消費。

凱恩斯的理論能否挽救資本主義呢？論者頗有爭議。他的辦法仍是順着資本家的慾望去做：繼續生產，繼續消費，繼續累積資本。這樣周而復始必然又會出現新的需求缺口，災難重來還是不可避免。更不必說在具體施行的時候，還要銷毀多餘的生產設備、浪費大量資源，如羅斯福的「新政」所為。何況已有學者認為，大蕭條問題得以真正解決，並非因為羅斯福的新政，而是由於戰爭：

> 「拜然和思惟茲（Paul Baran, Paul A. Sweezy）以一些數字來說明羅斯福新政並沒有能使美國經濟復甦的原因。以一九六六年貨幣值來計算，美國國家支出從一九二九年的一百〇二億美元增加至一九三九年的一百七十五億美元，增加百分之七十。而國民所得在同一時期，從一千〇四十四億美元降到九百一十一億美元。失業率從百分之三點二，增加到百分之十七點二（Baran and Sweezy 1966:160）。倒是二次大戰鉅額軍事支出從一九三九年的一百七十五億美元，增至一九四一年的一千〇三十一億美元，接近一九三九年的六倍。失業率從百分之十七點二降低百分之一點二（Baran and Sweezy 1966:161）。」（引自《全球化與資本主義危機》，下引同。）

從這些參戰前和參戰後的美國經濟數字比照，可見解決大蕭條失業問題的，不是羅斯福新政，而是二次大戰！「在國家的計劃統籌下，極為有效率的將荒廢和閒置的生產設備充分利用來生產軍事武器，也生產了戰時美國國內以及援外的民生物資。頓時之間失業消失了。」

資本主義的致命危機是產能過剩，而產能過剩問題卻要靠戰爭才能迅速解決！聽來毛骨悚然，但卻是血淋淋的事實。馬克思本有戰爭是經濟活動的延伸的講法，美國的例子使人明白資本主義強國為什麼那麼熱衷於戰爭。美國的興起，得益於兩次大戰——戰場在歐、亞，後方在美國；別人家破人亡，亡國滅種，自己賺大錢，清壞帳。當然，出師有名——保衛民主，反法西斯；美國也有參戰，但花的是納稅人的錢，犧牲的只是平民百姓的年輕人，不會是資本家。美國資本家是兩次大戰真正得利的「漁人」！

難怪二戰結束後，就急不及待在朝鮮發動韓戰，再從法國接手打越戰。壟斷資本家控制的政府是不會考慮後果的。他們只慶幸找到了一個迅速有效的法門，以為總可以解決產能過剩的問題，使資本可以不斷累積下去。亞洲之外，美國又在中東地區製造長期的局部戰爭：以色列與巴勒斯坦之戰、兩伊戰爭、海灣戰爭；在九一一事件之後，更不惜親自發動伊拉克戰爭……

斯密早已考慮資本主義的危機

美國何以樂此不疲？美國人難道天生好戰？非也。只緣美國政府是壟斷資本家控制的，而戰爭是資本主義的救命草。一旦介入戰爭，凱恩斯理論所謂維持供求平衡的三大需求或開支便都以最快速度一起得到滿足。在這樣的解讀角度下，凱恩斯理論確實挽救過資本主義，但並不是加以矯正。凱恩斯只是想辦法使資本主義的慾望可以繼續膨脹下去。戰爭確是最好的幫手：它可以以最快的速度摧毀物資，創造需求，增加生產，累積資本。至於人命和自然環境的破壞、污染，生態的滅絕，以戰爭方式推行凱恩斯理論的壟斷資本家顯然都沒有考慮過。

當然，美國也嚐了點戰爭的苦果，特別在打了敗仗的韓戰和越戰中。尤其是越戰，變成了一個深不可拔的泥沼，幾乎拖垮了美國的經濟。於是壟斷資本家及其經濟學家便不得不另謀新法，希望可以長久解決問題。新自由主義金融經濟的全球化策略就是他們的如意算盤，想不到結果就是二〇〇八年的金融海嘯。

二〇〇九年初，西歐國家召開了針對金融海嘯的研討會，議題為「新世界、新資本主義」（New World, New Capitalism）。一九九八年諾貝爾經濟學獎得主阿瑪蒂亞・森（Amartya Sen）發表了兩篇回應的文章，觀點都是強調市場經濟可能出現的種種問題，其理論的創造者亞當・斯密早已考慮到，只是不大受到重視罷了。阿瑪蒂亞・森的〈重讀亞當・斯密：我們不需要新資本主義〉說：

「經常被忽視的一點是，斯密沒有認為純市場機制可以獨立實現出色的運作，也沒有將利潤動機視為首要的條件……這個制度的弱點不僅生出市場不當的行為，還引發了過度投機的傾向。正如斯密所指出的，這種傾向往往會抓住許多拚命追逐利潤的人。斯密將這些在追逐利潤過程中形成高風險的人稱為『浪費者和投機家』……這倒是對前不久那些次級抵押款企業家的完美寫照。」（譯引自二〇〇九年三月十六日《金融時報》〔*Financial Times*〕）

他在另一篇文章〈災難外的資本主義〉指出：「斯密認為市場和資本在自己的領域如要得心應手地運作，首先要有其他體制的支持——包括公共服務如學校和純追求利潤外的價值觀；其次是需要其他體制加以抑制和矯正——那就是策劃周詳的財經法規；還有就是國家對窮人的協助——以防止不穩定、不公平、不公正。」（譯引自二〇〇九年三月六日《紐約時報書評》（*The New York Times Book Review*））他認為凡今日針對資本主義危機的種種建議，斯密都早已考慮過了。因此他還是非常樂觀的說：

「今天的經濟困局並不需要某種『新資本主義』，而是需要以開放性思維來理解有關市場經濟的能力範圍及其局限性的舊觀念。我們首先要清醒地認識到不同體制是如何運作的，同時還要了解到各種組織——從市場到國家機構——如何能夠同心協力，創造出一個更美好的經濟世界。」（引自〈重讀亞當・斯密：我們不需要新資本主義〉）

阿瑪蒂亞・森的說法確有依據，但我們卻不能像他那樣樂觀。

他的問題是無視於（或不重視）資本主義發展的歷史，也沒有思考到（或不想思考）

資本主義基本理念與其運作機制的互動關係。

就我們上面對資本主義二十世紀歷史的回顧所見，發達資本主義國家並非沒有實行斯密所提出的各種措施。羅斯福新政、凱恩斯理論的推行，以至歐洲的社會福利國家所做的種種，不就是斯密所提點的嗎？何以仍會發生今日的金融海嘯呢？

那是因為對資本主義進行矯正的政府或經濟學家沒有認真考慮過，慾望對經濟活動或整個人類社會所起的負面作用。作為資本主義的代言人，他們一直都仍然相信慾望對人類社會所起的作用主要是正面的、進步的。

消費主義：資本主義永續發展的狂想

上世紀末興起的新自由主義經濟代表這種根深蒂固的思維走到了極端。他們可能覺得羅斯福新政、凱恩斯理論或社會福利制度等等根本不管事，反而妨礙了經濟發展。應該回到資本主義最早的理念：讓慾望有更大發展的自由。

這次金融海嘯的禍首之一——格林斯潘，就是這類觀點的推銷者。他引斯密的《國富論》（*The Wealth of Nations*）來突顯自己的看法：

「亞當・斯密嘗試去回答一個最重要的總體經濟學問題：『什麼因素造成經濟成長？』他在《國富論》中精確地指出：資本累積、自由貿易、適當（但受限制）的政府角色，及法治為國家繁榮的關鍵因素。最重要的是，他是第一個強調個人動機者：『每一個人，為了改善自己的狀況而自然努力，遇到困難時，可以在自由和安全的環境下，戮力以赴，這是非常有力的原理，就是這點……能夠帶領社會邁向財富和繁榮……』」（引自《我們的新世界》〔*The Age of Turbulence: Adventures in a New World*〕，下引同。）

他進一步借斯密來強調自己想要的觀點：

「他（古按：指斯密）的結論是，要增進一國的財富，每個人，在守法的條件下，應該『自由地以他自己的方法去追求他自己的利益。』競爭是個關鍵因素，因為競爭會激勵每個人，通常透過專業化的分工，使每個人都變得更有生產力。而生產力愈大，就愈加繁榮。

這導出亞當・斯密最著名的一段話——為個人利益而競爭的個人，他寫道，就如『在一隻看不見的手引導下』，對公眾利益作出貢獻……他的文章和達爾文在半世紀後所提出的天擇說一樣客觀。」

他要強調的觀點首先是「競爭」，因為競爭促進繁榮；其次是「個人利益的追求」，因為這是競爭的動力；第三是人們只要為自己的利益而競爭，就自動地對公眾利益作出貢獻。這是大家熟悉的斯密經濟學觀點，格林斯潘的重申主要在突出第二點「個人利益追求」的原理性、合理性和合法性：

「我個人認為，國家實施財產權是促進成長的關鍵制度。因為如果沒有財產權，公開交易及競爭和比較利益的龐大效益將遭受嚴重阻礙。

人們一般不會努力地累積經濟成長所需要之資本，除非他們可以擁有資本。」

因此，他認為「個人財產所有權的推定，以及所有權轉移的合法性，應該深植於社會的文化之中，以利自由經濟之有效運作。」這本是資本主義國家財產法的基本理念，格林斯潘之所以要重申，是因為「對於資本和其他收益性資產而言，財產權一直是充滿矛盾的想法，特別是在視追求利潤為不道德的社會裡。畢竟，這種權利的唯一目的就是保護資產以便加以運用獲利。」他所謂「視追求利潤為不道德的社會」，並不單指像中國或越南這類社會主義國家，而兼指諸如英國等福利制度國家和如法國等深受基督教影響的國家。

他認為，就是這種對「不道德」的憂慮造成了經濟自由發展的障礙。新自由主義經濟的第一個策略就是要清除這種障礙。如果不清除這種障礙，壟斷資本的全球化擴張是無法順利進行的。道德上的憂慮，形成政治上的種種法規，構成了龐大的網，限制了競爭的自由。甚至連美國，在羅斯福施行新政的時候，也留下了這張網，必須一一破除。在國內，格林斯潘除了清除新政建立的經濟法規，還為資本競爭開了許多方便之門；在國際，格林斯潘周遊列國，為新自由主義經濟鳴鑼開道。

格林斯潘縱容　成金融海嘯禍根

格林斯潘熱衷於破壞美國及各國既有的經濟安全網，那是美國壟斷資本主義金融經濟全球化策略佈局之一。他有這樣的觀察：「自二次大戰結束以來，國際貿易的成長遠遠超過全世界實質 GDP 之成長。」傳統的市場經濟，會導引出一個穩定而成長的經濟。但他認為「市場經濟經風險調整後回復市場各方面的平衡，傾向於利率的均等化」，而「太低的風險調整後通常是浪費生產資源（例如廠房及設備）」。從對國際貿易成長的觀察，使他發現金融經濟是更快獲得利潤的方法：

「金融全球化的擴展程度，極為適切地配合貿易全球化的快速腳步。一個有效的全球金融系統可以引導全世界的儲蓄，為生產符合消費者價值的商品和勞動資本投資提供資金……」

美國發展金融經濟果然就有效：

「美國是目前開發國家中儲蓄最少的一個……但因為我們對貧乏的投資之配置非常有效率而且浪費極少，我們所發展的資本存量，近年來已經產生出 G7 國家中最高的生產力成長率。」

原因在哪裡？格林斯潘興奮地指出說：

「每樣商品和勞務的價格，隱含了配合這些商品或勞務的生產、配送和行銷所需支付的金融服務。這項費用佔售價的比重已經大幅上升，而成為具有金融技能者快速增加的所得。這些服務的價值……在美國表現最明顯，GDP 流入金融機構——包括保險的比率，近幾十年來大幅上升。」

他這種觀察毫無疑問是促成美國變成一個金融服務型經濟體的主要原因。

金融經濟的利益效應寄託在國際貿易的成長上。為了促進這種效應，格林斯潘認為「跨國交易在金融工具量的成長，必須比交易本身的成長還快，才能讓金融、保險，及無時無刻不在發生的各種交易順暢進行。」因此，「發明或開發新形式的金融——信用衍生型商品（credit derivatives）、資產擔保證券（asset-backed securities）、原油期貨（oil futures）等有其必要性，這些工具讓世界交易系統的運作更有效率。」

於是格林斯潘鼓勵這類金融工具的創新。他最欣賞的一種是「信用違約交換」（credit default swap, CDS）。顧名思義，CDS 是一種把信用風險（通常是債務上的信用風險）以特定價格轉移給第三者的衍生性商品。這種金融工具既能移轉信用風險，又可從放款中獲利，對銀行及其他金融中介而言是大有利益。格林斯潘故而大力加以推薦：

「對經濟穩定而言，能讓這些高槓桿的放款發起人把風險移轉出去的市場工具非常重要，尤其是在全球化的環境中。為了回應這樣的需求，發明出 CDS 並席捲整個市場。從事國際交割的銀行，二〇〇六年全世界總計承作了相當於二十兆美元合約金額的 CDS，從二〇〇四年底的六兆美元成長上來。」

足足增長了十四兆美元的暴利，而風險則由別人去承擔，不會出什麼大問題。直至二

○○七年，格林斯潘仍然十分維護此一「偉大發明」：

「這些工具的緩衝力量在一九九八年到二○○一年之間，生動地展現出來，當時，CDS是用於分散快速成長的通訊網路（達）一兆美元的放款風險。結果，雖然這些風險性投資在科技破滅時期有一大部分無法還款，卻沒有任何一家主要的放款機構陷入困境。損失最後由高度資本化的機構所承受——保險公司、退休基金，及類似機構——這些機構是信用違約保護的主要供應者。他們又有相當足夠的能力來吸收打擊。」

雖然他講這些話的時候，已是山雨欲來風滿樓，格林斯潘仍不認為政府需要管制。他振振有詞的說：「我們為什麼要限制華爾街蜜蜂授粉呢？」二○○八年的金融海嘯，終於證明這類「違約」證券的「保護」機構，也沒有能力來吸收「違約」者無窮慾望所造成的打擊了。

格老華麗說詞背後的終極邏輯

從上所述，可知格林斯潘真正關切的，並不是資本主義國家的整體格局，而是壟斷資本的累積能否繼續運作。因此，他對斯密的自由經濟或市場經濟理論的回顧與重申，主要落在個人財產的自由運用與轉移的權利這一點。因為這與金融經濟的運作有極大關係，而這正是壟斷資本主義最熱衷的事。那就是布羅代爾指出的，在產品與消費者之間，中間商人服務謀得暴利的部分。新自由主義經濟是想通過金融經濟的形式，把這個部分推到極致。這也是壟斷資本主義「全球化」的主要目的。格林斯潘最重視的是：「邁向繁榮（古按：對他和壟斷資本主義來說是資本不斷迅速累積），最短、最直接的路是什麼？」他急於清除的，是路上的障礙；急於找到的，是到達目的地最快的交通工具。

路上最大的障礙是什麼？在他看來就是追求個人私利的道德憂慮。這種憂慮存在於不同的文化傳統中。西方發達資本主義國家也有基督教的看法，如他引述過的聖經訓諭：「駱駝穿過針的眼，比財主進神的國還容易呢！」於是他便從理念上以至美國金融經濟政策的實踐上來說服世人：個人利益的追求是天公地義的，為富並非不仁，而且只要我們為自己牟利，就會水漲船高，同時使其他人受惠。所以他特別推崇亞當·

斯密以下的見解：

「亞當・斯密認為自利心很重要的看法，是他所有見解中，最具革命性的地方，在許多文化的歷史中，依一己之利益而行動（古按：就是想辦法累積財富），一向被認為是不妥甚至於不合法的行為。然而，在亞當・斯密看來，如果政府只提供安定和自由之外，其他一概不管，則個人動機將會照顧共同利益。」

個人自利如何照顧共同利益呢？在全球化經濟概念中就是信貸。你要買房子，沒有錢，可以借；借來的錢，還可以拿來錢生錢；你不但買了房子，還平白多賺了一筆。你向我借錢，我也可以從中得到利息；我的錢放着不動，不但不會增多，反會減少，借了給你，卻會不斷增多。你看，通過金融經濟，你只為你自己，我也只為我自己，結果不是互相照顧了共同的利益嗎？所以政府何必管呢？對於賺錢，何必有道德上的顧慮呢？祖師爺斯密早已向我們保證，依一己之利行動完全是合法的，還可照顧共同利益。追求個人利潤不但是合理的、合法的，而且是進步的、革命的。這就是格林斯潘要說服大家的。個人沒有道德問題，政府也不必承擔責任。因此，即使在二〇〇七年，他仍洋洋得意的說：在他出任美聯儲主席之後，政府在市場上的角色明顯下降，受惠於「解除管制的浪潮，今天美國仍是全世界最具競爭力的大型經濟體」。

更有甚者，格林斯潘認為光解除管制還不夠，應該創造種種方便法門，讓人們去借更多、賺更多，也花更多。於是就出現了「違約」式的「信貸」。信貸本建立於「守約」的前提，如今給完全顛覆了。格林斯潘之所以支持這類金融工具，是因為他高估了人們對信譽的重視，也高估了金融機構對投機風險吸納的能力。請看，同樣在二〇〇七年，他還充滿信心的說：

「儘管最近幾十年美國的企業和金融領導人爆發了驚人的背信案，生產力這項企業效率的重要指標在一九九五年到二〇〇二年之間仍然加速成長，這點頗值得玩味。」

他依然嚮往南北戰爭前那種「接近純粹資本主義」的情況，認為美國應該繼續恢復早年那種冒險探索的精神。另一方面，還要高歌物質生活的幸福，提倡消費主義來帶動這種探索精神。

資本主義的本質：鼓吹消費，歌頌物質

讓我們再來檢視格林斯潘另外兩個很重要的經濟觀點：其一是所謂生產力的「創造性破壞」，其二是「炫耀性消費」。

這是新自由主義經濟與金融經濟全球化配套的兩個理念。金融經濟和貿易是互相依存的，沒有貿易，金融經濟就不可能有什麼大發展，甚至如果沒有跨國貿易，它的發展也不會大得到哪裡去。金融經濟是虛擬經濟，貿易則以實體經濟為基礎。虛擬經濟和實體經濟是互相依存的。實體經濟發展最大的風險是供求不平衡引致產能過剩。

新自由主義經濟解決產能過剩的辦法就是生產力的「創造性破壞」和「炫耀性消費」。羊毛出在羊身上，如果能不斷刺激人們的消費慾望，就不會有供求不平衡的問題。但怎樣才能不斷刺激人們消費的慾望呢？格林斯潘發現十九世紀經濟學家索斯坦・韋伯倫（Thorstein Veblen）提出的「炫耀性消費」的概念很管用：

人們花多少或存多少，並不是決定於其實質購買力水準，而決定於他們的所得，相對於他人所得的高低順序。這些都不會讓索斯坦・韋伯倫驚訝，他是美國經濟學家，一八九九年在他的《有閒階級論》（*The Theory of the Leisure Class*）一書中，帶給世界一個知名的符號——「炫耀性消費（conspicuous consumption）」。他提到，個人對商品和勞務的採購，和過去所謂「不要被隔壁瓊斯家給比下去」（keep up with Joneses）息息相關。我一向認為韋伯倫的分析過於偏激，但他找出人類行為中一項非常重要的元素則是不爭的事實。

格林斯潘發現有關資料證明了這個事實：

「資料顯示，我們對同儕賺多少錢和買什麼東西，有競爭的感受……當個人的所得隨着國家經濟成長而增加時，他們會顯得比較快樂，而調查顯示，有錢人的快樂程度普遍高於金錢所得較少者。但人類的心理總是這樣的，一旦變得有錢，適應了較好的生活水準時，其滿足感很快就會褪色。對新生活的滿意水準馬上就變成『普通』。人類任何滿意程度的增加都只是暫時的。」（引自《我們的新世界》，下引同。）

格林斯潘認為只要掌握這種心理，事情就大有可為：

「如果快樂只和物質幸福有關，我懷疑所有的資本主義形式都會收斂成美國模式，這種模式最活躍，也最具生產力。」

因此，鼓吹消費、歌頌物質幸福就成為新自由主義經濟必然的策略。「炫耀性消費」的心態正好加以利用；隨而，所謂「創造性破壞」也派上用場了。

消費慾望的無盡擴張——地球的大災難

什麼叫做「創造性破壞」？就是在產品的製造上「淘汰舊科技和舊方法，改用新法」。格林斯潘認為這是「提升生產力的唯一方法，因而也是長期提升平均生活水準的唯一方法。」這當然言之有理。問題是，對一個壟斷資本主義的代言人來說，他重視的主要是生產力的提升。如果生產力不斷提升，而產品又可以不斷的銷售，利潤便可以不斷增加，資本也可以不斷累積。為了達到此一目的，必須使「炫耀性消費」和「創造性破壞」建立一種互動效果。常用的辦法是通過媒體的宣傳，使產品的日新月異成為「炫耀性」的賣點，充分誘發那種「不能給比下去」的心態：

「證據顯示，快樂主要取決於我們對生命的看法及相對於同儕的成就……瘋狂的競爭與變化會威脅到他們對身分地位的感受，而這一點，對他們的自尊卻相當重要。快樂取決於吾人的所得和同儕甚至於模範角色的比較結果，其重要性遠大於我們實際賺到的絕對金額。」

這就是壟斷資本主義要灌輸給消費者的意識形態，具體化了福山所謂「欲他人之所慾」的「認受」要求。

如果我們胡裡胡塗的跟着這種意識形態繼續走下去，全球七十多億人口中的二十億消費大軍將天天努力消費，製造商天天「創造性破壞」以維持產品的「炫耀性」吸引力，地球資源將會給高速耗盡。且看加拿大著名作家瑪嘉烈 · 艾渥德（Margaret Atwood）二〇〇八年出版的《償還：債務和財富的陰暗面》（*Payback: Debt and the Shadow Side of*

Wealth）一書，是怎樣描寫這一天的：

「人類早在發明第一項科技——弓和箭——的時候就與自然進行一場浮士德式的討價還價。從那時開始，人類就沒有配合自然資源成長的步伐來節制生育人口，一味盲目繁衍。然後操縱自然資源、增產糧食來維持人口增長——發明愈來愈新穎、愈來愈複雜的科技來這樣做……對自然進行全面、高效率的科技剝削的最後結果，就是一片死寂的沙漠：一切自然資源都枯竭了，都讓廠房的產品鯨吞殆盡，我們對自然所負的債是無限的。但遠在這天到來之前，人類要償還的時限就到了。」（譯引自二〇〇九年四月九日《紐約書評》〔*The New York Review of Books*〕〈在算總帳路上〉〔*The Way of All Debt*〕一文）

艾渥德只談到人口與糧食問題，也就是人類最重要的生存問題。如果為了生存問題而對自然負債那還情有可原。但人類在今天竟是為了炫耀性的消費心態而對地球負了難以償還的債，可就是罪孽深重了。這不但會毀滅了人類自己的生存空間，也同時毀滅了千萬生靈的生存空間。

地球變暖，北冰洋融化，南極冰消，海平線上升等等已是人所共知的事實，由此而引起的種種災難將層出不窮。加上環境污染，病毒叢生，物種滅絕，如果我們仍迷信資本主義是人類社會的唯一道路，那就只可能是走向滅亡的不歸路！

資本主義的救贖：中華文化？

早在二千多年前，儒家對於人類物慾的擴張，即有強烈的危機感：

「人生而靜，天之性也；惑於物而動，性之慾也。物至知知，然後好惡形焉。好惡無節於內，知誘於外，不能反躬，天理滅矣。夫物之感人無窮，而人之好惡無節。則是物至而人化物也。人化物也者，滅天理而窮人欲者也。於是有悖逆詐偽之心；有淫佚作亂之事。是故強者脅弱，眾者暴寡，知者詐愚，勇者苦怯，疾病不養，老幼孤獨不得其所。此大亂之道也。」（引自《禮記》〈樂記〉）

這與二千多年後魯迅在二十世紀初對近代文明的憂慮遙相呼應：

「蓋唯物之傾向，固以現實為權輿……故在十九世紀，愛為大潮……不知縱令物質文明，即現實生活之大本，而崇奉逾度，傾向偏趨，外此諸端，悉棄置而不顧，則按其究竟，必將緣偏頗之惡因，失文明之神旨，先以消耗，終以滅亡，歷世精神，不百年而盡矣。」（引自《文化偏至論》）

魯迅的文章發表至今，剛好百歲，他預言之準確，使人觸目驚心！

除了資本主義的路，人類沒有別的路了嗎？值得重新思考。

資本主義發展的歷史若從十五世紀算起，才不過五百多年。相對於人類數千年文明，時間仍然是短暫的。然而在慾望的驅動下，在科技日新月異的促進下，人類生存環境破壞的速度卻遠快於前數千年。這難道還不需要及時檢討嗎？

我們今日的檢討，如果仍只針對資本主義內部運作的機制，而不針對其基本理念與相關的意識形態，則其錯誤就無法徹底矯正，人類的危機還是不可能解除的。

資本主義的理論家太強調慾望正面的、積極的意義，而對於慾望負面的、消極的作用卻不多談，甚或刻意不談。且在談慾望的時候，很少把慾望的無限擴張與自然資源的有限蘊藏連起來思考。對慾望但見其利而不知其弊，才是資本主義對其根本理念思考最大的缺失。正是這種缺失使今日的新自由主義經濟學家變本加厲的去鼓動慾望的膨脹，不惜以所謂「創造性破壞」與「炫耀性消費」的理念去達到目的。這早晚會造成全人類及其他物種的大災難。

中國文化先賢在討論慾望的時候，一直都與自然有限的資源合起來談：在人性的問題上，提出了「節慾」與「養慾」的思想；在經濟發展上，想到了天人合一、循環再用的觀念，這就是中華文明能持續發展五、六千年以至上萬年的重要原因。

人類的未來應怎麼走？答案也許在中華文化中可以找到。

世界為什麼需要一次綠色革命？

曾因出版《了解全球化：凌志汽車與橄欖樹》（*The Lexus and the Olive Tree: Understanding Globalization*，一九九九年出版）、《世界是平的》（*The World is Flat*，二〇〇五年出版）而引起全球注意的《紐約時報》專欄作家湯馬斯·佛里曼（Thomas Friedman），在二〇〇八年再出版了一本《世界又熱、又平、又擠》（*Hot, Flat ,and Crowded: Why We Need a Green Revolution——And How It Can Renew America*），又一次引起轟動。無論是關心還是不理會地球未來的人，都應該細讀此書。對地球未來冷漠的人讀了此書，起碼可以知道：地球已危在旦夕，他們也難逃其劫；對地球未來關切的人讀了此書，則可以知道世界已有了可挽救地球的方案，而遲遲未能推行原因何在。

地球究竟有多危險？請看聯合國的專家們怎麼說：

「二〇〇七年初，由全球一百一十多國的兩千位科學家所組成的聯合國跨政府氣候變遷小組（Intergovernmental Panel on Climate Change, IPCC）公布了自一九八八年成立以來的第四份報告。科學家們有九成的把握相信：近世紀人類排放了過量會吸收地球所反射紅外線的二氧化碳等氣體至大氣層中，造成全球暖化，使得冰河及極地冰帽融化、洋流和氣候改變及海平面升高。他們預估，若世界各國不能在二〇一五年前阻止大氣中的二氧化碳突破四百五十 ppm，那麼二十一世紀末的全球溫度將較一九九〇年代上升攝氏二度。屆時將有數十億人口因水源枯竭而面臨缺水危機，甚至因極端氣候造成的巨大天災而被迫成為無家可歸的環境難民，同時還有三成的物種從地球上消失。」（引自《世界又熱、又平、又擠》，下引同。）

這些已局部發生或即將全面發生的災難，雖稱為「天災」（氣候變暖）而實是「人禍」。

佛里曼說：

「加州理工學院的路易斯說：『二千萬年來，地球大氣層的成分沒有什麼變化。』可是過去一百年，『我們開始劇烈改變大氣層』，根據冰層核心樣本（ice core sample）當中所包住的過往世紀的氣泡，我們可以一窺千百年前的氣候情況。用這個方法我們知道，工業革命前夕大氣中的二氧化碳含量約為百萬份之二百八十 ppm。路易斯說：『在此之前大約有一萬年，這個含量都相當穩定。』到一九五〇年代第二次世界大戰後，在西方工業強國領頭之下，全球能源消耗激增，大氣中的二氧化碳含量也隨之快速攀升……二〇〇七年大氣中二氧化碳含量已達三百八十四 ppm，而且看來每年還要增加二 ppm。」

氣候專家一致的共識是，地球已經比一七五〇年時平均變暖了零點八度，上升最快的是一九七〇年以後這段時間……和我們現在所處的間冰期，即非常適合人類發展和從事農業的時期，期間的地球平均溫差，僅有攝氏五到六度。所以只要差一點點，都可能導致很大的變局……地球『發燒了』！」

佛里曼又引哈佛大學環境政策教授侯德倫（John Holdren）的比喻說明問題：

「人的正常體溫是攝氏三十七度，稍稍上升到攝氏三十八點九度就不得了，我們就知道身體病了。地球表面溫度的變化也是如此。」

是什麼原因使地球發燒？有兩個年份很值得注意：一個是一七五〇年，那是標誌着工業革命開展的年份，也就是標誌資本主義經濟體系運作進入成熟階段的年份。另一個是一九五〇年，是標誌着挾軍事強勢而興起的美式壟斷資本主義經濟及其意識形態與生活方式，向全世界進攻、擴散的年份。這兩個年份很能說明美式資本主義經濟及其理念對地球氣候變遷的影響。

在一七五〇年前的二千萬年中，大氣的二氧化碳含量基本不變，而在這個年份之後就發生了變化。那明顯地是因為工業革命配合資本主義式的市場競爭，開始大量使用煤炭及石油等能源的緣故。一九五〇年後的大氣含碳量之所以快速攀升，是因為在二戰中靠軍火工業解決經濟大蕭條中汽車工業產能過剩問題的美國，在戰後又一次面臨同樣問題，於是便迅速再把原由汽車工業生產設備改造的軍火工業設備改造回來，恢復生產民用汽車。在加大投資、擴大規模，加上政府在行政上的扶助之下，一個壟斷性的企業就形成了。那是這個時期美式壟斷資本主義最有代表性的企業，而且是一個二氧化碳高排放量的企業，其污染效率可知。

頭號污染企業：美國刻意設計的汽車消費運動

這個企業，是美國政府一手催生的。為了發展汽車工業，美國政府大力推行都市郊區化計劃，大量建造跨州公路，並刻意不發展公共交通設施，連戰前建立的市內公共交通也被人為地迅速淘汰。城市的郊區化，使大量居民住在郊區，工作、辦事、購物，無車不行，公共交通被取消後，只能以私人汽車代步。於是私人汽車便從奢侈品變成了必需品。當然，汽車工業也帶動了許多其他相關行業如建築、石油、鋼鐵、橡膠等等的發展，使國內就業機會增加，人們有足夠的消費能力購買汽車。這樣美國很快就讓大部分人都擁有汽車，並常常棄舊置新。

美國汽車的年生產從一九三〇年的三百四十萬輛（戰前最高產量）增加到一九六五年的一千一百餘萬輛，是一九三〇年時的三倍。（參考《全球化與資本主義危機》）此外，美國為了保證汽車企業的生產與消費不斷發展，還不惜以軍事及政治上的霸權干涉中東政局，以取得大量廉價石油的供應：一九五三年，伊朗總理穆罕默德・摩薩台（Mohammad Mosaddegh）將石油所有權國有化，一向打着民主旗號的美國在伊朗製造政變，把他趕下台，把權力交給大獨裁者穆罕默德-李查沙・巴勒維（Mohammad Reza Pahlavi），後者直到一九七九年才被推翻。

汽車工業成為資本主義工業的龍頭，二戰的戰敗國西德和日本在美國的扶助下也大力發展汽車工業及相關工業如石油提煉、鋼鐵製造、橡膠等等。這些都是高排碳、高污染的工業。英國和法國戰後經濟元氣大傷，為分一杯羹也參與這個行業的競爭。為了擴展汽車市場，美國以其強大的軍事、政治、經濟及傳媒力量（特別是影視文化），大大宣揚與汽車工業相關連的都市文化模式。人人開私家車，變成了全球嚮往的現代化都市生活不可或缺的部分。這就說明了另一個年份——一九七〇年，為什麼是標誌地球氣溫以更快速度攀升的一年。因為到了這一年，世界汽車的生產與使用達到了二戰後的第一個高峰。高耗能與高污染並行：一九七〇年代初，以私用汽車為主要交通工具的美國，每年對原油的耗用，幾乎達到全球總產量的五成。

但發達國家的汽車企業到上世紀七十年代也走到了第一個飽和點：因競爭激烈引致產能過剩，而汽車普及運動又未能在發展中的第三世界太快開展。汽車企業作為二戰後美式資本主義的支柱出現了問題，資本主義的繼續運作必須另謀出路。此時，美國的新自由主義經濟學家便提出另一謀略：以金融經濟的全球化推動永無休止的消費主義。

說到這裡，我們必須先討論一下「市場經濟」的問題。市場經濟一直是所謂自由民主社會經濟運作的主要模式，也是形成相關政治模式的經濟基礎。古典經濟學家提出市場經濟的初衷，是想通過市場經濟那隻調節供求關係的「無形之手」，令資金流通無阻，產業靈活經營，以達到快速富國裕民的目的。但也由於古典經濟學家同時提出了「自利」是經濟發展的主要動力，他們理念中市場經濟的那隻「無形之手」在資本主義實踐過程中，便變成了一隻只圖滿足「私慾」的「有形之手」，控制了整個社會、國家，甚至全球經濟的發展。這隻手就是擁有大量資本的資本家之手。為什麼？要知道原因就得從歷史的現實中去了解什麼是「資本」，什麼是「資本家」，什麼是「資本主義」。

著名的法國資本主義史學者布羅代爾認為：一筆未被投入生產的「資金」只能稱為「資產」，只有不斷進行生產運作的資金才會成為「資本」。而且，「資本」最快速增值的方式是以已有的資本產生更多的資本，通俗的講法即「以錢生錢」，具體做法就是通過銀行或財務機構以有價證券的方式進行投資。而且，擁有大量資金的人參與這種資本增值活動總是佔盡優勢的。一旦發現了這個原理，由於私慾心的驅動，便毫不猶豫地參與這種「資本」的「生產」，千方百計、營營不息地不斷把自己的資產轉為資本。於是就產生了「資本家」和「資本主義」，隨而產生了更純粹的金融資本主義經濟。私慾心的驅動力在這裡發揮了最大的能量。

金融資本主義經濟在一國範圍中的規模太受局限了，必須靠國際化、全球化才能大展拳腳。這就得藉國際貿易來推進。國際貿易的主要部分是實體經濟，是物質商品的行銷，消費主義的意識形態——歌頌物質生活的幸福，就變成必須的手段了。消費主義無可避免地造成大量資源浪費和高度環境污染。

市場規律不斷被壟斷資本所破壞

資本主義的生產活動無疑是通過市場經濟來進行的。但其牟利方法卻是不斷破壞市場經濟的自動調節供求關係，把古典經濟學家所設想的那隻無形的手，變為由資本家自己的控制之手，這在歷史上也有一個發展的過程。

第一個階段的資本主義活動還帶着非法或冒險性質：資本家在各種交易活動中尋找資本的生產機會。布羅代爾說：「這些資本家都是君王的朋友，是國家的同盟者或是不擇手段利用國家的人。他們……和外國商人串通一氣。他們千方百計為自己的私利搞鬼，通過操縱信貸，也通過在好錢和壞錢之間進行偷梁換柱的取巧把戲。」（引自《資本主義的動力》）他們一會是船主、承保人、貸款者，一會兒又是借款人、金融家、銀行家甚至實業家或農業經營者。

上述的經營對資本主義來說，還不是最佳的牟利手法，但卻是必經的過程；因為如果不經歷過這些就不可能建立那可控制一切的「金融資本主義」。

布羅代爾指出，到了十九世紀三十至六十年代間，由資本家建立的銀行已掌握了一切：既控制了工業，也控制了商品。這個時候「金融資本主義」取得了成功。這意味着：資本家那隻有形的手將會隨着他們私慾的擴張而不斷伸展，最後做到「隻手遮天」。

這種勢頭我們在二十世紀九十年代之後已漸漸看到。所謂「全球化」的金融經濟，實際就是這種資本主義野心的終極目標。到了本世紀初，我們終於看到了它的真面目。

當然，「冰凍七尺，非一日之寒。」從十九世紀中開始，資本主義這隻不斷伸張的大手，也碰到過不少扎手的荊棘。我們不妨回顧一下。

古典經濟學家如亞當・斯密對資本的累積本也有着富國裕民的良好願望。他告訴我們：

「在一些歐洲的富國裡，經營各種製造業所運用的資本極為龐大……在工商業發達的城鎮，下層社會的人民主要靠資本的僱用和驅動來維持生計，因此他們一般都很勤勞……勤勞與懶惰比例……似乎都隨資本與收入的相對比例而起伏……因此，資本的增加或減少，自然會傾向增加或減少勤勞的實際數量，增加或減少生產性人員的數目，從而增加或減少一國土地和勞動每年產出的交換價值。也就是說，增加或減少該國所有居民的實際財富和收入。」（引自《國富論》，下引同。）

資本累積，在斯密看來，並不是一小撮資本家的事，而是關乎全國經濟發展及人民生計：

「資本因節儉而增加，因浪費和錯誤運用而減少。」

「每個人從自己收入中節省下來的，都會加在自己的資本上。他可以自己運用這部分資本，拿來僱用更多的生產性人員，或者把它借給別人，讓別人僱用更多的生產性人員而自己收取一些利息……正如一個人的資本，每年增加多少，完全看他自己從每年的收入或收穫中儲蓄了多少。所以整個社會的資本也只能依同一方式增加，畢竟所謂整個社會的資本，只不過是每個社會成員的資本總和罷了。」

在斯密看來，個人資本的增加，也就是整個社會（或國家）資本的增加：民裕即國富，國富即民裕。但他認為：「資本增加的直接原因是節儉，而非勤勞。」何故？他說：

「不錯，勤勞提供物品讓節儉得以累積。但是，不管勤勞可以取得多少物品，如果沒有節儉來儲蓄或貯存，資本便不可能增加。」

為什麼不節儉，資本便不可能增加？因為在斯密的經濟理念中，資產或資金如果不投入生產，便不能稱為資本。勤勞的人也許能賺得很多錢或物品，但這些資金或資產如不投入生產（例如把它花掉或只存放起來），便不能讓個人或社會僱用生產人員，提高生產力，增加生產價值的資本。因此，斯密堅信：

「節儉會增加社會的資本，而浪費會減少社會的資本。」

但打從上世紀九十年代初起，所謂「新自由主義」經濟學家卻提倡一套跟斯密背道而馳的資本運作理念，以之作為美國推行金融經濟全球化的「華盛頓共識」之一。他們居然還借用亞當・斯密那隻「無形之手」來推行有關政策。

炫耀性消費——操控供求規律的秘密

斯密曾指出，在市場經濟的運作中，商品所含的「價值」有兩重意思：一是「使用價值」，即商品在生活上的直接效用；其二是「交換價值」，表示該商品賦予佔有者購買其他物品的能力。影響市場經濟運作的是後者。雖然在原理上他認為勞動是測量一切商品交換價值的標準，也注意到這種標準在實際運作中無法使用——原因是擁有財富的人可以購買他人的勞動，能購買或支配他人勞動量的大小，往往就成為商品實際的交換價值——他始終認為通過供求關係的調節（勞動本身也受這種市場規律的調節），以勞動為標準的交換價值便會浮現。

但歷史的現實卻並不像他所期待的那樣。

市場的競爭機制發揮不了多大的作用。在貪慾的驅動下，財雄勢大的商人在「交換價值」這個環節上玩弄許多把戲。所謂「競爭」，正如布羅代爾所說，只是很少數擁有大量資本的一層人的遊戲，而歷史上他們大都先天地佔盡優勢。斯密似乎看不到這種競爭的起點是不平等的。於是一隻「無形的手」先變成少數幾隻「有形的手」，最後或會變成可以遮天的「隻手」。美式金融經濟試圖發展這種慾望。

在十九世紀末，資本主義雖然已建立了控制市場經濟各個方面的金融經濟體系，但資本的運作方式主要還是以實業為基礎；商品生產與銷售的景氣，仍取決於整個社會的經濟情況和人們的消費觀念。這樣，供求關係在市場經濟的運作中仍發揮相當的作用。對資本家而言，供過於求、產能過剩是他們的大災難；對資本主義國家而言，產能過剩也往往是經濟蕭條、引起一連串失業等社會問題的原因。二十世紀以來，以美國為代表的資本主義國家經歷過好幾次這樣的災難，結果都是以大大小小使生靈塗炭的戰爭來解決問題。這樣的解決方法，即對於資本家也是元氣大傷的。於是在上世紀末，美國一批所謂「新自由主義」經濟學家，便試圖找出一個可以一勞永逸的商品經濟運作方法。

他們發現：所謂「供求關係」也是可以控制的。供求關係如果可以控制，產能過剩便不會成為問題。十九世紀經濟學家索斯坦・韋伯倫在《有閒階級論》一書中提出的

「炫耀性消費」的概念給他們很大的啟發。原來人們的消費心理並不完全決定於收入的高低，有很大一部分是決定於與收入水平相近的人的競爭心態——即韋伯倫所說的「不要被隔壁瓊斯家比下去」（keep up with Joneses）那種相當普遍的想法。他們還找出了桃樂絲・布萊迪（Dorothy Brandy）和羅絲・傅利曼（Rose Freidman）一九四七年所做的研究報告來印證這種想法的普遍性。（參考《我們的新世界》，下引同。）

於是他們想到：可以利用這種心態去鼓吹不斷消費。辦法是不斷創新商品（功能的創新或樣式的創新），不斷用新式的商品去淘汰舊式的商品。這樣，便可以順理成章的把舊有的生產工具毀掉，美其名曰「創造性破壞」。如此一來，生產力便可以繼續提高，而產能過剩的問題也可以同時解決了：

「有一道資本主義訊息藏在這件事的深處：『創造性破壞』——淘汰舊科技和舊方法，改用新法——這是提升生產力的唯一方法，因而也是長期提升平均生活水準的唯一方法。」

提高生產力是必然的（但也不一定是唯一的方法），提升生活水準就很有爭議性。他們在這裡其實只考慮到他們關切的消費能力。因為只有平均生活水準（購買能力）不斷提高，人們才會像他們所預期那樣不斷消費。這個時候，金融經濟正好配合，發揮作用，使沒有同樣購買能力的人也可以作同樣的消費。為了不斷提高生產力，他們要說服全世界：「快樂只和物質幸福有關」。因為他們認為「如果快樂只和物質幸福有關」，「所有的資本主義形式都會收斂成美國模式，這種模式最活躍，也最具生產力」。

金融經濟正好是推動全球資本主義美國化的最佳手段。

中國「改革開放」、蘇聯解體、東歐自由化正好給美國金融資本主義一個最好的時機。於是美國的金融資本家在美國政府大力支持下，徹底改變了金融機構的傳統經營策略，並以其政治經濟的強勢，把這種策略推廣到全世界：將銀行利息降到最低、把信貸的管制放到最鬆，甚至創造出所謂「違約信貸」；鼓勵投資炒賣、抑制儲蓄、迫使全民參與風險處處的金融遊戲。在加上信用卡普及化的推波助瀾，一股消費主義的狂潮便從美國蔓延至全球。

消費狂潮的結果：金融海嘯

美國的金融資本家志在創造一個物慾橫流的世界，名正言順地提倡所謂「炫耀性消費」，還打腫臉龐認胖子，竟把消費數字作為衡量一國的國內生產總值（gross domestic product, GDP）增長的主導項目。這樣以不斷消費實際是不斷浪費的方法來提高生產力，豈不是做着與斯密所論述的社會資本增加原理相反的事嗎？華爾街資深預言家彼得・D・希夫在金融海嘯發生的前一年（二〇〇七年）就為我們指出了真相：

「以消費為主導的（古按：佔七成以上）GDP 增長並不是衡量一個國家創造了多少財富的標準，相反，它是衡量一個國家破壞了多少財富的標準……最後的結果就是（古按：以下均指美國）每年高達八千億美元的貿易赤字，三千億至四千億美元的預算赤字，以及八萬四千萬億美元的國債……美國正快速接近一場完美的風暴，隨之而來則是貨幣體系的崩潰……因為當前的美國既沒有儲蓄，也不參與生產，而是不停地消費和借貸，日益依賴國外的供應商和借貸機構。也就是說美國將面臨着一場即將到來的貨幣危機。如果這個問題得不到妥善處理，那麼美國人的生活水平將會急劇下降。」（引自《美

元大崩潰》）

風暴果然發生了。美國在吃了幾年甜頭之後終於在二〇〇八年發生了金融海嘯，美元危機四伏，房地產泡沫爆破，大金融機構破產，支柱工業汽車企業面臨停產，失業率攀升，人民生活水平在下降。斯密那隻「無形的手」到了美式金融資本主義那裡似乎不大靈光。從小布殊（George W. Bush）到奧巴馬（Barack Obama），在經濟政策上都沒有什麼新思維，依然靠亂發鈔票來補貼金融機構和支柱工業。他們彷彿要硬着頭皮，再接再厲把消費主義的路走下去。

其實，所謂「新自由主義」經濟學是用自己的「貪慾理念」來歪曲斯密的「自利理念」。斯密提出的自利理念見於《國富論》〈論促成分工的原理〉一章：

「在文明社會裡，每個人都需要許多人的合作與協助……他若想完全依賴別人的恩惠，那終究是癡心妄想。不過，如果他能朝對自己有利的方向喚起別人自愛的心理，讓他們覺得照他的要求協助他，對自己也是有利的，他就比較可能達到目的。」（引自《國富論》，下引同。）

斯密這裡所說的「自利」或「自愛」是一種人之常情，而且這種常情之可用，其出發點乃基於互助與互利，而非求個人之貪慾得到滿足。事實上斯密並不認同慾望應該不斷膨脹，他在《國富論》很多地方都批評貪婪與浪費，因為他對貪慾有很透徹的理解：

「就每個人來說，他對食物的慾望限於肚子狹小的容量；但是，在住屋、衣服、馬車和家具方面，他對各種便利品和裝飾品的慾望，似乎沒有任何止境或確定的界限……」

發展貪慾，只有造成浪費，而浪費造成社會資本累積的減少。所以，斯密認為：「從任何觀點來看，每個生活浪費的人，都是大眾的敵人，而每個節儉的人都是大眾的恩人。」其原理他是這樣看的：

「浪費的人會把資本引入歧途……如果某些人的浪費無度還沒有被其他人的節儉彌補，那麼每一位浪費者挪用勤勞者的麵包給懶惰者吃的行為，不僅會讓他自己趨向貧窮，也會使他的國家趨向貧窮。」

但新自由主義經濟的執行政客格林斯潘怎麼說呢？他說：

「證據顯示，快樂主要取決於我們對生命的看法及相對於同儕的成就。當繁榮擴散時……許多人害怕瘋狂的競爭與變化會威脅到他的身分地位感受。而這一點，對他們的自尊卻相當重要……一旦新的有錢人適應了較好的生活時，其滿足感很快就褪色。新的滿意水準馬上就變成『普通』。人類任何的滿意程度都是暫時的。」（引自《我們的新世界》，下引同。）

因此他下結論說：

「快樂取決於吾人的所得和同儕甚至於模範角色的比較結果，遠大於我們實際賺到的絕對金額。」

他是想利用這種比較或模仿性消費的心態或炫耀性消費的虛榮來刺激生產。於是他便「理直氣壯」的說：

「資本主義的成就不容否認。市場經濟這幾個世紀以來非常成功，其方式是徹底消滅無效率和不良設備，並獎賞那些為消費者需求設想，以最有效的方式運用勞動力和資本資源以滿足消費者需求的人。新科技則進一步把這個無情的資本主義過程推進至全球規模。」

這位新自由主義經濟政客，不惜歪曲了資本主義的歷史來為他的消費主義貼金。從上面的分析，他們是妄想用不斷消費也就是不斷浪費的方法來改變市場經濟供求關係的規律，以達到資本家貪慾向全球擴展的目的。

不斷出現的「美利堅耗能／污染單位」

儘管消費主義的生產力或經濟增長含有相當大的虛假性，但對許多國家的執政者仍有很大的吸引力；對於個人來說也可以找到一個奢華浪費的正當藉口——為社會經濟作出貢獻。於是「從卡達爾的杜哈到中國大連，從印度加爾各答、摩洛哥的卡薩布蘭卡到埃及的開羅，『美國人』從四方八面冒出來。他們住進美國式的居家空間、購買美國式汽車、吃美國式速食、製造出等同美國的垃圾量。」（參考《世界又熱、又平、又擠》）全球各大都市都患上了美式富貴病。這是人類歷史上最具傳染性的疾病之一。非營利綠色顧問組織第三代環保主義（Third Generation Environmentalism, E3G）共同創辦人湯姆・布爾克（Tom Burke）有很清晰的描述：

「先把整體美國當作一個能源消耗單位，這麼一來，一個『美利堅耗能』（Americum），便代表任何三億五千萬人、人均所得高於一萬五千美元、愈來愈樂於追逐消費主義的人所組成的群體……這麼多年來，世界上只有兩個美利堅耗能，一個在北美洲，一個在歐洲……而今，全球各地都有美利堅耗能形成。中國已經創造出一個美利堅耗能，第二胎將於二〇三〇年誕生。印度已經打造了一個美利堅耗能，另一個也將在二〇三〇年產生。新加坡、馬來西亞、越南、泰國、印尼、台灣、澳洲、紐西蘭、香港、韓國及日本，共組了另一個美利堅耗能。俄羅斯與中歐地區，培育着另一個美利堅耗能。南美某些地區和中東則又是另一個美利堅耗能……到了二〇三〇年，我們會從兩個美利堅耗能的世界，轉變為八、九個美利堅耗能組成的世界。」

現在世界所用的，主要還是排放溫室氣體的污染能源，這樣下去，在不到二十年的光景，從地球所釋放出來的美式資本主義排污量必然以十倍計增加，對自然資源所造成的巨大衝擊，是不堪想像的。

至此，情況就非常清楚了：氣候變暖是美式金融資本主義貪慾理念發展的結果。這並不只是我個人的偏見，許多西方專家也有同樣的觀察：

「人類歷史上，曾經因為疾病、飢荒或戰爭等而面臨發展受限的困境，卻從未被『資本主義的生態邏輯』（the ecological logic of capitalism）逼進了死胡同。電資系統公司（Electronic Data System Corporation, EDS）趨勢專家杰夫・威克（Jeff Wacker）認為，一旦資本主義的生態邏輯成為限制人類發展的重要因素，你就知道：你已進入能源氣候年代了。『我們的繁榮，如今被自身的基礎所威脅。』這基礎，是美國資本主義的本質。」（引自《世界又熱、又平、又擠》）

歷史的腳步在哪裡停下來？

氣候變暖問題日趨嚴重，而造成禍害的先發展國家仍拿不出誠意解決問題。為何二〇〇九年大張旗鼓的哥本哈根氣候會議，其共同協議會變成沒有意義的一紙空文？這些先發展國家關切的究竟是什麼？加拿大著名軍事記者格溫・戴爾（Gwynne Dyer）在二〇〇八年出版了一本題為《氣候戰爭》（*Climate War*）的著作，透露了其中消息。

此書作者指出：二〇〇七年《聯合國跨政府氣候變遷小組第四次評估報告》（*Intergovernmental Panel on Climate Change*〔IPCC〕*Fourth Assessment Report*）是一個充滿人事妥協的報告，而且所依據的資料都在二〇〇五、二〇〇六年或更早之前，加上對碳排量的評估是一種靜態的評估，這個被各國用作解決氣候變遷問題的基本依據的報告，已不足以反映氣候變遷危機的嚴重性。作者引述了美國太空總署首席科學家布席奈爾（Dennis M. Bushnell）接受他訪問時的話：

「有許多未納入 IPCC 報告的反饋機制，會導致暖化更趨快速而劇烈。這些效應會引起更多蒸發，而水蒸氣就是溫室氣體，並進一步造成溶冰。要是把所有的反饋列入考量，那麼二一〇〇年前氣溫不會只上升攝氏二到六度，而是可能升攝氏六到十二度。上升攝氏四到六度，所有的冰都將融化。要是所有的冰融化，海平面就不會只上升一到二公尺，而是七十到八十公尺。此外，這種氣溫變化將改變海洋環流模式，最終導致廣大海洋缺氧，進而促進會產生硫化氫（hydrogen sulfide）的細菌滋生。硫化氫會破壞臭氧層，使呼吸變得有些困難。這是二一〇〇年會出現的情況。」（引自《氣候戰爭》，下引同。）

作者認為這個評估是有科學根據和值得重視的。作者還提醒我們，上述評估還只從自然現象着眼。如果把社會發展的因素也計算在內，情況就更加嚴峻：

「從一九六〇年至現在這段期間，世界人口已增加一倍以上，而且有更多人口邁入快速工業化的階段，當前六十七億人口中約有四十億居住在已完全工業化的國家……一九六〇年大量排放二氧化碳國家的總人口遠低於十億人，相形之下現在是四十億人，因此全球溫室氣體排放量也跟着急劇攀升。」

而這樣的排碳人口還在不斷增加，人類所造成的地球災難，將瀕臨無可逆轉的境地。

人類把地球的生態環境弄到千瘡百孔，到了今天，究竟有多少人真的為此焦急？且不說一般大眾，那些對此最應負責的先發展國，其當局抱着什麼態度呢？他們在二〇〇九年哥本哈根氣候會議的表現，是很有代表性的：美國的代表竟然厚顏無恥的說：美國無須為氣候變遷問題感到慚愧，也沒有義務為此對後發展國家或發展中國家使用清潔能源提供更多的資助；其他先發展國家，特別是組織那次會議的丹麥，竟然想越過多國已簽署的〈京都協議〉共識，另起議題。

這就是為什麼全球關注的哥本哈根氣候會議會一事無成而終，這也反映了以美國為首的先發展國家，對氣候議題關切的焦點，並不在氣候本身，而在利益和資源的爭奪。戴爾在書中所引述的一系列訪談記錄及資料，使我們更能清楚看到其中的真相。

為什麼以美國為首的先發展國家，不願承擔減碳協議義務呢？無他，因為決定國家政策的，一般都是只顧眼前利益（而且是執政集團的眼前利益）的政客。他們的科學家，對氣候變遷有更實際的，也就是更悲觀的評估。他們認為：

「一、氣候變遷走得比預期更快；

二、按最樂觀的估計，必須在二〇三〇年以前減少百分之八十的碳排放，否則後半世紀的地球可能就不適合人類居住。但若要達到這個減排目標，從現在起便必須全面使用清潔能源，使汽車、飛機、家庭、工業或其他行業都不再產生二氧化碳或溫室氣體。這是不可能辦到的事；

三、一九九二年簽署第一個氣候變遷條約（編按：聯合國氣候變遷綱要公約）時，全球溫室氣體排放以每年百分之一的速度增加，現在則擴展到百分之三，因為亞洲許多國家正迅速步入工業化消費社會階段。在這種情況下，要加強減排力度簡直是天方夜談；

四、全球溫度每上升攝氏一度，人口就會出現大遷移，發生國內、國際戰爭的機率也會跟着攀升，這樣不但會破壞應對氣候變遷的國際合作，甚至會造成國際間的對抗。」

基於上述前三點的評估，這些先發展國家大抵都把第四點評估當成了結論，跟着便把這個結論轉成國策。換言之，他們都心裡有數：合作之局必破，對抗之局必成。他們已無心於改變氣候變遷的國際合作議題，而是把關注點移向因氣候變遷而引起的國際對抗問題。

氣候變遷對他們來說，已不是氣候問題，而是國防問題。他們關切的問題不是如何制止氣候繼續變壞，而是在氣候變壞之後如何保護國家利益。

從《氣候戰爭》一書作者的報道分析推測，氣候戰爭極有可能在本世紀中葉爆發。

為何大國不關心氣候變化？

在先發展大國，科學家告訴當局：氣候變遷帶來的各種效應，並不會在頃刻之間全部湧現，而某一時期內的效應，亦非全是負面的。

譬如說：氣候變暖雖會導致糧倉地區（如亞洲、南美洲熱帶、亞熱帶國家）沙漠化，但也會使寒帶地區（如靠近北冰洋的西伯利亞）變成新的世界糧倉；又例如：氣候變暖雖會溶解北冰洋的冰雪，但也能釋放長期封鎖在冰雪下的油源。

天地不仁。氣候變暖的短期好處，由於地理位置的關係，竟是由對地球闖了大禍的先發展國家享受。

接着，這些先發展國家的國防顧問說：當氣候變暖惡化至無可挽回的地步時，糧食和能源（以及因此而起的種種糾紛）必然成為最尖銳的問題。因此建議當權者，必須密切注視氣候變化，早作準備。

上世紀中期，儘管原油和糧食已成為市場經濟的一部分，但強權大國仍可憑其軍事實力左右市場價格，又或控制油源及糧食市場的機制，或明或暗，將之合理化地運用；至於新崛起的發展中大國（如中國、印度、巴西等），都是不幸的氣候變暖受害者。於是，以中國為首的發展中國家（又或後發展國家），與以美國為首的先發展國家，形成兩列新的利益對抗陣營，類似上世紀美蘇意識形態對抗的冷戰結構。這種對抗，自然以軍事實力為後盾，以獲取優勢或平衡。換言之，新一輪的軍備競爭將是無可避免的。

如此局勢，不但使旨在改變氣候變遷的國際合作無法成事，排碳速度亦必大大加快，地球的沉淪指日可待矣！

許多論者認為，地球是否有救，就看美國和中國怎麼辦。事實上，這種「大國決定論」仍有商榷餘地，但先發展國家的當權者卻無法擺脫這類冷戰思維。他們認為：中國愈是發展，對他們的威脅便愈大，而中國（跟他們一樣）不會停止爭奪糧食和能源。因此，在明眼人看來，外交上誇誇其談的國際合作只是一種煙霧。即使在氣候變遷的關鍵時刻，他們仍會不顧後果地奪取能源（或與能源相關的）利益。

數年前，奧巴馬宣佈美國決定開發因環保問題而長期封存的海底石油和天然氣，即以所謂「能源安全」為藉口。儘管他同時表示：「長期來說，美國必須發展綠色能源。」

但不要漏掉他跟着的一句話：「誰能發展綠色能源，誰就能領導世界未來的經濟。」

這番說話，充分反映了以美國為首的先發展國家，對氣候問題的立場——依然是冷戰思維，依然是資本主義貪慾理念的延伸！就算是發展綠色能源，這些先發展國最初考慮的，也只是經濟利益，而不是氣候問題。例如以作物提煉的生質燃料，本身雖是一種潔淨能源，但其煉製過程卻會造成溫室氣體的排放。美國在發展這種能源時，完全沒有考慮氣候問題：

「目前市面上的生質燃料大多不是『碳中和』的（古按：指作物種植過程中會大量吸收空氣中的二氧化碳，使大氣中的碳與氧走向平衡的作用）。這一點不會令人意外，因為生產國的目的根本不是用它來解決全球暖化問題……套用布殊總統的話，是為了『能源獨立』……美國等國家想要以隨時買得到又不貴的國產燃料來源，取代易受油價波動及政治因素干擾的進口石油。在當時，根本沒人去想『碳中和不中和』的問題。」

這種生質燃料的整個生產過程，包括種植、照料、收成和提煉，以至於為擴大種植土地而砍伐森林，意味着大量溫室氣體的排放。根據美國《科學》（*Science*）期刊新近的一項研究估算：「破壞自然生態種植生質燃料作物每年釋放的二氧化碳，將比燃燒生質燃料所節省的二氧化碳多出十七至四百二十倍。」結果是把一種潔淨能源變成了一種超污染的能源。這樣的壞事，除了沒有心肝的政客和資本家，誰幹得出來！

美國何故擁有潔淨能源技術而不用？

但這就是美國政治的現實。希望這個先發展大國帶領改變氣候變遷的局面，無疑是很天真的想法。事實上，美國科學家對生質能源已有進一步的研究，新研究所生產的生質能源，不但在質和量上都大大提升，而且大大有利於環保：

「此處所談論的，並不是從甜菜或玉米中所獲的乙醇……而考慮以藻類與鹽生植物取代淡水作物……藻類含百分之三十至六十的脂肪……產油率非常高，每英畝的藻類每年可以生產二萬加侖燃料，為產油最佳陸地植物的四十倍……這個四十倍的倍數十分重要……生質燃料將會迅速取代化石燃料。」

更重要的資訊是：

「最有可能取代燃煤的是生質燃料，因為將於燃燒過程中產生的二氧化碳已在生質燃料的生產過程中消耗……至今我們所談論的替代能源，都可以在十至十五年內設置完成。假如我們決定更弦易轍，忘卻投注在現有化石燃料設備的成本，改採其他替代能源，在可接受的時間內就能阻止這場全球所面臨的大浩劫。」

但直至今日，美國政府仍未按這位科學家的建議發展。為什麼？另一美國科學家艾默立・羅文斯（Amory Lovins）說：

「未使用節能技術的原因很簡單：有大約六十到八十個特定市場會倒掉。但假如投注心力，每個障礙都可以變成一個商業機會，很遺憾的是多數人尚未有此認知。」

可見美國的政治與政策，完全掌控在利益集團手裡。他們只顧眼前利益，甚至未來的商機也不會考慮。

至於作為發展中大國的中國，是否可以對之寄予厚望呢？依然脫不了冷戰思維的西方媒體是表示懷疑的。但即使撇除了政治偏見，客觀理性地考慮，也不是完全沒有疑問的。中國是經濟發展得最快的發展中大國，也是人口最多的國家。光是這兩種情況，已促使中國在短期內變成了消費大國和排碳大國，最近的碳排量已超過美國。

中國十三億人口中已有三億人具有美式消費能力，這三億人口正毫不手軟地模仿美式消費。如果中國的經濟繼續高速增長，美式消費人口也會不斷增加，那麼中國就有可能變成四至五個美國，後果不堪設想。再加上印度和巴西這兩個發展中大國和人口大國也急起直追，假以時日，可能即使有三、四個地球的資源，也不足以消耗。

中國能否抑制其餘十億人口消費美國化的趨勢？如果無法抑制，則中國也必然走上美國的不歸路，不但對改善氣候變遷無法有所貢獻，而且大大加速氣候變暖。人類的歷史巨輪將因此更早地停止轉動。

中國：吞噬地球的恐龍族還是環保的救世軍？

中國目前的國策是提倡環保、建立永續經濟發展模式，探討各種清潔能源代替污染能源的可能。但在改革開放以來的前二十年，中國和美國走得太近，被美式金融經濟捲入太深，弄得跟美國經濟糾纏不清。所幸中國畢竟仍是社會主義國家，作為一個經濟體還沒有讓少數利益集團操控。其宏觀調控還是有效的，因此能在金融海嘯的衝擊中迅速復甦。可是，目前中國經濟的發展依然擺脫不了美式經濟的思維：通過刺激消費來追求高增長。這與中國建立環保經濟的國策是矛盾的。例如：中國一方面建造環保概念的高鐵系統，另一方面又宣揚高污染的小汽車消費和生產。

二〇〇九年，中國已超越美國成為世界最大的汽車消費國和生產國，中央電視台也大大表揚了江蘇華西村（被譽為全國最富、消費能力最高的村鎮）居民達到一家四口四輛汽車的消費水平。這不是美國走過的老路嗎？這種做法不禁使人懷疑：中國的環保經濟有可能建立嗎？即使是環保污染兩下鍋，在混亂的消費宣傳中，環保是污染的對手嗎？

胡錦濤、溫家寶以至習近平、李克強這兩代領導人，畢竟還是社會主義教育出來的接班人，他們還會強調「以人為本」的理念，仍不會像前美聯儲主席格林斯潘那樣赤裸裸地歌頌「物質幸福」。但他們的下一代或再下一代呢？特別是所謂八十後一代的接班人，這一批初嚐資本主義甜頭的未來當權者，會願意為人類的千秋萬代變得較為節儉嗎？據前兩三年前歐洲傳媒對世界各地網民的調查：最肯定美國社會制度和嚮往美式生活的，竟然是中國網民！這就不得不叫人憂慮了。

十三億中國人及其下一代會不會加入美式消費的行列，成為迅速吞噬地球的恐龍群族呢？從應對氣候變化的另一項重要措施來看，中國似乎要抑制這種趨勢。

「京都議定書」和二〇〇六年舉行的「聯合國氣候變化框架公約」第十二次締約方會議，都確認減少毀林與積極造林，是減少溫室氣體排放的重要措施。中國國家林業局局長賈治邦在二〇一〇年四月二日發表一篇題為〈發展林業是應對氣候變化的戰略選擇〉的文章（見二〇一〇年四月二日ESEP「全球節能環保網」），有很清晰的科學說明：

「森林是陸地上最大的『儲碳庫』和最經濟的『吸碳器』，是維持大氣中碳平衡的重要槓桿。森林通過光合作用，吸收二氧化碳，放出氧氣，把大氣中的二氧化碳轉化為碳水化合物而固定下來。這個過程稱為『碳匯』。科學研究表明：森林每長一立方米的蓄積量，平均能吸收一點八三噸二氧化碳，而破壞和減少森林就會增加碳排放。林地轉為農地十年後，土壤有機碳平均下降百分之三十點三。據聯合國政府間氣候變化專門委員會估算：全球陸地生態系統中儲存了二點四八萬億噸碳，其中一點一五億噸儲存在森林生態系統中。」

賈氏指出，森林減排效益好，成本低，且有五大功能：

一、吸收及固碳，增加碳匯；
二、保護森林，減少毀林、火災、蟲害、排碳；
三、發展經濟林、生產生質能源、減排；
四、使用木質林產品，延長儲碳期；
五、保護濕地和林地土壤，減少碳排放。

中國在植林減排方面，創下非常亮麗的成績。據聯合國糧食及農業組織對全球森林資源的最新評估：在全球年均減少森林面積約一億畝的背景下，中國年均增加森林面積六千多萬畝，佔世界年均增量百分之五十三點二，為全球應對氣候變化作出了重大貢獻。二〇〇九年十二月溫家寶總理在哥本哈根氣候變化大會上宣佈的幾個已經國際認證的相關數字，足以反映中國在這方面的承擔和努力：

二〇〇三年——二〇〇八年

·森林淨面積增二千〇五十四萬公頃

·森林儲蓄量增十一點二十三億立方米

·人工林保存增六千一百六十八點八四萬公頃

賈治邦又指出，森林減緩氣候變化的優點是效益好、成本低：

「一座二十萬千瓦機組的煤發電廠每年排放的二氧化碳，可被四十八萬畝人工林吸收；一架波音飛機從北京到上海往返旅程約四小時，按每天往返一次計算，一年排放的二氧化碳，可被一點五萬畝人工林吸收；一輛奧迪A4汽車一年排放的二氧化碳，可被十一畝人工林吸收。」

從中國的植林規劃來看，森林減排措施可以達到國際氣候會議上承擔的減排目標。胡錦濤總書記在二〇〇七年第十五次亞太經濟合作組織（APEC）會議上承諾，中國森林覆蓋率將於二〇一〇年達到百分之二十，而事實上於二〇〇八年已達到百分之二十點三六。二〇〇九年九月，他又在聯合國氣候變化大會上承諾，二〇二〇年中國森林面積要比二〇〇五年增加四千萬公頃，這也應該可以實現。

答案在資本主義思路之外

然而，儘管中國在植林減排方面有很好的成績，如果在消費觀念上一味模仿美國而不改弦易轍，即使像過去五年一樣森林面積年增長為六千多萬畝，也會連自身所造成的污染問題都解決不了，更遑論建立環保經濟。就以汽車的消費為例，中國在二〇〇九年的汽車產量已達一千三百七十九萬輛，為世界之冠，假設十一年內年產量不變，累積起來十一年後，世界便有一億五千多萬輛中國汽車在路上行駛。中國現在擁有的人工林為六千多萬公頃（一公頃等於十五畝），可以吸收八千四百多萬輛汽車的碳排量；中國人工林以年增長六千萬畝計，十一年後增加的面積可多吸收五千四百多萬輛汽車的碳排量。加起來是一億三千多萬輛汽車的碳排量。這樣，十一年後便有二千多萬輛的汽車碳排量無法抵消。

你看：中國辛辛苦苦「十年樹木」經營出來的碳匯，都不夠汽車消費者的消耗！這公平嗎？合理嗎？就算對汽車消費徵收碳匯稅，也不是徹底解決問題的辦法。因為還有許許多多其他的污染消費。何況，中國可以植林的土地面積也不是無限的。

因此，中國如果有意建立永續的環保經濟，以及對解決氣候變遷問題有更大貢獻，就必須和以鼓勵消費也是鼓勵貪慾、以貪慾理念為前提的美式金融經濟有所切割。刺激消費無疑是促進生產的手段之一，但如按市場經濟供求關係自動調節的規律（或邏輯），卻不是必要的手段。相反，那是資本主義用來干擾市場經濟自然發展最重要的手段，是資本主義經濟學家在二十世紀中葉以來最大的發現，不但可以解決資本主義的癌症——產能過剩，還可以為資本家的投資不斷增值。當然，結果是以整個地球的生態環境和物種的生命為代價。這一點，在經歷了二〇〇八年的金融海嘯之後，應該是愈來愈清楚了。但環顧世界，對美式金融經濟並沒有什麼深刻的反省或檢討，更莫說批判。所謂全球經濟，依然以美式金融經濟為主導。

那就說明資本主義五百多年來所營造的政/經迷思，並沒有被打破。

美國是人類第一個所謂「民主國家」，因此被視為民主政治的典範。二百多年來，人們把世界各地尤其是歐洲各國努力發展出來、對人類社會生活有積極意義的各種理念，諸如平等、人權、自由、開放、進步等等，都看作是美式民主實踐的功績。儘管歷史的真相並非如此，而上世紀後半葉美國也逐漸暴露其作為資本主義超級大國的貪慾與野心；時至今日，它卻仍可通過巧妙的外交手腕及天羅地網般的媒體宣傳，來把自己包裝成民主政治與自由經濟的領袖。前面提到歐洲傳媒近年有關美國政體是否仍是最理想政體的調查，結果投肯定票最多的，竟是中國網民。中國改革開放後僅短短三十年，許多中國人的意識形態竟從反美變為親美！由此可見美國在意識形態宣傳上的成功。

政治和經濟本是一對雙生兒。自上世紀末蘇聯解體、冷戰結束後，世人似乎諱談意識形態，且誤以為意識形態只與政治有關而與經濟無涉。馬克思一早已指出：有怎樣的經濟基礎，就有怎樣的上層建築，而政治和意識形態都是上層建築的重要部分，都直接或間接反映經濟基礎的性質。現在許多人談到經濟問題，似乎都忘記了那與政治有千絲萬縷的關係；彷彿經濟只涉及商業貿易、物用民生，與意識形態是兩碼事。我們必須記取：物用民生就是政治，商業貿易也有意識形態，經濟語言往往就是政治語言。

譬如說：「刺激消費」是一個經濟學術語，但其背後卻隱藏着：創造性破壞、徹底解決產能過剩、不斷投資增值、金融經濟全球化，且把後發展國家或發展中國家變為工廠，讓先發展國家享用其產品，使全人類唯一的理想就是追求「物質幸福」……等一大堆政治動機及意識形態。當然，一般人常常接觸到的，不會是「刺激消費」這類硬邦邦的經濟學術語，而是軟性的、充滿物慾誘惑的廣告，諸如熒幕上駕駛某種品牌汽車的成功男士、用某種品牌香水的清純或性感美女……但這些廣告正是金融資本主義的政／經糖衣，和前面一大套政／經語言血脈相連，目的也是一致的，是經過華麗包裝的意識形態。

因此，中國要建立環保經濟，光是「十年樹木」是辦不到的。要辦到還得要「百年樹人」，也就是要同時從思想上改變人們對物質運用的觀念，把華夏民族思考這個問題的早熟智慧，及幾千年加以實踐的文化資源重新整理、研究和發展、運用。當然，要倡導這樣的新思維，一定要有相應的經濟運作方式和相關的政治體制。這一切並不都從零開始，如果不讓慣性思維和所謂「普世價值」等意識形態所束縛，我們完全可以繼承近代對環保經濟有利的政／經遺產。

氣候變遷如此急劇，最樂觀的估計，人類也只剩下一百年來改變自己的命運了。中國如果能另闢蹊徑，也許能作出較大的貢獻。

二〇一四年二月美國國務卿約翰・克理（John Kerry）訪華，中美就能源科技與環境問題達成共識：兩國同意在工作組織機制下，起動五項實施計劃：承諾在汽車減排、智能電網、碳捕集／封存、溫室氣體數據收集／管理和建築／工業效能中投入相當資源，並確保在第六輪中美戰略與經濟對話前取得實際成效。（參考二〇一四年二月二十四日《文匯報》網頁）

同年十一月中美兩國還對溫室氣體減排作出具體承諾：

美國：二〇二五年的排放會比二〇〇五年的水平減少百分之二十六至二十八；

中國：預計於二〇三〇年達到排放量頂點，並在此之前開始減排；再生能源利用將增至百分之二十。（見二〇一四年十一月十三日「主場博客」報道）

中美兩國溫室氣體排放量加起來，約佔全球排放量的百分之四十，中美的承諾如能信守，確可帶來希望。

荀子的富國論

歷來研究儒家思想的，在兩漢稱「周（公）孔（子）」，在宋明則稱「孔（子）孟（子）」，荀子從來沒有被作為一個正統的儒家或重要的儒家來研究。在現當代，荀子甚至被歸入法家，如文革「批林批孔」時期，荀子這個「法家」的思想家，便被拿來作為批判儒家的武器。但只要我們仔細重讀荀子著作和相關歷史文獻，就不難發現：中國歷史上所實踐的儒家政治理念，具體而微的部分都來自荀子；而且與周、孔一脈相承，不是法家的東西，不是所謂「儒表法裡」。周公「制禮作樂」，孔子釋禮樂之義，荀子則從宏觀的天人關係整理出一套「為萬世開太平」的儒家政治經濟思想。

但我們研究荀子，卻不是要為他爭回儒家的正統地位。重新了解、學習他的思想，不過想從他超前的智慧得到啟發，以解決今天全人類面臨的難題——如何挽救幾百年來資本主義造成的全球災難。三百年前資本主義政治經濟學的奠基人亞當·斯密寫了他的思想鉅著《國富論》，二千年前荀子也在其著作中寫了〈富國〉。研究荀子的富國之道，然後與斯密的「國富論」根本理念作一比較是本文的目的。作者在政治、經濟及哲學三方面都是外行，此文只是一隅之見，希望拋磚引玉，發起討論罷了。

荀子的「富國論」和儒家的「禮論」相關。因此，要了解他的富國思想，須從他對「禮」的看法開始。《荀子》〈禮論〉云：

「禮起於何也？曰：人生而有欲，欲而不得，則不能無求；求而無量度、分界，則不能不爭；爭則亂，亂則窮。先王惡其亂也，故制禮義以分之，以養人之欲，給人之求；使欲必不窮乎物，物必不屈於欲，兩者相持而長，是禮之所起也。故禮者，養也……君子既得其養，又好其別。曷為別？貴賤有等，長幼有差，貧富輕重皆有稱者也。」（引自《荀子集解》，王先謙撰，北京中華書局出版，下引同。）

荀子的禮論，和孔子的「克己復禮」的講法已有差別。這亦是由於時代環境的不同。荀子處於「上下交征利」的戰國時代，言「克己」已無人願聽，因為「克己」在此語境中即為「節慾」，無論諸侯、百姓都聽不進去，於是乃以「養慾」說之。荀子認為：「慾惡同物，慾多而物寡，寡則必爭矣。」（引自〈富國〉）人類對「物」的好惡之心是相同的，「物」有限而「慾」無窮，「物」必須得到合理的分配，才不會引起紛爭，而「慾」才不會「窮乎物」，才能「相持而長」，才能「得其養」——就是我們現在所說的「持續性」的發展與滿足。

在這樣的思想背景中，荀子的「富國論」必考慮以下幾個問題：其一，「慾」的問題，也就是人性的問題；其二，「物」的問題，也就是物質資源（包括自然資源和人類利用自然資源再生的產品及人力等社會資源）的運用問題，即人類如何對待這些資源；其三，「別」（差別）的問題，即按什麼原則、倫理去分配「物」（資源）的問題。荀子的「富國論」從這三個基本點去思考、形成。以下我們嘗試逐一加以探討、論述。

荀子論「慾」——可轉化的人性

在〈儒效〉中，荀子對人性有很清晰的說明：

「性也者，吾所不能為也，然而可化也；情也者，非吾所有也，然而可為也。」

荀子把人性分為兩個部分：其一是先天的「性」，與生俱來，人人無別。〈性惡〉說：「凡性者，天之就也，不可學，不可事。」又說：「凡人之性者，堯、舜之與桀、跖，其性一也；君子與小人，其性一也。」界定得非常清楚，是指人性中的本能部分，賢聖如堯、舜，淫奸若桀、跖，秉賦相同，故在其原生狀態中，並無道德上的善、惡之辨。〈榮辱〉對「性」作進一步解說：

「凡人有所同一：飢而欲食，寒而欲煖，勞而欲息，好利而惡害，是人之所生而有也，是無待而然者也，是禹、桀之所同也。目辨黑白美惡，耳辨聲音清濁，口辨酸鹹甘苦，鼻辨芬芳腥臊，骨體膚理辨寒暑疾養（古按：「養」同「癢」），是又人之所常生而有也，是無待而然者也，是禹、桀之所同也。」

「性」作為各種本能，是賢聖與淫奸共同具備的。那是人作為一種生物的感受與反應，包括各種生存慾望與生理官能，本無道德上的是與非的問題。但「性」雖天賦，卻可以「化」：因後天環境或人為因素的積習而產生變化、或加以轉化：

「可以為堯、禹，可以為桀、跖，可以為工匠，可以為農賈，在埶注錯習俗之所積耳。」（引自《荀子》〈榮辱〉）

「性」雖同一，因後天習染不同，其「性」產生的變化有別，形成不同的人格取向。這種有後天因素所成的人格取向，便是人性的第二部分——「情」。但「情」是由「性」發展而來，是經人為過程變化或轉化了的「性」。「情」按前引所述，是後天人為的，不是與生俱來的。因為是人為的，難免與其他人或社會發生關係，故由「性」到「情」的發展，從道德判斷上便可以有好有壞：

「故有師法者，人之大寶也……而師法者，所得乎情……性也者，吾所不能為也，然而可化也；情也者，非吾所有也，然而可為也。注錯習俗，所以化性也；并一而不二，所以成積也……故人知謹注錯，慎習俗，大積靡，則為君子矣；縱性情而不足問學，則為小人矣。」（引自《荀子》〈儒效〉）

當「性」為「注錯習俗」所「化」時，由於經歷取向的積累不同而形成不同的「情」，在道德判斷上便可有好壞之分，在人格形成上有「君子」、「小人」之別。好壞不同的「情」取決於對「性」的放縱或節制：

「今人之性，生而有好利焉，順是，故爭奪生而辭讓亡焉；生而有疾惡焉，順是，故殘賊生而忠信亡焉；生而有耳目之慾，有好聲色焉，順是，故淫亂生而禮義文理亡焉。然則從人之性，順人之情，必出於爭奪，合於犯分亂理而歸於祟。故必將有師法之化，禮義之道，然後出於辭讓，合於文理而歸於治。由此觀之，然則人之性惡明矣，其善者偽也。」（引自《荀子》〈性惡〉）

就是說：「性」中的慾望部分，具有惡的潛能或基因，若加以放縱，便可變為一種引起紛亂爭奪之「情」，其結果在道德判斷上可稱為「惡」。但這種「惡」是可以轉化的，以禮義之道化之，使歸於「治」——合乎社會的治理原則，也就是某歷史階段中，某種社會文化背景下的道德規範（在荀子理論中就是儒家所提倡的「禮義」），合乎這種規範，便是「善」。化性、情之「惡」為「善」，正如縱性、情中之慾為惡，都是後天人為的「積習」，荀子稱為「偽」。

歷代論者，都會把荀子的「性惡論」拿來和孟子的「性善說」比較。從近代觀點看來，荀子對人性的觀察和探討，無疑是更符合現實和較全面的。孟子完全從道德的角度來界定人性，把後天在人類社會中形成的意識形態，硬變為先天性的東西，認為人之有「四端」——仁、義、禮、智四種道德動機，如其有「四體」（四肢），否則便不成「人」。（參考《孟子譯注》，楊伯峻注，北京中華書局出版。）這是把儒家提倡的四種道德規範，硬說成是與生俱來的。難怪荀子批評他說：「今孟子曰『人之性善』，無辨合符驗，坐而言之，起而不可設，張而不可施行，豈不過甚矣哉！」（引自《荀子》〈性惡〉）

孟子的缺失是完全不理會人性中的本能部分，忘記了或否定了人的生物性或動物性特點，看不到這個部分和人性中後天形成部分的關係。荀子則非常重視這個部分。他認為這個部分雖只是個體生存的慾望，本無賢愚善惡之別，卻可以「化」，可被後天習染轉化為「惡」或「善」。這種被轉化後的「性」，荀子稱之為「情」。如果無節制地放縱「性」的慾望部分，轉化後所形成的「情」，才會是「惡」的。所以荀子說的「性惡」，並不像孟子說的「性善」那樣，是先天的或先驗的，所謂善、惡也並非不可逆轉的道德判斷。荀子的觀察無疑更有「辨合符驗」，更靠近人性的實際，更具有近代意義。

荀子論物——善用天則可養慾

荀子針對人性這種情況，從社會、政治的角度來思考對策。首先他認為人性中的生存慾並無過錯，應予滿足，且應予持續的滿足；所以他強調的是「養慾」，而非「節慾」。但他的邏輯是：唯有「節慾」，方可「養慾」，因為自然和社會的物質資源是有限的。所以他要探討人類應以何種態度和方式運用資源，其中核心問題有兩方面：其一是如何處理好人與自然的關係，其二是如何利用自然資源來擴大社會資源，使社會成員之慾，各得其「養」。

讓我們看荀子對「天」、「自然」和人事關係的看法：

「天行有常，不為堯存，不為桀亡。應之以治則吉，應之以亂則凶。彊本而節用，則天不能貧；養備而動時，則天不能病；修道而不貳，則天不能禍。故水旱不能使之飢渴，寒暑不能使之疾，祆怪不能使之凶。本荒而用侈，則天不能使之富；養略而動罕，則天不能使之全；倍（古按：同「背」，違背也。）道而妄行，則天不能使之吉。故水旱未至而飢，寒暑未薄（古按：薄，逼也。）而疾，祆怪未至而凶。受時與治世同，而殃禍與治世異，不可以怨天，其道然也。故明於天人之分，則可謂至人矣。」

（引自《荀子》〈天論〉，下引同。）

在荀子看來，「天」有運行的常規，不會隨人類社會的道德規範、判斷、意志而改變。一個社會或國家的禍福吉凶，決定不在「天」，而在「人」：看「人」怎樣理解、適應、利用「天」的運行規律。若能循道而行，便可充分運用「天」提供給我們的資源：

「大天而思之，孰與物蓄而制之？從天而頌之，孰與制天命而用之？望時而待之，孰與應時而使之？因物而多之，孰與騁能而化之？思物而物之，孰與理物而勿失之也？願於物之所以生，孰與有物之所以成？故錯人而思天，則失萬物之情。」

荀子認為與其把「天」看得尊大而思慕之，盼望它為我們提供更多資源，不如把它已提供的積蓄起來加以運用；與其把「天」當作神一般去服從、歌頌，不如掌握它運行的規律而後好好利用它；與其盼望物產豐盛的時候早日到來，不如在當下更適當地使用天的產物；與其希冀「天」提供更多的物質，不如發揮自己的能力去把「天」已提供的物質變得更多；與其渴望把更多物資據為己有，不如想辦法處理好這些物資，使之不會損失；與其寄望「天」生產更多物資，不如把已有的物資去發展成更多的產品。

他的結論是：一味倚賴「天賜」而疏忽了「人力」（「錯人而思天」），便會失去運用萬物的契機。荀子的這種理性思維，簡直進入了近代西方的啟蒙時代，而且沒有啟蒙思想家對「神」或「上帝」的顧忌或束縛。

更難得的是，在政治經濟的思考上，荀子除了重視農業，還提出分工合作的效率性，強調生產、開發的永續性及低關稅、市場開放和物資交流的互惠性等近代觀念：

「王者之等賦、政事、財萬物，所以養萬民也。田野什一，關市幾而不征；山林澤梁以時禁發而不稅，相地而衰政（古按：「政」通「征」、「徵」）。理道之遠近而致貢。流通財物粟米，無有滯留，使相歸移也。四海之內若一家，故近者不隱其能，遠者不疾其勞北海則有走馬吠犬焉，然而中國得而畜使之；南海有羽翮、齒革、曾青、丹干焉，然而中國得而財之；東海有紫、紶、魚、鹽，然而中國得而衣食之；西海有皮革、文旄焉，然而中國得而用之。故澤人足乎木，山人足乎魚，農夫不斲削、不陶冶而足械用，工賈不耕田而足菽粟……以類行雜，以一行萬，始則終，終則始，若環之無端也，舍是而天下以衰矣。」（引自《荀子》〈王制〉，下引同。）

何等宏大的政經視野，這不就是「全球化」、而且是具有環保意識的「全球化」觀念嗎？其光輝雖在今日，依然十分明亮、輝煌！

荀子論公平分配

就資源分配，荀子對所謂「均分」有不同看法：

「分均則不偏（古按：「偏」，讀作「遍」，義同。），埶（古按：凡事走到極端之謂也）齊則不壹，眾齊則不使。有天有地而上下有差，明王始立而處國有制。夫兩貴不能相事，兩賤不能相使，是天數也。埶位齊而欲惡同，物不能澹（古按：澹，同贍。）則必爭，爭則必亂，亂則窮矣。先王惡其亂也，故制禮義以分之，使有貧富貴賤之等，足以相兼臨者，以養天下之本也。書曰：『維齊非齊。』此之謂也。」

讀荀子這段論述，必須按捺住我們長期積習的近代平均主義與平民思想，才可了解、吸收其中合理的觀點。荀子認為，人類社會的物資，若要分配成絕對的「齊」（平均、劃一），首先未必可能，其次並不合理，更不一定就公平。因為宇宙萬物本有差別，人類社會有貧富貴賤之等也很自然。從政治運作的角度考慮，兩個身分相同的人難以互相差遣。從物資分配的角度來考慮，若每個人好惡相同，所分到的物資卻不一定能均等；因為已有物資不足以滿足每個人同等的慾望。這就會引起紛爭和混亂。

怎麼辦呢？在荀子當然認為應以儒家的「禮義」原則來分配，才是最公平的：

「夫貴為天子，富有天下，是人情之所同慾也。然則從（古按：「從」同「縱」）人之慾則埶不能容，物不能贍也。故先王案為之制禮義以分之，使有貴賤之等，長幼之差，智愚、能不能之分。皆使人載其事而各得其宜，然後使慤祿多少厚薄之稱，是夫群居和一之道也。故仁人在上，則農以力盡田，賈以察盡財，百工以巧盡械器，士大夫以上至於公侯，莫不以仁厚知能盡官職，夫是謂之至平。」（引自《荀子》〈榮辱〉）

荀子認為無限放縱人慾，社會便無法承擔，理由是不可能有足夠的物質可以滿足。為了「養慾」必須「節慾」，並以「禮義」的原則節之。所謂「禮義」原則，就是重視身分、年齡、智慧和能力的差別，按這些差別來分工，也按這些差別來分配。

荀子認為這才是最公平的分配，這樣才能「使人載其事而各得其宜，然後使慤祿多少厚薄之稱」，「別」就是付出的差別和回報的差別。「別」為什麼會成為分配重要的原則呢？因為這些差別反映每個人對社會付出不均等，故須以分配的不均等來平衡。

這就是所謂「維齊非齊」原則：按能力和付出不同而定的、不均等的分配，才是最公平的分配，才是「至平」。

這種原則不就是近代「按勞取酬」的概念嗎？雖然荀子所提出的具體差別概念，可以爭議，卻並不影響這個大原則合理與否。

富國之道：節用裕民，兼足天下

荀子富國的另一個重要概念是「足」，和「養」、「別」兩個概念互相呼應：

「足國之道，節用裕民而善臧其餘，節用以禮，裕民以政。」（引自《荀子》〈富國〉，下引同。）

荀子的富國之道，強調「足」而不強調「富」，因為強調後者，會使人的慾望不斷擴大，但社會和自然的資源是有限的。在荀子心目中，君主用度有所節制，可令人民有適當的「足」（有節制的滿足，按禮義「別」之，使各得其「養」）；善藏餘裕，國乃可「富」。故「節用」與「裕民」，是兩項最重要的富國政策。

所謂「裕民」，就是今日說的「藏富於民」。何以要裕民？荀子說：「彼裕民，故多餘。」藏富於民，則國有餘裕。故荀子強調必須「裕民以政」，要有政策措施：

「輕田野之稅，平關市之征，省商賈之數，罕興力役，無奪農時，如是，則國富矣。夫是之謂以政裕民。」

這些裕民之政和他制天用物的思想是互相呼應的，即合理地利用自然資源和社會資源來發展經濟。農業稅要輕，關稅要低；從商人口要少，徵用民力不多，別剝奪農民耕作的天時；扶助生產，鼓勵貿易，使民得利，增加國家的財富。這是開源政策。

但節流也是裕民政策重要的部分：

「下貧則上貧，下富則上富。故田野縣鄙者，財之本也；垣窌（古按：「窌」同「窖」）

倉廩者，財之末也。百姓時和、事業得敘者，貨之源也；等賦府庫者，貨之流也。故明主必謹養其和，節其流，開其源，而時斟酌焉，潢然使天下必有餘而上不憂不足。如是則上下俱富，交無所藏之，是知國計之極也。」

國家的累積為了用度開銷，民間的累積為了生產發展。國家累積來自民間的繳納，民間的累積來自生產與貿易。在經濟的長河上，民庫是源，國庫是流，有一種互動的關係。源枯則流竭，源活則流長；要上下俱富，須節其流以開其源。這是何等視野高遠的政治經濟學！

我們再來看荀子的另一富國政策——節用。荀子主張節流以裕民，卻並不贊成縱民之慾。他的「節用」政策是上下一致的，但節用的方式卻有所不同，要以禮「分」。更重要的是：荀子的節用，並不以「禁慾」為目的。他的節用是為了「養慾」，使慾望能得到持續性的滿足。如此「兼足天下」，則國可致富。故而他對墨子禁慾式的節用是反對的：

「墨子之節用也則使天下貧……墨子大有天下，小有一國，將蹙然衣麤（古按：同「粗」）食惡……若是則瘠，瘠則不足欲，不足欲則賞不行……則賢者不可得而進也，罰不行，不肖者不可得而退也……則能不能不可得而官也。若是則萬物失宜，事變失態，上失天時，下失地利，中失人和，天下敖（古按：「敖」同「熬」）然，若燒若焦……既以伐其本，竭其源，而焦天下矣。」

荀子認為這種但求節流、不求開源、上下齊一、禁慾為尚的節用政策，只能導致天下皆貧的局面。荀子從政治和經濟兩方面來批評墨子的節用論。從政治上考慮，這種禁慾式的節用政策，連人民的基本慾望都無法滿足，更不用說得到物質上的鼓勵；如此一來，無論賢者或不肖者，能者或不能者，都沒有貢獻自己力量的動機，因為這種「均窮」是不公平的。不公平便會引起紛亂，失去「人和」。從經濟上說，失去了人和，便會失去「天時」和「地利」，即同時浪費了社會和自然所提供的資源，社會生產者少，消耗者多，國家便陷於枯竭、蕭條的狀態。這其實也是現當代蘇聯式「平均主義」政策的錯失。

以禮節慾，致富之道

荀子認為，像墨子那樣「昭昭然為天下憂不足」而節用，是解決不了問題的，從政治、經濟上說都搔不着癢處。對荀子而言，「不足，非天下之公患也」，「天下之公患，亂傷之也」。「不足」，可利用自然資源發展生產解決：

「今是土之生五穀也，人善治之則畝數盤，一歲而再獲之……然後六畜禽獸一而剸（古按：「剸」同「專」）……可以相食養者不可勝數也。夫天地之生萬物也，故有餘足以食（古按：食，供養也。）人矣，麻葛、繭絲、鳥獸之羽毛齒革也，固有餘足以衣人矣。」

因此，「不足」並非「公患」，善治萬物，則衣食可足。

「亂」才是「公患」。而亂的根源是「無分」。這個「分」既是「身分」之「分」，又是「分工」之「分」；還有一層意義就是按「身分」及「分工」所付出的貢獻來「分配」

的「分」。荀子認為「群而無分」則亂，而亂的結果是「窮」：

「人之生，不能無群；群而無分則爭，爭則亂，亂則窮矣。故無分者，人之大害也；有分者，天下之本利也。」

若要致富，則必「明分」：

「兼足天下之道在明分。掩地表畝，刺艸殖穀，多糞肥田，是農夫眾庶之事也。守時力民，進事長功，和齊百姓，使人不偷，是將率之事也。高者不旱，下者不水，寒暑和節而五穀以時熟，天下之事也（古按：王念孫認為「天下之事」當作「天之事」）。若夫兼而覆之，兼而愛之，兼而制之，歲雖凶敗水旱，使百姓無凍餒之患，則是聖君賢相之事也。」

社會要有適當的分工，也要有與工作、身分相稱的分配：

「夫為人主上者不美不飾之不足以一民也，不富不厚之不足以管下也，不威不強之不足以禁暴勝悍也……使天下生民之屬，皆知己之所願欲之舉在是于（古按：「在是于」猶言「在于是」）也，故其賞行；皆知己之所畏恐之舉在是于也，故其罰威。賞行罰威，則賢者可得而進也，不肖者可得而退也，能不能可得而官也。若是，則萬物得宜，事變得應，上得天時，下得地利，中得人和，則財貨渾渾如泉源……夫天下何患乎不足也？」

社會能「明分」，則賞罰可行，賞罰可行則事可成，事可成則國富足而慾可養。荀子主張「養慾」，卻並不贊成「從慾」。所以「節用」也是他的富國政策之一。但不是墨子那樣以「儉」節之，而是以「禮」節之。所謂以「禮」節之，也就是有適當的分工和相稱的分配：

「禮者，貴賤有等，長幼有差，貧富輕重皆有稱者也……德必稱位，位必稱祿，祿必稱用……量地而立國，計利而蓄民，度人力而授事；使民必勝事，事必出利，利足以生民，皆使衣食百用出入相揜（古按：「揜」，讀如「淹」，覆蓋之意。），必時臧餘，謂之稱數。故自天子通於庶人，事無大小多少，由是推之。故曰：『朝無幸位，民無幸生。』」

這樣的節用，是人盡其才，避免浪費，提高效率的節用。能提高效率，便同時有利於開源，對致富有積極的意義。而這樣的節用，並非為「利」而是為「德」，因此「明分」最重視的不是「功」可獲「利」，而是「德」可兼足天下。強調「德必稱位」，因為禮本以「德」為前提。

這裡所說的「德」，當然是指「治萬變，材萬物，養萬民，兼制（古按：王先謙認為「制」應為「利」字之誤）天下」的「政德」，是一個宏大的政治理念，用此理念去推動一切社會力量，「兼足天下」：

「君子以德，小人以力。力者，德之役也。百姓之力，待之而後功；百姓之群，待之而後和；百姓之財，待之而後聚；百姓之埶，待之而後安；百姓之壽，待之而後長。父子不得不親，兄弟不得不順，男女不得不歡，少者以長，老者以養。故曰：『天地生之，聖人成之。』」

善用資源，開源節流，裕民節用，以禮明分，行之以德。這就是荀子的富國之道。

二千年前的民本理念

荀子富國論所提出的政治經濟學，表面上仍在維護夏、商、周三代的「禮義」政治框架，骨子裡卻在提出一種民本、人文思維的德政理念，這種民本、人文思維和他的政治觀點互相呼應。

在政治地位上，荀子仍然強調「貴賤有等」，但在他心目中，貴賤的等差不在宗族血緣的親疏，而在德行、能力的差別，而這種差別，是可以通過努力學習逆轉的：

「我欲賤而貴，愚而智，貧而富，可乎？曰：『其唯學乎。』彼學者，行之，曰士也；敦慕焉，君子也……上為聖人，下為君子，孰禁我哉！鄉（古按：同「向」）也混然

塗之人也，俄而並乎堯、禹，豈不賤而貴矣哉！」（引自《荀子》〈儒效〉）

故從荀子觀點言之，貴賤之別的標準，已轉向人的修養、道德、智慧和能力，不再是宗族社會所賦予的血統、身分和地位。因此他說：「志意修則驕富貴，道義重則輕王公。」（引自《荀子》〈修身〉）以這樣的平民觀點衝擊傳統的貴族政治意識形態：

「故君子無爵而貴，無祿而富，不言而信，不怒而威，窮處而榮，獨居而樂，豈不至尊、至富、至重、至嚴之情舉積此哉……故君子務修其內而讓之於外，務積德於身而處之以尊道，如是，則貴名日起如日月，天下應之如雷霆。」（引自《荀子》〈儒效〉）

這靠近《尚書》、《史記》所記堯、舜二帝「傳賢不傳嗣」或「舉賢不舉親」的禪讓思想，從本質上改變了三代以來以宗族政治所謂「禮義」的內容：以賢能之「貴」取代了血統之「貴」。一種民本的、人文的「德政」思想，在荀子的政治理論中給鮮明地提出來，在各個領域的論述都發揮得淋漓盡致。

這種「德政」理念，也是荀子富國論的大前提。

第一，荀子認為「德政」是發起一切社會能量的原動力。若為政者對生產與分配的安排可以「兼足天下」——「治萬變，材萬物，養萬民」；可以持續地「養」人人之所「慾」，「其所是焉誠美，其所得焉誠大，其所利焉誠多。」使每個人均能適當地「欲其所慾」，而不是黑格爾所謂「欲他人之所慾」；故各階層的社會成員便都趨而附之，聽而從之。在這方面，荀子的出發點是以理性態度對待人性中的慾望，肯定它也具有正面的意義，並主張為其尋找合理的滿足。即用他認為合理的分工與分配方法對慾望加以適度的釋放和節制，「使慾必不窮於物，物必不屈於慾」，則可取得慾望與資源供應的平衡，兼足天下。

第二，荀子看清了「下貧則上貧，下富則上富」，「天下必有餘而上不憂不足」的辯證關係，於是就有開源節流、藏富於民的政策。這種政策，則和他的民本思維互相呼應。

第三，荀子認為社會資源的獲得，不應被動地只仰賴於「天」。他的「天論」，已完全脫離了神權觀念，否定了人格化、有道德判斷意志的「天」，只把「天」視為有運行常規的「自然」。自然為人提供的資源是有限的，並不能完全滿足人的需要。但人只要了解自然的常規，便可藉自然原有的資源，創造更多的財富，滿足社會的需求。他說：「疆本而節用，則天不能貧；養備而動時，則天不能病；修道而不貳，則天不能禍。」（引自《荀子》〈天論〉）強調了人的主動性，可以改變自己的處境。荀子的這種人文思想，滲透了富國論。

在荀子看來，施行德政，「上得天時，下得地利，中得人和，則財貨渾渾如泉源……則天下大而富，使而功。」（引白《荀子》〈富國〉）

第四，荀子富國論是一種環保永續的政治經濟理念。荀子主張「制天命而用之」（古按：「制」這裡不指「控制」，而指「準則」，即以「天命」為準則）。所謂「天命」，指自然運行的規律：天命有常，天有其時，是自然的「生生」之道。荀子認為應該按照這個基本規律來發展生產，不宜對自然過度開發。如能這樣則國富民足：

「故養長時則六畜育，殺生時則草木殖……草木榮華滋碩之時則斧斤不入山林，不夭其生，不絕其長也；黿鼉、魚鱉、鰌鱣孕別之時，罔罟毒藥不入澤，不夭其生，不絕其長也；春耕、夏耘、秋收、冬藏四者不失時，故五穀不絕而百姓有餘食也；汙池、淵沼、川澤謹其時禁，故魚鱉優多而百姓有餘用也；斬伐長養不失其時，故山林不童（古按：山無草木曰「童」）而百姓有餘材也。聖王之用也，上察於天，下錯於地，塞備天地之間，加施萬物之上，微而明，短而長，狹而廣，神明博大以至約。」（引自《荀子》〈王制〉）

早在二千多年前，荀子已有這種節約以持續的開發觀念，是何等超前的智慧！西方自資本主義經濟興起以來，遭逢了過度開發的禍害之後，才稍稍想到這個問題，但到今天仍未取得共識。

荀子政治經濟學的歷史實踐

荀子生於戰國後期，為一代大儒，其學說之周備，同時無兩。

在政治經濟學上，荀子以民為本，故特別重視農業、糧食安全。他主張生產上無奪農時，田賦要低，並按土地的質量、產能賦稅。在他的「王制」中，有專職的官員「司空」管理水利：「修隄梁，通溝澮，行水潦，安水臧，以時決塞，歲雖凶敗水旱，使民有所耘艾。」並有專職官員「治田」管理農業生產：「相高下，視肥墝（古按：不肥沃的土地曰「墝」），序五種，省農功，謹蓄臧，以時順修，使農夫樸力而寡能（古按：即專注於農業生產而不兼營別業）。」又有專職官員「虞師」控制生產適度，維持開發的持續性：「養山林藪澤草木魚鱉百索（古按：「百索」即種種需索），以時禁發，使國家足用而財物不屈」。

荀子也重視工、商業的發展。他的「王制」也有專管工藝生產的官員「工師」監察生產：「論百工，審時事，辨功苦，尚完利，便備用，使雕琢文采不敢專造於家」，保障工藝生產的人才、水準、供求和專業性。還有專管商業運作的官員「治市」：「易道路，謹盜賊，平室律，以時順修，使賓旅安而財貨通」，使交通暢順，道路安全，創造好的營商環境，有利於物流與貿易。荀子主張低關稅，以利物資的交流，卻要限制從商者的數目，不讓商業的發展失控，影響他的農業主導政策。荀子是某種「重農主義」，但他的自由貿易目的只在「兼足」各地物資的需求，而不在利潤的追逐與資本（貨幣）的累積。

荀子先後到過齊、秦、趙、楚諸國，曾在齊稷下講學，三為祭酒（古按：祭酒，即學宮之長。），楚春申君並用為蘭陵令，但實際上未被重用。荀子在霸道橫行、攻戰是尚的時代，舉王道之制，倡仁人之師，標禮義之「分」，論富國之道，其說雖高瞻遠矚，卻難為急功近利的諸侯所納。然而，荀子卻不是一個烏托邦式的空想家，他的思路邏輯而理性，他的建議切實可行，儘管不見用於當時，卻造福於後代。

在荀子的時代，秦國是最強勢的諸侯：「威彊乎湯、武，大廣乎舜、禹……」但荀子認為這種強勢隱含危機：「地遍天下，威動海內，強殆中國，然而憂不可勝校（古按：同「較」）也」。為什麼？「常恐天下之一合而軋己也」。因為秦只行「力術」，以力得天下，又不能「節威反（古按：同「返」）文」，不納儒者德政，「污漫、爭奪、貪利」，必致覆滅。荀子的評估果然準確，秦統一天下，竟二世而亡。《漢書》〈食貨志〉論秦國政治經濟云：

「及秦孝公用商君，壞井田，開阡伯（古按：即「阡陌」），急耕戰之賞，雖非古道，猶以務本之故，傾鄰國而雄諸侯。然王制遂滅，僭差亡度。庶人之富者累鉅萬，而貧者食糟糠；有國彊者兼州域，而弱者喪社稷。至始皇帝，遂并天下，內興功作，外攘夷狄，收泰半之賦，發閭左之戍，男子力耕不足糧餉，女子紡績不足衣服。竭天下之資財以奉其政，有未足澹其欲也。海內愁怨，遂用潰畔。」（引自《漢書》，北京中華書局出版，下引同。）

以上所記史實，均在荀子意料之中。

〈食貨志〉又記：「漢興，接秦國的亂局：『民失作業……人相食，死者過半。』」文帝時大儒賈誼說上曰：

「民不足而可治者，自古及今，未之嘗聞。古之人曰：『一夫不耕，或受之飢；一女不織，或受之寒。』生之有時，而用之亡度，則物力必屈……今背本而趨末，食者甚眾，是天下之大殘也……」

這種觀點，即來自荀子「兼足」的民本思想。文帝時重臣鼂錯則更云：

「聖王在上而民不凍飢者，非能耕而食之、織而衣之也，為開其資財之道也……何也？地有遺利，民有餘力，山穀之土未盡墾，山澤之利未盡出也，遊食之民未盡歸農也……不農則不地著，不地著則離鄉輕家……故務民於農桑，薄賦斂，廣蓄積，以實倉廩，備水旱，故民可得而有也。」

這更是荀子重農、藏富於民、開發民力以得民心的政策了。漢初法律雖重農輕商，但因缺乏具體措施，商人營商利多而富貴，農民耕作利少而貧賤。鼂錯認為「欲民務農，在於貴粟」，於是建議「使民以粟為賞罰」。漢文帝接納了他的建議，由士大夫的俸祿以至拜爵、除罪都以發給或繳納粟若干石計算。到漢武帝時便見到了豐碩的成果：

「至武帝之初七十年間，國家亡事，非遇水旱，則民人給家足，都鄙廩庾盡滿，而府庫餘財。京師之錢累百鉅萬，貫朽而不可校。太倉之粟陳陳相因，充溢露積於外，腐敗不可食。」

可知荀子的民本思想和重農理念，在鼂錯正確的施政中，運用得卓有成效。

〈食貨志〉又記：

「武帝末年，悔征伐之事，乃封丞相為『富民侯』，下詔曰：『方今之務，在於力農。』以趙過為搜粟都尉。過能為『代田』……古法也……二牛三人，一歲之收常過縵田畮（古按：「晦」，古畝字。）一斛以上，善者倍之……大農置巧工奴於從事，為作田器……是後邊城、河東、弘農、三輔、太常民皆便『代田』，用力少而得穀多。」

「代田法」是一種深耕、精耕之法：「深植根，除雜草，巧農具，廣墾闢。」這就是荀子〈天論〉所謂「因物而多之，孰與騁能而化之」，以人的能力增加自然的賦予的「制天」思想了。

荀子政治經濟學遺下的缺口，就是對貨幣沒有提出任何看法。但在他的時代，貨幣在經濟運作上已起了極大的作用，藉着貨幣，商業的營運已可對農業、民生和國庫收入產生動搖性的影響。他的前輩思想家管仲卻注意到了：

「至管仲相桓公，通輕重之權，曰：『歲有凶穰，故穀有貴賤；令有援急，故物有輕重。人君不理，則畜賈游於市，承民之不給，百倍其本矣。故萬乘之國必有萬金之賈，千乘之國必有千金之賈者，利有所并也。計本量委則足矣，然民有飢餓者，穀有所臧也。民有餘則輕之，則人君斂之以輕；民不足則重之，故人君散之以重。凡輕重斂散之以時，則準平。守準平，使萬室之邑必有萬鍾之臧，臧繦（古按：「繦」是貫穿錢幣的絲繩，這裡指錢幣。）千萬；千室之邑必有千鍾之臧，臧繦百萬。春以奉耕，夏以奉耘，耒耜器械，種饟糧食，必取澹焉。故大賈畜家不得奪吾民矣。』」（同上引，語出《管子》〈國蓄〉。）

所謂「輕重之權」，是在適當時候權衡穀物與其他物資價格的輕重，然後藉貨幣的運作加以調整，以利民生，免讓中間利益盡為商人奪取。管仲對貨幣的思考，反映出中國古人很早就了解貨幣在經濟運作中正面和負面功能，有相當深刻的觀察。《管子》有〈國蓄〉及〈輕重〉數篇作詳細論述，現代學者黎翔鳳《管子校注》〈序論〉說：「輕重政策，管子所重視。以幣與穀權百物，又以幣互為權。當幣重物輕，聚物散幣；穀重物輕，聚物散穀。穀輕幣重，聚穀散幣；穀重幣輕，聚幣散穀。穀、幣、物三者互為影響。同一幣也，有上中下之不同。珠玉為上幣，黃金為中幣，刀布為下幣。以中幣制上下之用，使之平衡。此種控制，現在經濟專家不越其範疇。」（參考《管子校注》，北京中華書局出版。）管仲的貨幣觀，仍為民本的重農思想服務，並不強調資本累積與利潤追逐。這也許就是何以中國長期都沒有發展出資本主義的原因之一。現在看來，也未必不是好事。

「兼足」的「富國論」與「獨富」的「國富論」

荀子和亞當．斯密是生活時代相距二千年的思想家，他倆對政治經濟的思考，在人類歷史上都有過重要的影響。這些影響和我們今天極為關切的環保議題有很大關係，因而引起我們對他們思想的基本前提加以比較的興趣。

荀子和亞當・斯密對政治經濟學的思考都以人性為出發點，都從各自對人性的了解，去尋求一個符合人性必然的「富國」方法。正正由於對人性理解的不同，形成了不同的政治經濟思想，各自對自然和人類社會產生了不同的作用，最終影響到全球物種的生存環境。

斯密對人性的看法，繼承他的老師大衛・休謨的看法。休謨認為：「人類天性是自私的……所以人類不容易被誘導去為陌生人的利益作出任何行為，除非他們要想得到某種交互的利益，而且這種利益只有通過自己作出有利於別人的行為才希望可以得到的。」又說：「這一切都是人性中自然的、固有的原則和感情的結果；這些感情和原則既是不可改變的……不論道德學家們或政治學家們如何為了公益而干預我們，或是企圖改變我們行為的經常途徑，那也是徒勞無益的。」（引自《人性論》〔*A Treatise of Human Nature*〕，下引同。）故此，道德只有和個人利益結合起來，才可能在社會中產生力量。因此，「人們通常把正義下定義為：使每個人各得其應有物的一種恆常和永久的意志。」「利己心才是正義法則的真正根源；而一個人的利己心和其他人的利己心既是自然的相反的，所以這些各自的計較利害的感情就不得不調整成符合於某種行為的體系。這個包含着各個人利益的體系，對公眾自然是有利的，雖然原來的發明人並不是為了這個目的。」這樣，人性中自私或自利的特點，便從自然的變成合理的、合法的以至正義的、道德的。

斯密不但在他的倫理學著作《道德情操論》（*The Theory of Moral Sentiments*）接受了他老師的人性論，更在他影響深遠的政治經濟學鉅著《國富論》中發展了老師有關「正義」的觀點。他以人類經濟生活的現象來證實休謨對人性及正義的論述，即人們並不自願或有意做出「正義」的事，只是在各自為己的自利行為中，無意中做出了「正義」的事。他於是以「一隻看不見的手」為喻，提出了他在政治經濟學上的主要觀點：

「在任何時候，土地產品供養的人數都接近於他所能供養的居民人數。富人只是從這大量的產品中選用了最貴重和最中意的東西。他們的消費量比窮人少；儘管他們的天性是自私和貪婪的，雖然他們只圖自己方便……但是他們還是同窮人一樣分享他們所作一切改良的成果。一隻看不見的手引導他們對生活必需品作出幾乎同土地在平均分配給全體居民的情況下所能作出一樣的分配，從而不知不覺地增進了社會福利，並為不斷增多的人口提供生活資料。」（引自《道德情操論》，下引同。）

他還進一步把人性的自利和貪婪看成是人類文明發展、進步的主要動力：

「天性很可能以這種方式欺騙我們。正是這種矇騙不斷地喚起和保持人類勤勞的動機。正是這種矇騙，最初使人耕種土地，建造房屋，創立城市和國家，在所有科學和藝術領域中有所發現、有所前進。這些科學和藝術，提高了人類的生活水平，使之更加豐富多彩；完全改變了世界面貌，使自然界的原始森林變成使以於耕種的平原，把沉睡荒涼的海洋變成新的糧庫，變成通達大陸上各個國家的行車大道……」

這種對人性一廂情願的浪漫思維，在往後幾個世紀中，的確造就了一個資本家的夢，但其他人卻不斷受到剝削，分享到的成果愈來愈少，愈來愈不成比例。經過這幾百年的歷史，我們已清楚地看見了斯密那隻所謂「看不見的手」。那其實就是一直控制着大局的「資本家之手」，它控制着土地、農業、工業、貿易，通過銀行系統控制了生產和消費。

更嚴重的後果是：斯密的政治經濟理念不但放縱了資本家的慾望，也帶動了其他人慾望的不斷膨脹——大家都羨慕資本家生活的舒適、豪華與奢侈，努力不懈地模仿、學習、看齊，經歷了三個世紀，已走到魯迅在二十世紀初預言的局面：「不知縱令物質文明，即現實生活之大本，而崇奉過度，傾向偏趨，此外諸端，悉棄置而不顧……失文明之神旨……歷世精神不百年而盡矣。」（引自〈文化偏至論〉）

不斷放縱自利的本性固然促進了科技和物質生活的發展，但自利的慾望卻是一個無底的黑洞，無論物質條件怎樣改善都無法填滿。休謨和斯密師徒把自利「正義」化的時候，並沒有考慮到自然資源是有限的，自然資源的形成或生長也有其自身的過程和規律。他們更沒有考慮到，無條件地把「自利」作為一種正面動力並給予肯定之後，由此而生的慾望，便可以變成一種主觀的、超現實的思維，迅速擴大，障礙了人類的視線，使他們無法對自然和社會作客觀、理性的觀察與思考。斯密熱衷於藉慾望的動力「改變世界的面貌」，這就是荀子說的企圖使「物屈於慾」：即硬要令物質文明發展的速度屈從於慾望膨大的速度。到了今日，過度開發造成的資源短缺、環境污染、氣候變壞等等人類及其他物種的生存危機，其原因不能不歸咎於休謨、斯密師徒對人性觀察的錯失與誤導。

休謨、斯密師徒對人性觀察的錯誤，在於他們認為人性中的自利傾向是不可改變的，只好順着它走；更大的錯誤是認為順着它走不但沒有問題，而且在各自牟利的過程中，因需求的不同自動調整，達到各得所求的平衡狀態。他們對社會經濟運作的構思是：富人為了滿足窮奢極侈的慾望，便會把土地讓窮人去耕作，建立工廠讓窮人去製造產品，而窮人拿了小量的收成和工資也同時滿足了養家餬口的需要。他們所謂的非出於自願而無意中為社會其他人謀了福利，說穿了其實就止於為窮人分一點可以維持生命的資源，好使他們有體能繼續為富人開發、生產物資、製造財富。

雖然他們也像荀子那樣了解到富有天下，重色而衣之，重味而食之，聲樂甚大，台榭甚高，園囿甚廣，「是人情之所同欲」，卻不考慮大多數人「同欲」而不得滿足則必引起爭奪、混亂的後果。他們所期待的「自動調節」，在現實上是一次又一次的爭奪與混亂，而這些爭奪主要在富人之間，窮人往往成為無辜的犧牲者。這種爭奪，由人與人之爭發展到國與國之爭，引發暴亂、戰爭、資源的虛耗、整個物種生存環境的污染、破壞……這仍然是我們天天都看到的結果。

休謨、斯密師徒對人性自利的觀察，無疑以過度樂觀的推理遮掩了慾望可能產生的災難性的負面作用；但另一方面，他們對人性好轉化的評估，卻是消極的、武斷的，完全否定了人類對慾望有理性節制或感性轉化的能力。這一點，我們不能不說二千多年前的荀子的觀察比他們準確得多，對相關問題的考慮，也周全得多。荀子以自己所觀察和了解的人性情況為出發點形成的政治經濟學，被漢代及以後歷代賢君賢臣吸收，即使在君主專制的政體下，也在某一程度上做到節慾以養慾，以禮義為分、兼足天下的構想，在兩千多年中，養活了世界最龐大的人口，而中國的神州大地，也基本保持了生態平衡。

荀子的政治經濟學還有一個特別值得我們重視的地方。那就是他的「富國」視野並不只在一國之富，而在萬國之富、天下之富。他反對兼併他國以自富的「一國獨富」政策。他指出：「古者百王之一天下，臣諸侯也，未有過封內千里者也。」原因是真正的王者，並不需要佔據廣闊的版圖和資源，只以「兼足」之德統一天下，而霸者則以

「兼併」之「獨富」以統治四海。荀子也並不只從政治倫理去考慮，他理性地認識到：兼併獨富的局面，在現實上是不可能長久的。

他批評當時行兼併政策最成功的秦國說：「地遍天下也，威動海內，強殆中國，然而憂患不可勝校也，諰諰然常恐天下之合一而軋己也」。秦兼併天下之後，為保江山，不以德而以力治國，果如荀子所料。賈誼論秦之亡曰：「自君卿以下至於眾庶，人懷自危之心，親處窮苦之實，咸不安其位，故易動也。是以陳涉不用湯武之賢，不藉公侯之尊，奮臂於大澤而天下應者，其民危也。」（引自《史記》，北京中華書局出版，下引同。）秦國祚止於二世，似乎早已被荀子預見。

斯密從自利的人性觀形成的政治經濟學，採其說者，國策必是強秦「污漫、爭奪、貪利」的一國獨富。十八世紀後西歐殖民帝國紛紛興起，兼併歐、亞、非弱勢國家、霸佔新大陸遼闊版圖，各以基督教的普世救贖「福音」和近代民主理念包裝那隻資本主義「看不見的手」，把它伸向全球每一角落。經幾個世紀的角力、爭奪，終成了美國一國獨大、一國獨富之局。美國是世界最大的經濟體，又是軍事裝備最強、資訊科技最先進的國家，卻天天說自己的安全和利益受到威脅和侵略。這不是跟二千多年前秦國「諰諰然常恐天下之合一而軋己也」的心態一樣嗎？

「九一一」事件後，美國被反美的恐怖主義所震懾，但其貪念無改。美國以「反恐」為藉口肆意揮軍侵略阿富汗、伊拉克，攻其城，入其國，控其政，接着又在利比亞、敘利亞、埃及等阿拉伯國家大搞所謂「顏色革命」，打着民主的旗幟，實行明目張膽的恐怖主義，其司馬昭之心豈不在中東與北非的石油資源？豈不與其一國獨富與獨大的國策一貫？

荒謬的是：奧巴馬上任後什麼也未做過，就拿了個諾貝爾和平獎，而他從第一任到了第二任的「和平外交」竟都是「重返亞太」，縱容日本和菲律賓在東海和南海挑起領土糾紛。原因何在？還不是獨富與獨大的心態作祟！美國情報人員斯諾登（Edward Snowden）揭露的「稜鏡」資訊監控醜聞，更震驚全球，連其盟國亦紛紛提出抗議，那不是重現了賈誼描寫秦代的情境：「自君卿以下至於眾庶，人懷自危之心」嗎？以反恐為藉口，美國推行的是恐怖主義「全球化」！目的何在？依然是爭奪資源、販賣軍火、維持其一國獨大與獨富。

共存共榮的「富國」論，是荀子留給我們的珍貴遺產，不但中國人自己要重視，也值得全人類好好參考。荀子的「兼足」思想，其實是漢儒《禮記》〈禮運〉中「大同社會」經濟基礎一個具體的構思，有了這樣的經濟理念，「大同社會」就不是遙不可及的烏托邦。「中國夢」不應在「小康社會」中止步，必須向「大同社會」邁進才不辜負老祖宗的智慧。

禪讓政制的遺產

近幾年在網上讀到不少關於「禪讓政制」或「禪讓政治」的討論。這個古老的政治話題之所以會引起熱議，大概因為有論者認為中共近三十年來一黨政治的權力更替方式，正是儒家數千年來所嚮往的「禪讓政制」在現代的體現。（如「獨立評論網」〈禪讓政制〉等文章）這些論述，自然會引起許多不同的回應。可惜這些回應都太糾纏於歷史事實的爭議，忽視了我們今天討論「禪讓政制」或「禪讓政治」的真正意義，應是它的政治理念對今日人類是否仍有所啟發，而不是它在歷史上是否存在過。

許多烏托邦式的政治理念，在它的建制還沒有在人類社會出現之前，討論得最多。「禪讓政治」也一樣。作為一種政治理念，無論其建制有沒有出現過，也應該有討論的價值。討論的方向，更應是理念的內容實質，看看有沒有今天我們可傳承或參考的東西。

今天討論禪讓政制的人，在觀念上，一般都受兩方面影響，其一是五四以來由顧頡剛所倡導的疑古派看法，認為禪讓政制出現的時期只是一個神話時代，依據的是《山海經》等材料。另一是馬列主義人類學、考古學的附和者，認為禪讓制度屬於新石器時期原始社會主義的公社制度，其依據是考古遺存。（參考《追尋五帝》）這些觀點主要涉及史實的爭議，和我們的討論沒有多大關係。我們的討論，主要針對禪讓政制的理念，哪怕由此理念構思的社會圖景只是一個理想國、烏托邦或桃花源，都沒有問題。因為作為一種政治理念，雖是虛構的，只要思想豐富，對人類社會制度有啟發，便有探索的意義。

何況，若從政治理念來看，禪讓政治的主要理念，在中國歷史上也有過某種方式、某一程度的實踐。秦代的布衣可以致將相，漢代的鄉舉里選制，南北朝的九品中正制，以禪讓名義不流血的改朝換代，還有隋唐以後的科舉制，直到今日，禪讓理念仍發揮作用。例如加拿大學者貝淡寧（Daniel A. Bell）所提出的「賢能政治」（meritocracy），其研究雖針對當代如新加坡或中國的政制，但其理念則以隋、唐建立的科舉制度作為它的傳統模式。在我看來，中國賢能政治的理念，實可追溯到〈禮運大同〉中所說堯、舜時代的「選賢與能」。

貝淡寧認為，今日中國執政黨已將中國式的「賢能政治」，納入社會主義建制中，並發展出某些方面優於民主制的實效。貝淡寧對「選舉式民主」政治（electoral democracy）提出了一個很尖銳的批評：「權力的運用牽涉很多領域——工場、學校、醫院、監獄等等——在這些領域中，我們都很自然的設想行使權力的領袖，都必須首先具有相關的能力（古按：指具專業訓練的執行能力）。」但在選舉式民主制度中獲取政治權力，卻是個例外。「選擇一個沒有政治經驗的領袖並無問題，只要他是由一人一票選出來的。」貝淡寧指出：迷信選舉式民主的人，似乎都沒有考慮到政治領導人的專業問題，而事實上政治工作所涉及的專業知識和相關經驗，比其他工作複雜得多。但選舉式民主並無機制去事前檢查候選人的有關素質，只憑投票、選民道聽塗說的了解和判斷。這樣投票選出來的政治領袖，往往只有業餘水平，政績大多難以令人滿意。賢能政治的選拔，卻要求對候選人的政治實踐作長期考察，所以就實事求是得多，正好針對了民主政治最大的缺失。（參考《中國模式：賢能政治與民主的局限性》〔*China Model: Political Meritocracy and the Limits of Democracy*〕）。貝淡寧的看法在西方引起了頗大的迴響，參與討論者不少。

另一方面，曾經認為可以用民主政制來結束人類政治制度探索歷史的福山，也在重新審視民主政治問題，並對中國傳統文官政制研究與評價，作為現代政制的另一個參照系。（參考《政治秩序與政治衰敗：從工業革命到民主全球化》〔*Political Order and Political Decay: From the Industrial Revolution to the Globalization of Democracy*〕）

什麼原因引起福山對政治制度的新思考？

一個重要原因就是二〇〇三年美國沒有得到聯合國授權，就揮軍入侵伊拉克。他遂決定與當時的小布殊政府保持距離，並對民主政制（特別是美式民主）的實際運作作了新的思考。福山認為一國自以為優良的政治制度，只宜以身作則，而不宜以意志及軍事力量強加於他國。若是這樣，則美國的新保守主義政策與蘇聯的列寧主義何別？二〇〇六年他在《紐約時報雜誌》（The New York Times Magazine）撰文提出了這個觀點。跟着這些年，福山對美式民主制度做了歷史回顧和現狀考察，結果他得出一個與其成名作《歷史之終結與最後一人》（*The End of History and the Last Man*）迥然不同的看法。

他在《歷史之終結與最後一人》（二〇〇五年企鵝出版社出版）的序中，簡要說明此書的中心思想：

「自由民主制可能構成『人類意識形態演進的終點』且成為『人類政府的最後模式』，由此造成相關『歷史的終結』。就是說，較早的政府模式，性質上都突顯了嚴重的缺陷和非理性的成分，引致自身的的崩潰，自由民主制卻能免除這些基本的內在抵觸，雖然仍有異議。」（古譯引）

幸虧他補上了「仍有異議」一句。經歷一番世界的政治風雲和近二十年的考察，到了今天，他自己也大有「異議」了。他在《政治秩序與政治衰敗：從工業革命到民主全球化》中說：「的確，民主政制本身，可以是其衰敗的源頭。」在回顧與考察中，福山發現：麥迪遜式三權分立的民主（Madisonian version democracy），原意是以司法和立法來限制行政的權力，或保持建制中權力的平衡。但隨着社會政治經濟的發展，不斷有新的利益集團興起。這些利益集團和政黨政治掛鉤的結果，使司法、立法兩個部門，慢慢淪為利益集團爭利的工具，客觀上降低了行政部門的效率。由此之故，不但劣化了政府的服務功能，而且大大收窄了國家政治視野。更有甚者，這種情況下，國民對政府愈來愈失去信心，於是又要求更多的監察及制衡機制、立更多的部門、通過更多的法案。於是便演成這樣一種荒謬的局面：民主愈多，政府的能力愈低！經過對歷史上各種政制走向現代化的重新考察，在此書的後記中他這樣說：

「從現代民主制的興起來看，〈政治秩序的成因〉、〈政治秩序及政治秩序衰敗〉都明確地顯示，並沒有一種自動的機制，可把我們領向政治的現代化……較長遠的歷史趨向，並不單單形成於各種社會力量，而要加上領袖人物和政治活動家個人的參與互動，集體地使一個建制演進成形。」（古譯引）

福山在這裡終於提出了「人治」的問題。他理解的「現代國家」是一個「非個人的」（nonpersonal），也就是不涉及私人干預或影響的「法治」國家，通過理性的法制來運作。問題是一切制度都要通過許多「個人」來執行，「非個人」的運作是不可能的，也不一定就是理性的。美國民主政制按「非個人」的理念來設計，但其建制卻讓「個人」有機可乘，結果卻以國家利益的「個人化」造成今日的衰敗。這使福山能客觀地參照其他強調「人治」的政制，例如「中國模式」。

中國思想家很早就討論過「人治」與「法治」的問題。法家說：「明主之國，無書簡之文，以法為教。」（《韓非子》〈五蠹〉）儒家則云：「尚賢推德天下治。」（《荀子》〈成相〉）道家則說：「法令滋彰，盜賊多有。」（《老子》第五十七章），又說：「絕聖棄智，民利百倍。」（《老子》第十九章）。法家重法，儒家重人，道家則二者皆非。這是一個值得觀察和再探討的課題，而這課題我們可在禪讓政治的遺產中得到啟發。

中國賢能政治理念的源頭都在堯、舜推行的禪讓政治中，其中包含了許多超前的近代人文政治理念，更值得詳細研究。

禪讓政制出現的人文背景

下面所談，依據的材料主要還是傳統學者所相信的「信史」：《尚書》和《史記》，因為禪讓政制的具體內容，這兩種文獻有最詳細的記述。以下所引二書，《尚書》據曾運乾所撰《尚書正讀》（北京中華書局，一九六四年出版），《史記》據北京中華書局一九七二年的版本。

按《尚書》和《史記》的記載，禪讓政制出現的社會，已有相當完整的人文建制，其政治理念已達到很高的文明程度。《尚書》〈堯典〉說：

「帝堯曰放勳，欽明文思安安……」

堯的時代，不應是什麼新石器時代，其社會制度，也不是什麼原始共產公社制，而是以一個宗族為權力核心的制度。《史記》寫得很清楚：「自黃帝至舜、禹，皆同姓而異其國號。」這個制度是堯的先人用武力建立的。《史記》追溯其前史說：

「軒轅之時，神農氏世衰。諸侯相侵伐，暴虐百姓……於是軒轅乃習用干戈，以征不享，諸侯咸來賓從。而蚩尤最為暴，莫能伐。帝炎欲侵諸侯，諸侯咸歸軒轅。軒轅乃修德振兵，治五氣，蓺五種，撫萬民，度四方……與炎帝戰於阪泉之野。三戰，然後得其志。蚩尤作亂，不用帝命。於是黃帝乃徵師諸侯，與蚩尤戰於涿鹿之野，遂禽殺蚩尤。而諸侯咸尊軒轅為天子，代神農氏，是為黃帝。天下有不順者，黃帝從而征之……」

軒轅氏（姓公孫）宗族，是以政德和武力（「修德振兵」）代神農氏為天子的，武以平天下，德以治之。由黃帝建立的宗族政制，是以一個具有軍事強勢的氏族，君臨天下，領導四方同姓或異姓宗族及其下百姓，強制執行該宗族所建立的政制和政策。但這個政制及其政策，以「德」為最高理念。

所謂德，首先是個人的品德，即作為天下領導人、天子或帝的品德。這種「德」並不只是溫、良、恭、儉、讓等私德。漢代經學大師鄭玄說，凡稱帝者，「德配天地，在正不私。」（引自《尚書》）可見帝之德，主要指政德，就是要有視野宏大的政治理念和抱負，並能加以實踐。這有六個政治綱領：

其一，「修德」，當政者必須自修其德並教化其臣民；
其二，「振兵」，振興軍事力量；
其三，「治五氣」，對五行之氣的研究、觀察與運用，包括天文、氣候、自然生態；
其四，「蓺五種」，研究、發展五穀的種植；
其五，「撫萬民」，重視民政，使老百姓有安定的生活；
其六，「度四方」，樹立可供全天下遵守的各種制度。

這六個綱領，可說是相當完整的政治建制構思，涵蓋了文教、國防、科學、經濟、民生、制度。黃帝之後，其繼承者顓頊、帝嚳繼續按此綱領發展政制至帝堯而大成。

堯更要建立一種「傳賢不傳嗣」的政權移交制度，把整個建制推向更高的人文境界，成為歷代儒者所嚮往的理想政制，也是他們希望在位者能在某一程度上達到的政治理想。這就是歷史上所說的禪讓政制，核心理念是「選賢與能」，針對避免宗族血統傳承在德與能兩方面的失誤。

禪讓政制本身有很完整的運作機制，也有很豐富、很超前的人文理念，值得仔細的梳理。

舜繼位前的考驗

建立這種制度的目的是《禮記》〈禮運〉裡面所說的「選賢與能」，要選出一個既有賢德又有才能的人來繼承帝位，推行具有宏大遠景的大同理想。如何選拔？《尚書》說：「歷試諸難」。

這個政制的理念，既以德政為前提，當然首先試之以德。堯所繼承和發展的政制的政德理念是這樣的：

「克明俊德，以親九族。九族既睦，平張百姓。百姓昭明，協和萬邦，黎民於變時雍。」（引自《尚書》〈堯典〉）

這是儒家所謂「親親而仁民，仁民而愛物」的德政理念，是宗族政制的基本邏輯。這套邏輯，有客觀的人性依據，從人性的基本制約出發，求政德境界的開拓與突破，追求一種上下一致的和諧理念。中國古人對人性的觀察，從最基本的動物通性開始，即以本物種的繁衍為其生命存在的第一目的。這是宗族政治思想的立足點，有其客觀的合理之處。這種客觀的合理之處，建立在人也是動物的一種、也有和動物一樣的基本慾望和需要這個事實上。

但動物中如蟻類、蜂類、象類、雁類等也有群族共存的性格，人類在這方面尤為突出。這固然由於人類思想比其他動物更為靈巧，現實上這也是在自然環境中更優勝的生存之道。故從「親親」而及於「仁民」，在思想上也是具有利人以利己考慮的邏輯發展。至於「仁民而愛物」，卻並非佛家的所謂「慈悲」或道家的「齊物」。「愛物」是基於對世上物質有限而人的慾望無限的危機感，也是對生存環境一種洞燭機先的考慮——如何保育物種與資源，尋求其合理的分配方法，使其有永續的發展。（參考《荀子》有關諸篇及《禮記》〈樂記〉）

這是一個宏大的政治抱負，卻並非子虛烏有，是完全從人類生存處境和人性的本質出發的。所謂「帝」，就是此一政治理念的實踐者，或實踐的領導者。因此作為獲「禪讓」的候選人，即下一任的「帝」，要過的第一個難關就是「德」。

這一套政治理念的邏輯是「修身、齊家、治國、平天下」（參考《大學》），首先要考核的是個人的私德。堯在物色候選人的時候，先從個人私德考慮。他的臣子紛紛向他提名。放齊提名堯的嗣子（傳統上的合法繼承人）丹朱，說他「開明」。但馬上被堯否定了，認為他性格「頑兇」。讙兜提名治水官共工，說他治水有功。堯卻認為他長於花言巧語，用心邪僻，罪惡漫天，更不可用。管事官（或稱諸侯）四嶽建議用鯀，堯卻痛批他「負命毀族」，意思是違反命令，敗壞同類。四嶽認為不妨試用一下。堯接受了這個意見，讓鯀試用了九年，結果一事無成。

到了堯在位七十年的時候，還找不到私德可以過關的繼承人，於是叫四嶽擴大範圍，推薦「貴戚及疏遠隱匿者」。他們都異口同聲地推薦虞舜。他們說，這是民間一盲人的兒子，「父頑，母嚚，弟傲，能和以孝，烝烝治，不至姦。」就是說，儘管父母和弟弟都很頑劣，對他很差，但舜卻能好好引導他們，使歸於善，不變姦邪。

舜母早死，父親討了個後母生了弟弟象。這三個人恨舜幾乎達到一種變態的程度，其心狠手辣猶甚於灰姑娘仙杜麗拉的後母和姊妹。有小過即受罪固是常有的事，他們還想殺他。舜只好躲避，逃到歷山去耕種，到雷澤去捕魚，到陶城去燒製陶器。所到之處都大受歡迎，因為他肯以自己的才能為地方出力，使這些地方「一年而所居成聚，二年成邑，三年成都」。

舜的父母和弟弟殺他之心不死，求他回家，然後設計謀害。盲父叫舜上穀倉頂塗抹維修，然後從下面放火，想燒死他，舜卻以兩笠為翼，輕飛抵地。一計不成，又施二計：令舜掘井地中，然後從上而下以土實之，舜竟能挖空地道逃出。象以為舜定死無疑，就對父親說這應歸功於自己的計謀，要求佔取堯賜舜的二妻、宮室及琴。象搬到舜家裡住，洋洋得意地鼓起琴來，誰知舜此時竟出現在他面前。他於是厚着臉皮說自己鼓琴而歌是因為思念舜。舜不計前嫌，還請象當助手，和自己一道做事。

我們現在看來，舜的做法，幾近於愚孝，但正是這種極大包容的愚孝，折服了他那頑劣邪惡的父母兄弟。也許在堯眼裡，這恰恰是為政者需要的胸襟。

雖然四嶽一致推薦，堯還不放心，在試用之前把兩個女兒嫁給舜，讓她們進入舜的家庭中考察。這就從試「修身」之德試到「齊家」之德。娥皇、女英是身嬌肉貴的公主，舜如何使她們與自己近乎變態的父母兄弟好好相處，的確是很大的考驗。結果，二女在舜家均守婦禮，堯很滿意。

堯進而試他「治國」的能力。先讓他當司徒（掌「五典」之官，等於今日的教育部部長），以五典教民，民皆受教。於是讓他做各種官職歷練，又出使諸侯，得到四方的嘉許。如是者三年後，開始讓他代理「帝政」，觀察他如何運用權力。

堯執政時，讙兜推薦共工，堯以「工師」之職試之，結果共工淫辟。四嶽舉鯀治水，結果無功。三苗則在江淮、荊州作亂。讙兜、共工、三苗三個世族之後，聲名本劣，都給比喻為某種怪獸：讙兜因兇殘而被稱「混沌」；共工因好污衊忠信而被稱為「窮奇」；三苗因貪婪而被稱「饕餮」。所謂「三凶」，連鯀而成四。舜請堯把共工流放幽陵，變為北狄；把讙兜流放崇山，變為南蠻；把三苗遷到三危，變為北戎；把鯀流放到羽山，變為東夷。結果天下無人不服。

放四凶於四夷畢竟是消極作為，更重要的是要看舜如何選賢與能，知人善任。高陽氏之後有才子八人，高辛氏之後也有才子八人，服務世人，聲譽卓著：前者被稱為「八愷」（愷，和也），後者被稱為「八元」（元，善也）。但這十六位賢才在堯帝執政時均未被舉用。「舜舉八愷，使主后土，以揆百事」，結果「莫不時序」，就算是主理與土地、農業相關之事，都能按天時物候辦妥。又「舉八元，使布五教於四方」，結果「父義，母慈，兄友，弟恭，子孝，內平外成。」（古按：內平謂內部和諧；外成指這種教化的成功，及於域外。）而在堯帝執政時已舉用卻未有官職的，舜都任以官職：命伯禹為司空，「美帝堯之功」，應指宣揚堯所建立的德政理念及其建制；任命禹「平水土」，就是專職治理水利和土地；任命棄「播時百穀」，主理農業；任命契為「司徒」，「敷五教」（鄭玄謂指父、母、兄、弟、子的「五常」之教。）；任命皐陶為「士」掌管刑法（五刑、五服、五流、五度）；任命垂為共工（管百工之事的官職），發展各種工藝及建設；任命益為他「馴上下草木鳥獸」，也就是治理生態環境；任命伯夷為秩宗（主郊廟祭禮之官），「典三禮」；任命夔為典樂（樂官），以禮樂教國子；又任命龍為納言（納諫之官），提醒他無時不刻都要聽取忠言、提防讒說。如是者舉用了二十二位賢達。舜舉用這些人都諮詢過四嶽、十二牧等地方諸侯、長老，故能知人善任。他還建立了考核制度和考核總則。總則是「唯時相天事」，即考察能否依照天時地利來辦事；制度是三年考功一次。結果如何？《史記》說：「此二十二人，咸成厥功」。

整個禪讓的考核過程經歷了多少時間呢？

《史記》說：「舜年二十以孝聞，年三十堯舉之，年五十攝行天子事，年五十八堯崩，年六十一代堯踐帝位。」歷練百官之職二十年，代行天子之職八年，最後還要讓位於嗣而諸侯赴之才能正式登位，這種考核可謂嚴謹了。通過這個考核選拔出來的國家領導者，不但能按照原有建制執行常規職務（「打好呢份工！」），而且能把黃帝以來諸帝所構思的宏大政治理想加以開拓，建立相關制度，付諸實踐。舜在這方面成績是優

秀的，故此當時「四海之內，咸戴帝舜之功」，且認為「天下明德皆自虞帝始」。（引自《史記》〈五帝本紀〉）

禪讓政制的第三代

就禪讓政制的整個藍圖來說，舜並不滿足於自己的成績。他希望自己的繼承者「能成美堯之事」，就是完成或發展堯創始的禪讓政治。於是他接受四嶽的推薦，培養禹為繼承人。他交給禹的重任並不單單是治水，而是「平水土」，即建立有利全天下土地及水利的工程。十三年下來，禹做的成績超乎舜的期望：

「開九州，通九道，陂九澤，度九山。令益（古按：即益稷，是舜派給禹的副手。）與眾庶稻，可種卑溼。命后稷予眾庶難得之食；食少，調有餘相給，以均諸侯。禹乃行相地宜所有以貢，及山川之便利。」（引自《史記》〈夏本紀〉，下引同。）

禹非但治黃河，也治長江。所到之處，考察土地物候，按生態條件，安排生產，並以生產情況定賦稅。研究土壤、物產，決定種植品類，尋找可用礦石，以發展工商業。並就開山闢路，引川歸河，引河入海之便，打通天下水陸兩路，大利物流互惠，政令傳達，文化交流，經濟發展。當然，這也有利於禪讓政治理念的傳播，使堯、舜的聲教，達於九州。

禹「平水土」之功，主要在為禪讓政制建立了長久厚實的經濟基礎，但他對如何推行其政治理念有沒有一套辦法呢？這是舜很關切的問題。於是召集禹、伯夷、皋陶三人，讓他們各抒己見。伯夷沒說什麼，皋陶首先提出自己的辦法：「信其道德，謀明輔和。」就是以「德」為綱，把「政德」當成一種信念（或今天說的「核心價值」），爭取有明德的人輔助或支持這套價值觀。禹問他如何進行。皋陶說：「慎其身脩，思長，敦序九族，眾明高翼，近可遠已。」就是自己要修私德，又有全面長遠的考慮和規劃，使部族之間和睦有序，爭取眾多高明之士輔助，這種價值理念便可由近及遠，傳播開去。皋陶又補充說：「在知人，在安民。」禹認為這一點連堯舜二帝都認為很難，卻同意這非常重要，因為「知人則智，能官人；能安民則惠，黎民懷之。」能知人善任，百姓受惠，民心自安。

跟着皋陶說到「九德」。這「九德」屬於治國的「政德」範疇：「始事事：寬而栗，柔而立，愿而共，治而敬，擾（古按：一作「柔」）而毅，直而溫，簡而廉，剛而實，彊而義。」「九德」須通過行事來鑑定：性格要表現得寬宏而莊嚴，手法柔軟卻能成事，有一貫的政策與共識，處事要嚴肅，理順事情要靈活而剛毅，態度要直率而溫靄，做法要簡單俐落，站穩立場，堅持正義。此「九德」要「章其有常」：「日宣三德」可作大夫，「日嚴振敬六德」可以為諸侯，「九德咸事」，方可為帝。皋陶又提到，任用官員，不能選錯了人；治理天下大事，還要適當地輔以刑法。禹認為按皋陶這套辦法，一定可以做出成績來。

舜鼓勵禹也談自己的看法。禹說自己忙於「平水土」的任務，沒有想得太多。只是覺得這是一項對治天下很重要的工作：

「與益予眾庶稻鮮食，以決九川致四海……食少，調有餘補不足，徙居。民眾乃定，萬國為治。」

皋陶也認為這方面的工作非常重要。禹又補充說：「慎乃在位，安爾止，輔德，天下大應。清意以昭待上帝命，天其重命用休。」就是說在其位者要謹謹慎慎，要安民不擾，要挑賢德的人來輔助自己，天下便都來呼應。其餘便是讓自己的思路、理念清晰地展示，以待天命的眷顧。舜卻強調能任用賢人是最重要的：「臣哉，臣哉！臣作朕股肱耳目。予欲左右有民，女（汝）輔之。」臣是帝的代理者，有如他的手腳和眼睛，輔助他照顧老百姓，就像全天下的老百姓都在身邊一樣。但舜又提醒禹要警惕那些當面奉承背面毀謗的「嬖臣」，要把他們都清理掉，以免影響施政；另一方面，對四鄰賢德的輔臣卻要敬重。這樣，帝的政德便都可以明確地施行。禹說自己會建立一套相應的人事制度（「服」）來加以實踐：

「輔成五服，至於五千里，州十二師，外薄（逼）四海，咸建五長，各道有功。」

能「知人、官人」，能「防嬖」是「人治」之方；重視「人治」之外，也重視「法治」。於是掌管刑法的皋陶下令人民都按禹的規矩來做，不聽從者，刑罰加之。這樣舜的政德（政治理念），便大明於天下。舜對禹的成績非常肯定：

「皋陶矢厥謨，禹成厥功，帝舜申之，作大禹謨、皋陶謨、益稷。」（引自《尚書》）

「謨」就是謀劃。禹的「平天下」大計是皋陶提出來的，把這個大計落實的卻是禹，故舜寫了「謨」來加以宣揚。

禪讓政制三代而止

禪讓政治的理念、政制，至禹而大成，竟也至禹而終止。史籍提供的原因如下：

「帝禹立而舉皋陶薦之，且授政焉，而皋陶卒……而後舉益，任之政。十年帝禹東巡狩，至於會稽而崩，以天下授益。三年之喪畢，益讓帝禹之子啟，而避居箕山之陽。禹子啟賢，天下屬意焉。及禹崩，雖授益，益之佐禹日淺，天下未洽。故諸侯皆去益而朝啟，曰：『吾君帝禹之子也』。於是啟遂即天子之位，是為夏后帝啟。」（引自《史記》〈夏本紀〉）

在這簡短的交代中，我們可了解到：結束禪讓政制的是四方諸侯的「民意」，而不是禹的意願。按《尚書》和《史記》的記載，禹治水土十三年，過家門而不入；甚至其妻生子啟，亦不及親自命名。這一方面反映了禹的「忘私」已達到很高的境界，另一方面亦可推想禹、啟之間，父子之情淡薄，禹對啟並不了解。史書上也沒有更多禹談啟的記載，也就是說，找不到禹想把帝位傳子的依據。相反，禹欲傳位於皋陶或益的想法卻相當合情合理。禹與皋陶，有共同的政治理念，《尚書》說：「皋陶矢厥謨，禹成厥功」，可知皋陶是完備禪讓政制重要的規劃者和立法者，成為禹的傳位對象是順理成章的。可惜皋陶先禹而死。益雖不是禹的第一選擇，但禹對他應有相當了解。因為益是禹平水土工程的得力助手，皋陶死後，禹即選定他為繼承人，並「任之政」凡十年。司馬遷說：「益之佐禹日淺，天下未洽。故諸侯皆去益而朝啟，曰：『吾君帝禹之子也。』」這段話頗堪玩味。

益幾乎是禹從接受平水土任務開始就一直跟在禹身邊，就算只計「任之政」的時間也有十年，怎麼會說「佐禹日淺」呢？禹是最有資格評核益的人，禹選定了益，死後卻得不到天下諸侯的同意，原因在哪裡？司馬遷在前面只說：「禹子啟賢，天下屬意焉。」但史料上卻沒有記載啟有哪些賢行，連禹在位時他參政的紀錄也沒有。諸侯去益朝啟另一見諸文獻的理由是「吾君帝禹之子」，話說到點上了。從這個理由不難想像其中現實性的原因。

這個理由在政治理念上是一種倒退的觀點；為什麼這樣一個倒退的觀點，能終止方興未艾的禪讓政治呢？

這個倒退的觀點之所以得到當時大部分諸侯的附和，其實是有現實基礎的。帝堯傳賢不傳嗣的政治理念，在那時的歷史環境中是超前的思想，四方諸侯並沒有共識。所以當堯要四嶽諸侯為他提名繼承人的時候，他們第一個提的就是堯的嫡嗣丹朱，然後由近及遠，最後在堯的堅持下才提出隱於民間的舜。三代人中能理解堯這個理念的，主要是舜和舜所重用的臣子皋陶、伯夷、益及第三代繼承人禹等。禪讓政治是一種德政理想，從私德到公德都有很高的要求；這種道德要求並不規限於主其事者，也需要四方諸侯和百姓的配合。

禪讓政治的建制人，本意識到推行禪讓政制必須大力宣揚德政理念，故此他們都特別重視教育。但在實踐過程中，卻可能因忙於建制工作而對此有所疏忽。特別是禹，認為經濟民生的建設是治國的首要任務，幾乎畢生致力於此，無暇顧及思想。意識形態總滯後於經濟基礎。禪讓政治從堯到禹，只有三代人。雖是由上而下的強勢實踐，一時卻難以清理舊氏族政制的核心觀念：傳嗣。

史料上找不到啟的賢能事蹟，但其伐異的殘酷做法卻被清楚地紀錄下來：

「有扈氏不服，啟伐之，大戰於甘。將戰，作《甘誓》……有扈氏威侮五行，怠棄三正，天用勦絕其命……用命，賞於祖；不用命，僇於社……遂滅有扈氏，天下咸朝。」（引自《史記》〈夏本紀〉）

啟認為自己登位是天命所歸，伐有扈氏前還作了《甘誓》。這種託天命以力服人的做法，完全是舊宗族政治的復辟。司馬遷不動聲色地用這樣的方式紀錄啟的繼位情況，也許正是他的春秋之筆。漢儒對《坤靈圖》所謂：「德配天地，在正不在私，曰帝。」

有兩種不同的解讀。一種把「德」字解讀為「政德」之「德」，謂其政治理念宏大有若天地，以「道德」之「德」為正；一種則讀為「五行之德」，以金、木、水、火、土的五行相剋，來顯現政權更替的「天命」，以非人事的「天命」為「正」。

後一種解讀應是堯帝前宗族社會的一種傳統政治理念，這種理念正是諸侯伐異或取代原有共主政權的一個依據，強調不可逆轉意味（「天命不可違」）。前一種解讀是帝堯的傳賢不傳嗣，天下唯有德者居之的德政理念，配合他所倡議的禪讓政制。在漢武帝時，受皇帝重用的董仲舒繼承了後一種解讀，而受貶抑的司馬遷則繼承了前者。董仲舒的說法自然成了皇帝肯定的主流，司馬遷雖有不同意見，也不能坦然表達，故此用了曲筆。

傳統宗族制度「傳嗣」的舊思想，加上「五行之德」對禪讓機制的扭曲，真正的禪讓政治止於三代。往後幾千年歷史中的所謂「禪讓」，莫不以董氏五行之說為依據，成了歷代野心家謀朝篡位的最佳理由，直到袁世凱逼溥儀遜清，仍是如此。具有極高人文遠景的禪讓政治，在中國歷史上竟落得如此下場，不禁令人嘆息！

儘管如此，禪讓政治的理念，仍是我們一份非常珍貴的人文遺產。漢儒整理的《禮記》〈禮運〉有扼要的敘述：

「大道之行也，天下為公，選賢與能，講信修睦。故人不獨親其親，不獨子其子，使老有所終，壯有所用，幼有所長，矜、寡、孤、獨、廢、疾者皆有所養，男有分，女有歸。貨，惡其棄於地也，不必藏於己；力，惡其不出於身也，不必為己。是故謀閉而不興，盜竊亂賊而不作，故外戶而不閉。是謂『大同』。」（引自《十三經注疏》，北京中華書局出版。）

歷代經學家都認為這裡所描述的「大同」景象，就是五帝時代堯、舜、禹通過禪讓政制創建的理想社會，或此一政制理念所寄託的社會藍圖。按《禮記》紀錄，這段話是孔子說的。但即使是漢儒假託孔子所說，也是二千多年前一些中國智者的思維。其中有許多西方國家到近代才提倡和追求的理念：如平等（天下為公，選賢與能）、協商、協議、和諧（講信修睦）、博愛（不獨親其親，不獨子其子）、人權、人道（老有所終，壯有所用，幼有所長……男有分，女有歸）、關照弱勢社群（矜、寡、孤、獨、廢、疾者皆有所養）、反對資源和人力的浪費（貨，惡其棄於地；力，惡其不出於身）、資源、能量力的適當分配（不必藏於己，不必為己）、建立和諧社會（謀閉不興，盜竊亂賊不作）等等，這些理念，人類到今天還在爭取實現。

如何實現？禪讓政治提出的辦法是「選賢與能」。因為所有的政治目標或理想，都要通過人的實踐才能達到。宗族社會「傳嗣」的辦法不能保證選出「賢能」——既有賢德又有才能——的執政者，所以堯提出了「傳賢不傳嗣」的禪讓政制。優良的政治固存乎其人，而優秀政治家的選拔，則存乎其制。簡單的傳宗接代，只是靠運氣；光憑某些人的主觀選擇，也會出錯。禪讓政制建立了非常嚴格有效的考核程序：

一、私德考核：從個人操守到與家庭、家族、鄰里、朋友的相處；

二、政德與德政的考核：從行政能力、公權力運用，內政、外交的處理，到知人善任，納諫防奸的表現；從短期具體的政策、方針的實施，到長遠、宏觀政治理念的理解、堅持、建構與發展；

三、民意考核：諸侯、士大夫到老百姓的觀感。

這些考核，都是長期考核，因為候選人或候任者將接受一個終身職位，不能只看他一時一刻的作為。還有就是：這是一種德、政同步的考核。不但要看他辦事的能力，還要看他辦事的態度和操守。皋陶提出的為政「九德」，禪讓政制的領導人必須「九德咸事」。還有：他的考核者，首先是懷抱禪讓政治理念、具有豐富的政治實踐經驗和能力的現任領導人；然後是和候選人有相近資歷的同僚；最後是四方諸侯所代表或反映的民意。這是兼顧到專業運作和實際成效的雙重考核，經得起這樣考核而挑選出來的繼承人，應該有相當保證。

人治與法治的再思考

近代以來，政治學上一直爭論着「人治」與「法治」的問題。人治決定於人，如果執政者不夠賢能，便會產生壞的政治。於是許多論者認同法治，因為「法」是客觀的制度，表面看來公平而有實效的機制，但事實上一切制度都由人設計，受設計者的思維背景所局限，本來就不一定周全完美。然後，就算有相對合理的制度，也必須由人來推行，一到人的手上，制度就有可能被扭曲，運作就會出現問題，達不到預期的制約效果。

現代中國人嚮往了一百年的民主制度就是好例子。民主政制從它誕生的古希臘時代開始就發生了問題。那時，希臘雅典的民主制的確是公民們一人一票、直接參與的大民主。結果這些公民投票處決了他們最有智慧的哲學家蘇格拉底（Socrates），和戰功彪炳的十將軍中的八位；又投票決定遠征他們力所不及的西西里和埃及，結果兩戰都全軍覆沒。

民主制度的決定性機制是少數服從多數，在大量投票者思想水平較低的情況下，謀私的政客或政治集團便有機會騙取選票。民主政治的這個盲點，直到今日仍然產生幾乎是決定性的作用，即使在美國這種所謂民主制度非常成熟、而且教育很普及的社會。

禪讓政制對於政權的傳遞，兼顧了「人」和「法」的考量，並以宏大的政治理念為前提，應該是全人類極珍貴的遺產。我們應該好好探討研究，也許有較好或較合理的選擇，不至於無奈地接受「次壞」的民主政制。

人類思考社會制度或政治制度的問題，總是有反映願望的理念和實際運作的建制兩方面。檢查理念是否正確，不但要檢查理念本身，更要從建制運作的實效來考察。「五四」運動以來，整整一個世紀，中國文化界一直在推崇「德先生」（democracy）。以為只要請來了這位德先生，中國就可以國強民富，甚至可以為全人類作出更大的貢獻。百年過去，回顧中國和世界的歷史，如果我們的眼光稍為銳利一點，頭腦稍為清醒一點，就會發現：這位德先生能帶給人類的幸福非常有限，跟他帶給全人類連續不斷的災難是無法比擬的。儘管仍有許多人不假思考地無條件擁抱這位德先生，當代不少中西學者已開始懷疑他的「德行」，要從他呱呱墮地之日開始，檢查他的思想基因及這些思想基因影響下的所作所為。

這一百年「德先生」都幹過些什麼

「五四」以來的近一百年，一直熱烈擁抱德先生的當代中國知識界，最近也有學者開始對他產生了疑問。趙汀陽就是很有代表性的一位。他在〈民主如何正當〉一文說：「民主往往被看作是現代社會的一種核心價值，這是錯的。民主不是一種價值，而僅僅是一種政治制度或一種公共選擇策略，總之，是一種技術手段。一種政治好不好，要取決於這種政治是否惠及所有人，是否能夠促進有利於所有人的普遍價值。這一要求對民主政治來說顯然過高，因為民主在理論上注定有利於多數人而非所有人，而在實踐上往往只不過有利於多數人的政治代表而非多數人。無論在理論上還是在實踐上，民主都沒有優勢。」

趙汀陽這種看來離經叛道的講法，也許使許多民主基本教義派或「德粉」瞠目結舌。但細心讀一讀近代世界史，冷靜地觀察當代的民主政治運作，就不能不承認他的論斷非常靠近現實。民主政治最重要的機制是少數服從多數，被投票否決的少數人的意見、價值觀或個人利益，肯定會被犧牲。在實踐上問題就更大了：除了原始公社制和古希臘的雅典民主有點接近每個公民都參與的直接民主之外（古希臘直接民主參與的實際人數也很少，約佔各城邦人口的十分之一，女人、非城邦公民、不同信仰者、奴隸都被排除。(參考《不自由的希臘民主》),歷史上出現過和現行的,都是少數人代表大多數人的代議制間接民主。這些多數人的少數代表都由政黨政治產生。政黨政治實際上僅代表了人數甚少的集團利益,而決定此集團利益指向的更是這少數中的少數,這些人到了最後都實際上以個人利益為最大前提。不但台灣及許多第三世界的民主小弟弟讓我們清楚看到這種運作及其結果,就算是美國這位民主老大哥何嘗不也是如此。政黨政治無論一黨制、兩黨制或多黨制,其制衡力量始終有限,總不免落入藉多數人之名行少數甚或個人之私的結局。

趙汀陽又說:「如果民主有什麼優點,民主的優點也與道義無關。」儘管德粉們會又一次瞠目結舌,不少中西學者最近的研究都說明了這一論斷是靠近歷史和現實的。美國學者羅德之(James Rhodes)的研究可以幫助德粉們清醒腦筋。羅德之在探討柏拉圖(Plato)對政治的真正主張時指出:蘇格拉底、柏拉圖認為理想政治建基於建構者對「正義」的正確認識與論述。「正義」是理想政治的前提,對此前提沒有正確理解甚或誤解、錯解的人,其建立的政制只能是邪惡的。民主政制也是其中一類:

「關於不義政體和人的討論，繼續了柏拉圖對政治邪惡的考察。這些政體是榮譽政體（榮譽之人統治）、寡頭政體（少數富人統治）、民主政體（多數窮人統治）和僭主政體。柏拉圖研究的原則是，政體的性質由其中掌權者的性格決定。如果領導者是渴求榮譽的戰士，政體就會是榮譽政體。它將會不斷發動戰爭，讚美勝利者，不義地兇殘對待失敗者。如果統治者是富人，沉湎於滿足自己的慾望，那城邦就是寡頭政體。它會尋求積聚財富，不義地剝奪其他軍隊孱弱、經濟薄弱的城邦，並掠奪自己城邦的窮人。如果窮人掌權的話，城邦就是民主政體——這個詞在希臘含義中類似於「低等階級的統治者」，而非今天所具有的含義。它會努力尋求每件事情上的平等和自由，不義地屠殺富人……當窮人指定一個人來保衛他們，以防寡頭的反革命運動，而這個保護者鞏固了自己的權力時，這城邦就成為僭主政體。他（僭主）在摧毀階級敵人的時候不可抑制地使人流血，他會放縱自己最非法的激情和慾望，屠殺、偷竊、搶奪，最終希望不僅統治人，還要統治神。」（引自《柏拉圖的政治理論》〔*Platonic Political Theory*〕，下引同。）

柏拉圖所舉的「邪惡政體」，其實都是希臘諸城邦正在實行、實行過或反覆輪番實行的政體。例如雅典，當時是民主政體，但也有過其他政體的出現。這些政體都產生於希臘的海島式城邦文化。海島式城邦文化有其地緣性的特點：生存空間狹窄，生活條件差，故必須向外發展。向外發展無非兩個做法：要麼營商牟利，要麼攻城掠國，剝奪其他城邦的土地物資，把別個城邦的人民變為奴隸買賣或自用。因此，訓練軍隊便變成城邦政治文化的首要任務；排外、侵略、以力勝人被合法化為「正義」的事，連雅典民主政治的推行者也不例外。故羅德之說：

「他們是帝國式民主的支持者……所有這些人都接受同樣的正義觀：無論有意還是無意，他們都同意強權就是正義……他們代表了大多數流行的導致了公元前四〇七年雅典政治邪惡的觀點。」

正因為這種共有的「正義」觀，使柏拉圖所列的幾種邪惡政體可以互相轉換，反覆輪番實行。其中民主政體最容易推行這種強權式的「正義」，因為訴諸大多數的政治機制最容易被政客利用。民主政治之所以被古希臘哲人歸為邪惡政體之一，是由於它往往被導向邪惡政治或轉化為其他邪惡政體。從實效而言，說它能導致最邪惡的結果也不為過。古希臘民主政體這種「強權等於正義」的DNA在文藝復興之後給帶入近代歐洲，與猶太教及基督教的「上帝選民」意識結合，加上近代生物學的「物競天擇」論和資本主義經濟學標舉的那隻「自利即利人」的「無形的手」，發展出各種假民主之名的殖民主義、帝國主義、法西斯主義、軍國主義。

到了今天，美國就是這類民主政治最大的代表。它繼承了雅典民主政治所有的邪惡！儘管美國的生存環境和古希臘城邦有天淵之別，這個以歐洲白種殖民人口為主組成的國家，用大屠殺的手段霸佔了北美洲最富饒的土地，發展成今日唯一的超級大國，卻不改希臘人傳給他們的掠奪、好戰的性格，繼續掛着「民主」的牌子，強調自己的「利益與安全」！整個二十世紀至今，朝鮮戰爭、越南戰爭、中東各場大大小小的戰爭以至最近的「顏色革命」，哪一個不是美國挑起的？又有哪一個不是假「民主」之名，哪一個不是以威脅美國的「利益與安全」為藉口而發動？如果把美國人在上世紀七十年代發展出來的全球化金融經濟所形成的一系列惡果——消費主義造成的浪費污染和氣候變壞、唯利是圖的高科技發展造成地球自然資源的迅速消耗、貧富懸殊的激化等等的帳也算進去，那麼若以美國為例，古希臘哲人把民主政體也列為「邪惡政體」之一的做法，在今日就更有說服力了。所以趙汀陽說民主的優勢「與道義無關」已是非常客氣的講法了。

天下應歸有德者

禪讓政制的前提是「修德」，認為天下應歸「有德者」，這在政治理念的思考方向和希臘古哲是一致的。但由於思想產生的地緣背景與文化背景不同，發展出來的具體政治理念自然是不一樣的。但這大前提的思考非常重要，因為下面推演出來的就是關乎人類共同生存與生活的一個建制，其合理性與合法性都以此為依歸。故此，弄清楚這個大前提究竟是什麼十分重要。偏偏這個至關重要的大前提，卻是最難弄清楚的。中國古哲，至遲在漢代已留給我們一個理性而踏實的指引。那就是：「究天人之際，察古今之變。」政治上的「德」，要在人與自然、人與人的關係及其歷史的變遷中去追尋、掌握、建立，並不斷從新的認識和理解中去修訂或促進其變革。

漢儒對「德政」的看法，建立在他們對《易》與《禮》的認識水平上。漢儒探求治國、平天下的制度，就像希臘古哲一樣，追尋到「形而上」的「道」的層次，即從宇宙萬物發展的總體規律去思考。漢傳《易．繫辭》反映了漢人的思想深度：

「『易』與天地準，故能彌倫天下之道。仰以觀於天文，俯以察於地理，故知幽明之故，原始及終，生死之說。精氣為物，遊魂為變，是故知鬼神之情狀與天地相似，故不違。知周乎萬物，而道濟天下，故不過。旁行而不流，樂天知命，故不憂。安土敦乎仁，故能愛。範圍天地之化而不過，曲成萬物而不遺，通乎晝夜之道而知。故『神』無方而『易』無體，繼之者善也，成之者性也……盛德大業至矣哉！富有之謂『大業』，日新之謂『盛德』，生生之謂『易』。」（引自《周易集解纂疏》，（清）李道平著，北京中華書局一九九四版，下引同。）

二千多年前的中國人，已能從人類可感知的物質觀點（幾乎完全擺脫了巫術、宗教及其他超經驗的神秘色彩）出發，探索宇宙萬物發展的總體規律，提出了「易」道的論述，使我們不能不佩服我們古人超前的智慧。「精氣為物，遊魂為變，是故知鬼神之情狀與天地相似，故不違。」一連幽冥世界的鬼神都可以物質的最小單位——精氣的生滅轉化來說明其現象，何況可明見、可觸摸的事與物。《易・繫辭》的作者認為宇宙萬物發展的總規律，就是通過生滅、興衰的互轉所產生的「變易」，而「滅」的結果是新的「生」，故總結說：「富有之謂『大業』，日新之謂『盛德』，生生之謂『易』。」漢儒在二千多年前對宇宙萬物發展變化在哲學層次上的理解，和我們今天幾乎是沒有差別的，只是在科學層次上有粗幼之分罷了。

說到政治與政制，道理也是一樣的：

「神農氏沒，黃帝堯舜氏作。通其變，使民不倦；神而化之，使民宜之。『易』窮則變，變則通，通則久。是以『自天右之，吉無不利』也。」

由神農氏到黃帝的政權更易，從黃帝到堯舜的政制變化，均與「易」道相通。政治一如萬事萬物，也是「窮則變，變則通，通則久」。黃帝堯舜均能變，故能「通天下之志」，「成天下之務」。「日新之謂盛德」，變化更新是「政德」一個總的指導思想。

但這種變決不是隨個人意志盲目的變，而必須是「順乎天而應乎人」之變。就是說：既合乎自然規律，又呼應了人的需求。堯舜對禪讓政治的構思在漢儒看來是經過這一層考慮的。漢儒這種想法可能受《荀子》〈禮論〉的啟發：

「禮起於何也？曰：人生而有慾，慾而不得，則不能無求；求而無量度分界，則不能不爭。先王惡其亂也，故制禮義以分之，以養人之慾，給人之求。使慾必不窮乎物，物必不屈於慾，兩者相持而長，是禮之所起也。」

荀子雖有物有限而慾無窮的危機感，卻仍相信「禮」可節慾而養之，「使慾必不窮乎物，物必不屈於慾」。但漢儒對自然資源有限與人慾無窮這一對矛盾的發展並不這樣樂觀，因而有進一步的思考。《禮記》〈樂記〉云：

「人生而靜，天之性也；感於物而動，性之慾也。物至知知，然後好惡形然。好惡無節於內，知誘於外，不能反躬，天理滅矣。夫物之感人無窮，而人之好惡無節，則是物至而人化物也。人化物者，滅天理而窮人欲者也。於是有勃逆詐偽之心，有淫泆作亂之事。是故強者脅弱，眾者暴寡，知者詐愚，勇者苦怯；疾病不養，老幼孤獨不得其所。此大亂之道也。」

這段話如不作宋明理學那種道德形而上學的解讀，則可以有一種靠近人性與天道的理解，即人被外界事物所感動，引起貪慾之念；這種貪慾無窮發展，不但會破壞自然的運作規律，而且會造成社會秩序的混亂。這種洞見，不但是在歷史上常見到的景象，更彷彿預言了今日我們所面對的世界。過去我們也許只注意到貪慾造成人類社會的亂局，近一百多年卻驚覺這種人性妄念對自然運作規律的大破壞。而破壞的速度在工業革命後的三百多年遠超之前人類萬年以上的文明史。這種結果顯然易見是邪惡的德先生推動賽先生作出來的壞事：民主政治縱容了私慾，使私慾合法化，發展出唯利是圖的資本主義，用資本主義的利潤觀點去追求科技的突破，造成了今日這個「滅天理」之局。

二千多年前中國古人已警覺到這樣的危機，想辦法節制人類的貪慾：「是故先王之制禮樂，人為之節。」但在漢儒心中，這只是未識「大道」的「小康社會」思想：

「今大道既隱，天下為家，各親其親，各子其子，貨力為己。大人世及以為禮，城郭溝池已為固，禮義以為紀。以正君臣，以篤父子，以睦兄弟，以和夫婦；以設制度，以立田里，以賢勇智，以功為己。故謀用是作，而兵由此起。」（引自《禮記》〈禮運〉）

「小康社會」是「三代（夏、商、周）之英（禹、湯、文、武、成王、周公）」所建構及推行的政制，其「天下為家」的宗族政治理念，在《禮記》作者心中，並不合乎「大道」。漢儒在考察了三代以至春秋戰國的宗族政治以及秦漢統一的歷史之後，覺得確是反思「天下為家」政治理念的時候了。「禮樂」是一種節制慾望的儀式或制度，產生類似宗教活動的教育效果。但這種教育的總前提是：各安其份。而人的身分位置，則是從統治宗族原有的身分貴賤、血緣親疏定其等差，由此等差來分配社會資源。故《荀子》〈禮論〉又云：

「君子既得其養，又好其別。曷謂別？貴賤有等，長幼有差，貧富輕重皆有稱者也。」

「小康社會」以身分位置的等差原則來分配社會資源，強調它的合理、合法，制禮作樂，把這種觀念滲透到每個生活環節中，意圖使其在人們的腦海中生根，認為這樣就可以維持社會秩序。這種做法，說穿了就是以某一群族的私慾抑制人人具有的私慾。這是少數人對多數人人性的抑制，哪怕有多麼高妙合理的解釋與包裝，還是會出問題的。因為這不能「應於人」，違反了人性的自然規律，因而也違反了社會整體運作的規律，結果只能以法律和武力強制執行，執行不了也一樣會產生動亂。

孔子特別感慨春秋時代諸侯的僭越，但孔子依然深信「禮治」，周遊列國，宣揚「克己復禮」的思想，結果當然是失敗的。私慾的競爭在戰國時變本加厲，而以法家的鼓勵私慾，最終把私慾高度集中於帝皇一身的專制理念結束此局。秦以專制統一中國，二代而亡；漢興繼之，不及三代，即生吳楚七國之亂。漢儒考察了「小康社會」的歷史發展，從「順天應人」之變的「易」道思想去反思，提出了「大同社會」的理念與之對照。

「大同社會」作為禪讓政制的最高理念，是漢儒託孔子之名而提出的，處處針對「小康社會」的缺失。「小康」以「天下為家」，而「大同」則「為公」；「小康」傳嗣（「大人世及以為禮」），「大同」則傳賢（「選賢與能」）；「小康」「各親其親，各子其子」，「大同」則「不獨親其親，不獨子其子」；「小康」「貨力為己」，「大同」則「不必為己」。「小康」的政治目標是「以功為己」，「大同」則是「使老有所終，壯有所用，幼有所長，矜、寡、孤、獨、廢、疾者皆有所養，男有分，女有歸」。一為私，一為公。為私的結果是「謀用是作，兵由此起」，為公則「謀閉而不興，盜竊亂賊而不作，故外戶而不閉」。

禪讓政制所要求的道德境界遠超於宗族政治的「各在其位，各安其份」，從「小康」到「大同」的路自然不可能兩三代人就走完，抵達目的地。歷史上記錄的禪讓政制，由建立至推行，三代而止，原因當然是現實條件遠追不上思想的飛越，但我們卻不能因此而否定其合理性與可能性。民主政制如從古希臘算起，其實也走了二千多年，它的不合理成分或負面因素，到今天仍不能清理；它的合理成分諸如平等、博愛、人道等觀念卻要到近百多年經過許多流血鬥爭，才逐漸納入建制之中，至於在實踐上能有多少成果，別說從人類整體來衡量，即從一國全民這個小範圍來衡量，業績還是非常有限的。禪讓政制一開始就提出「德政」和「政德」的前提，已具備平等、博愛、人道等合理的人文理念，在建制上也考慮到教育、法律、經濟以至軍事上如何配合，但由於當時的宗族社會意識形態遠遠滯後，這些配套設施並沒有充分的時間和機會加以推行。儘管如此，禪讓政制的一些政治理念，對往後繼續發展的宗族政制仍起了積極正面的作用。如堯舜的政德，成為歷代帝王的典範、臣民的期許，這對在位者做成一定的政治壓力。「傳賢不傳嗣」的德政理念，成為推翻暴政或取代無能政權的動力。

盧梭對民主政制的懷疑與憂慮

西方的民主政制思想和中國的禪讓政制思想出現在差不多的歷史階段，但民主政制在西方有更多的實踐機會。特別是文藝復興之後，民主政制成為許多民族國家建制模式的主流思想，但西方的思想家並沒有忘記希臘古哲對民主政制的批判。

例如近代民主思想最重要的奠基人之一盧梭在其《社會契約論》（*Du contrat social ou Principes du droit politique*）就對民主政制有許多懷疑與憂慮，並尖銳地指出了它常有的弊端：

「這種政府還得要有多少難結合的條件啊！首先要有一個很小的國家，使人民很容易集會，並使每個公民都能容易地認識其他公民。其次，要有淳樸的風尚，以免發生種種煩難事務和棘手的爭論。然後要有地位上與財產上的高度平等，否則權利和權威的平等便無法長期維持。最後，還要很少有或者根本就沒有奢侈，因為奢侈可能是財富的結果，或則是使財富成為必須；它會同時腐蝕富人和窮人，對於前者是以佔有慾來腐蝕，對於後者是以貪婪心來腐蝕；他會把國家出賣給虛弱，出賣給虛榮；它會剝奪掉國家的全體公民，使他們這一些人成為那一些人的奴隸，並使他們全體都成為輿論的奴隸。」（引自《社會契約論》，下引同。）

盧梭的憂慮，正是民主政制常見的問題及造成的禍害。

在盧梭看來，民主政制只適合國小民寡的國家，因為這樣執政者（政府及其官員）和政權者（所有公民）的比例較為平衡，執政者較能體現政權者的意志（全體公民的「公意」）；但人口和土地較大的國家，如美國般的大國，執政者和主權者的人數比例必然會產生巨大的失衡。這樣，執政者客觀上已難以體現公意，並且非常容易讓政客濫用公權力，化公為私。在大國中，雅典式的直接民主是不可能實行的，而代議政制最常見的就是通過政黨政治來推行。盧梭對政黨政治完全沒有信心，甚至持否定的態度：

「如果人民能夠充分了解情況並進行討論，公民之間又沒有任何勾結，那麼從大量的小分歧中總可以產生公意，而討論的結果總會是好的。但當形成了派別的時候……每一個集團的意志對它的成員來說就成為公意，而對國家來說則成為個別意志。這時候可以說，投票者的數目已經不再與（公民）人數相等，而只與集團的數目相等。分歧在數量上是減少了，而所得結果卻更缺乏公意。最後，當這些集團中有一個是如此之大，以至於超過其他一切集團的時候，那麼結果你就不再有許多小的分歧的總和，而只有一個唯一的分歧；這時，就不再有公意，而佔優勢的意見便只不過是一種個別的意見。」

這不就是許多現代民主國家的情況嗎？例如戰後的日本，很長一段時期只有自民黨一黨佔盡優勢，而自民黨本質上只代表軍國主義後繼者和家族財閥的意志。美國輪替政權的只有共和及民主兩大黨，他們其實只代表了軍火商或汽車商和猶太金融資本家的意志。在盧梭心目中，政客私見僭替公意是政黨政治不可避免的結果。但政黨政治在近代民主政制中竟然是主要形式，使許多民主國家的公民陷入一個虛假的民主騙局而不自知。因為這些財雄勢大的政黨，不但控制了國家機器，也控制了監督它們的媒體，成為它們宣揚私見或意識形態的工具，於是大部分的公民，就如盧梭所憂慮的，成為「輿論的奴隸」。

盧梭對民主政治的另一憂慮是「奢侈」的出現。

這正是近代民主政治的特點之一，甚至可以說是其本性的一個內涵。民主政治與資本主義結合之後，由亞當・斯密「自利以利人」的良好願望，發展到今日金融資本家的「唯利是圖」，「鼓勵消費」更成為促進社會經濟發展的「公意」。舊產品的「創造性破壞」，新產品的不斷出現與更替，呼應了人類慾望無限膨脹的需求，造成了一個壯觀的「合理浪費」的畫面。這個畫面，卻被許多人看成是人類富裕、進步、文明的象徵。「奢侈」不但合法，而且光榮，因為那是社會進步的動力。但「奢侈」的代價卻比盧梭所憂慮的大得多：不但使公民們把國家出賣給虛榮，使公民變為「輿論的奴隸」，而且會使公民淪為物質的奴隸，耗盡地球整體資源，污染環境，促成全球物種的集體毀滅！

在有歷史記載的二千多年間，民主政制有許多實踐的機會，尤其是十八世紀以後的三百多年。出於對這種政制缺點的憂慮，啟蒙運動的思想家為它加入了「自由」、「平等」、「博愛」等人權或人道理念，在建制上也加入了主權、監督等憲法觀念和相應的人事機制。儘管如此，這位德先生在歷史上和現實中幹出來的，仍然是壞事遠多於好事。

民主的問題正出在政權更替

民主政制的問題正出在政權轉移與運作方式上，令「民主」最終成為「反民主」。

其一，是「公意」最後產生的辦法，訴諸少數服從多數的投票方式。這種方式產生出來的「公意」，對國家或全體公民來說並不一定是最好、最合理的。原因是：

一、每個公民都有個人的利益考量，而且這種考量往往是眼前的，對國家和整體公民長遠利益反而會有所損害。

二、每個公民對政治、政策、政務等的認識水平差距可以很大，而且水平低的往往遠多於水平高的，投票結果便會是認識水平低的成了「公意」，認識水平高的公民反而要服從於認識水平低的。

三、以上一項這種公意機制所造成的上一項的結果，正好變成政客們以私念代替公意最順理成章的手段。政客利用這個手段取得政權，把民主政體僭替為希臘古哲所說的種種邪惡政體，以達到他們發展私慾野心的目的。

其二，是近代民主政治一無例外都以「代議」方式來運作。代議政制客觀上已把「公意」的代表性縮小了，而由代議方式發展出來的政黨政治，又把它的範圍大大縮小。歷史上和現行的政黨政治，都鮮明地讓我們看到：政黨代議制所代表的都只是少數公民的「公意」，而多數公民的真正「公意」卻給僭替了；民主政制少數服從多數的原則，實際上被顛倒了——民主變成了反民主！

其三，是歷史上民主政治所留下的一些負面理念——諸如雅典民主崇尚力量即是正義的黷武精神、單一宗教的排外傾向、不斷向外擴張征服的野心及與近代民主政治並生的資本主義唯利是圖意識、猶太教或基督教「上帝選民」的種族優越感等等，都內化為民主政治不可分離的 DNA。這類壞基因之所以像癌細胞一般難於切除，也正由於上述其一及其二兩種民主機制善於僭替與做假的功能。這樣一來，民主政治雖也有平等、博愛、自由等正面理念，在歷史上和現實中的實踐，基本是一個偽善的假局，而且愈演愈假！

所以在考慮人治與法治的時候，「人」還是應該先行，因為「法」也要由人來執行，「法」落在好人和壞人、能者和無能者手裡，操作的結果是不一樣的。故無論希臘古哲或是盧梭，都重視執政者的德性和德行。盧梭更把政德與德政的要求，推廣到每一個公民，認為這樣才會有真正的民主政治出現：

「在真正的民主制之下，抽籤選舉並不會有什麼不方便；因為在那裡人人都平等，不論是在道德和才能方面，或是品行和財富方面，所以無論選擇什麼人幾乎都無所謂。」

盧梭認為在這樣的條件下，抽籤選舉反而是最公平的而且是唯一公平的辦法。為什麼？盧梭解釋說：

「在一切真正的民主制之下，行政職位並不是一種便宜，而是一種沉重的負擔；人們無法公平地把它加給這一個人，而不加給另一個人。唯有法律才能把這種負擔加給中簽的人。因為抽籤時，人人的條件都是相等的，而且選擇也並不取決於任何人的意志（古按：即和公意相對的個人私見），所以就絕對不會有任何個人的作用能改變法律的普遍性。」

但每個公民的道德、才能、財富相等的情況，在人類社會中似乎是不可能存在的，故盧梭認為真正的民主制永遠不可能出現，因為人類的德性還不配有這樣好的政治制度。

人性：政治哲學必須研究的問題

無論古今中外，哲學家談到政治，總不能不討論人性，那是因為政治的好壞，歸根到底是人的問題。西方對人性的思考，相當長一段時期（整個所謂「黑暗時代」的中世紀）受基督教的「原罪」論所籠罩，沒有得到客觀、踏實的探討。直到十八世紀，啟蒙時代的思想家才重新關注這個議題，並提出不同於基督教觀點的論述。

英國思想家休謨還寫了影響深遠的專著《人性論》，試圖從人類的思維狀態和運作歷程中理解人性的內涵。休謨肯定了人性「為私」一面的客觀存在，他的學生亞當・斯密更進一步肯定人類「為私」的心態，把這種心態視為促進社會進步的動力，發展出「利己以利人」的市場經濟學，形成了至今盛行的資本主義道德觀，成為近代民主政治的道德前提。盧梭主要通過《愛彌兒：論教育》（*Émile: ou de l'éducation*）一書論述他對人性的看法：認為上帝按自己的形象創造人，人性本是善的，但因為沒有得到好的教育，在成長過程中不斷受後天環境污染而變成惡。故只要從小給兒童好的教育，即能保持其善，終身鞏固其本善的人格。但從《社會契約論》對民主政治的諸多憂慮看來，他對自己所提倡的性善論教育，沒有太大的信心，因而對真正的民主政制並不期待。

在中國，這類對人性問題的思考，來自先秦諸子學說和印度佛學，之後的歷代思想家都一直討論着。中國先秦思想家提出的人性論，影響最大的是孟子的性善論，但我認為荀子的性惡論更靠近人性的客觀情況，其思路也更合理、更能解決問題。荀子所說的「性」，就其原始性質而言，並不就是道德上的「惡」，只是跟其他生物一樣的生存慾求，也就是《荀子》〈非相〉說的：「飢而欲食，寒而欲煖，勞而欲息，好利而惡害，是人之所生而有也，是無待而然者也，是禹、桀之所同也。」

這種與生俱來的慾望就叫做「性」，賢明如大禹，無道如夏桀均有之，本無善惡之辨。但這種慾望一旦擴大，就有變「惡」的危機。慾望的擴大，由「情」所致。「情」是什麼？「性也者，吾所不能為也，然可化也；情也者，非吾所有也，然可為也。注錯（古按：同「措」）習俗，所以化性也；并一而不二，所以成積也。習俗移志，久安移質……」（引自《荀子》〈儒效〉）「情」是後天人為的，由習俗所形成；「久安移質」，成為習慣之後便與「性」化為一體，改變了性的本質。「情」既是習俗所成，而「性」的本質為「慾」，若不加節制，縱其所慾，則「性」俱化為惡之「情」了：「今人之性，生而有好利焉，順是，故爭奪而辭讓亡焉；生而有疾惡焉，順是，故殘賊生而忠信亡焉；生而有耳目之慾，有好聲色焉，順是，故淫亂生而禮義文理亡焉。然則從人之性，順人之情，必出於爭奪……」（引自《荀子》〈性惡〉）

但荀子並非單純從道德觀點來提倡節慾，而是客觀地考慮到資源的有限，因而無法滿足人類慾望無限膨脹的消耗，提出一種永續的「養慾」思路：「人之情，食欲有芻豢，衣欲有文繡，行欲有輿馬，又欲夫餘財蓄積之富也。然而窮年累世不知不足，是人之情也……於是又節用禦欲，收斂蓄藏以繼之也……先王之道，仁義之統……彼固天下之大慮也，將為天下生民之屬長慮顧後而寶萬世也。」（引自《荀子》〈榮辱〉）

為了使「慾必不窮乎物，物必不屈於慾」，先王乃「制禮義以分之」，以避免紛爭。這是「各安其位，各守其份」的「小康」道德或原則。荀子認為只要謹守從這種原則所建立的禮義制度，以這種制度的道德前提來教化人類，使其「慾求」的「本性」與後天積習的向善之「情」化合，人類的慾望就可以得到永續性的滿足。荀子這種永續的「養慾」觀點無疑比二千多年後啟蒙思想家「縱慾」的思路要穩妥、周全和超前；但荀子仍相信宗族政治那一套禮義制度，可以合理地解決人類的分配問題，會對人類慾求有適當的節制，免除紛爭。這是他政治思想滯後的一面。所以，荀子所憂慮的「從性順慾」之負面結果，不但在他生活的時代已成為事實，到今天更衍生到不可救藥的地步。

選賢與能——天下為公的德政

「小康」是一種「天下為家」的宗族政治觀，其「位」與「份」按親疏、貴賤而定等差。儘管荀子或其他儒家大師（如孟子）想用「分工」觀點把這種等差合理化，以類似「各盡所能，各取所需」的理由來解釋小康社會不平等的建制原則，但從實踐上說，宗族的血緣因素，仍是小康社會建制決定性的前提。這樣一來，「能」與「需」就不一定相對應，其等差便不能合理化；因此，禮義制度也不能有效產生教化作用，並對人的慾求有所抑制。從先秦的諸侯共主到秦始皇的統一專制，除了堯、舜二代，政權的更迭都仍然是「傳嗣」的宗族傳統。專制政體更使「傳嗣」絕對化。漢儒乃思以禪讓政治的思維以變之，建立一個長治久安的「大同社會」。從《易・繫辭》可以看到漢儒這種求變思想。

求變必存乎人，求人必存乎德。政制的變更先要考慮的是人在思想上的變更，尤其是「政德」與「德政」觀念上的變更，否則，不知其變便不得其通。漢儒於是想到以「傳賢」代替「傳嗣」。

黃帝是禪讓政治的起點，其政權建立的基礎是「修德振兵」。「修德」是前提，「振兵」是為了護「德」。所謂「德配天地，在正不在私，曰帝。」堯發展了這種德政理念，打破宗族社會「天下為家」的思想，以「傳賢」的方法轉移政權，代替「傳嗣」的傳統，提出「天下為公」的新觀念，要建立一個新的社會格局即「大同社會」。大同社會的大前提是「公」，認為自然與社會資源（「天下」）是屬於所有人的。在這個大前提下，如何分配和處理這些資源，由什麼人來主其事，也有一套原則。「選賢與能，講信修睦」便是這套原則的總綱領。「賢」與「能」是執政者應具備的「政德」，要選拔有政德的人來執政；「講信」是兌現執政者的承諾，「修睦」是協調社會資源的合理分配，使社會成員和諧相處，「講信修睦」的成果便是「德政」。

政德下面有具體的要求，就是皋陶所說的「九德」。九德俱全才可被提名為「帝」的候選人。由在任者以此原則與四嶽諸侯協商提名，然後由在任者負責考核。從個人修養、處理家庭事務的私德，到歷任各類官職的辦事能力、運用公權力正確與實效等的政德，都是考核的內容。這是一套專業的政德考察過程，其成績即反映候選者的德政，再以德政來決定他的候任資格。主要評審者雖是在任的「帝」，但「帝」的決定並非是最後的，還要四嶽諸侯同意才能正式成為「帝」的繼任人。從上述整個選拔過程觀之，可知禪讓政制的政權轉移，是由專業政治家（「帝」及「四嶽諸侯」）全程運作的。這種選拔執政者的方法，無疑比由對政治只有一般了解甚或毫無了解的人以一人一票方式選出，客觀、理性和有實效得多。

漢儒像希臘古哲那樣，認為應把權力交託給有德者，才能把好的政制推行或讓一個政制朝合乎大多數人長遠利益的方向發展。人的品質是決定性的，包括執政者和把政權交給他的人民本身。一切制度如果不考慮人的品質，不以政德與德政作為考核的前提或合法化的條件，這些制度便只能是執政者愚弄主權者的工具。執政者是在主權者中產生的，每一個主權者都有可能成為執政者；此外，主權者還要有監察執政者的政德與德政的能力。因此，主權者和執政者的品質同樣重要，也必須「好好學習，天天向上」。這才是好法制的根本保障。所以盧梭說：

「這種法律既不是刻在大理石上，也不是銘刻在銅表上，而是銘刻在公民的心裡。它形成了國家的真正憲法，它每天都在獲得新的力量。當其他法律衰老或消亡的時候，它可以復活那些法律或代替那些法律。它可以保持一個民族的創制精神……」（引自《社會契約論》）

這樣，教育就成為國政非常重要的一環。要使憲法銘刻在人民（也就是廣大的主權者）心裡，只有教育一途。

國民教育的重要

所謂「教育」，就國政而言，主要指政治教育，即與國家政制相關的宏觀政治理念。在民主政制下，當然就是近代提出的博愛、自由、平等的價值觀。但同樣重要的是對此一制度運作時可能出現的種種問題的了解，繼續思考其可能解決的方法。盧梭認為並沒有一種普世合適的政制（參考《社會契約論》附錄〈論普遍的人類社會〉一文），每一民族或地區人民所需要的政制，都要與其歷史文化及地緣背景相適應。

現代民主思潮的危機，是以一種簡化、抽象、宗教式的信念，取代了對此政制在歷史和現實中實踐情況的了解。民主政制已經歷二千多年的歷史，它是在人類社會有血有肉的活動中發展的，不應該再是一種烏托邦。應該用它的現實情況來教育人民，而不是用它的神話來欺騙愚弄他們。我認為當代知識分子，特別是中國知識分子都應該好好的再讀一次柏拉圖的《理想國》（*Republic*）和盧梭的《社會契約論》，從中尋找民主政制繼續合理發展的道路，不要盲目地附和神學化的所謂「普世價值」，或福山在上世紀末提出的「歷史終結」論，因為即使福山最近也在重新思考民主的問題。

禪讓政制之所以止於堯、舜，是由於主其事者政治理念過於超前，對其下的四嶽諸侯及人民還沒有足夠的宣傳教育。對宣傳教育這一點舜是有足夠的自覺的：他曾「謀於四嶽，辟四門，命通四方耳目，命十二牧論帝德，行厚德……」。「帝德」指堯帝的「德政」，即其政治理念所成的功德；「厚德」指以堯為典範的「政德」）。他對禪讓政制理念的發展原有一套長遠規劃。

但這並不是一朝一夕的事，也不是一代人能竟其功。他準備把這個計劃交給禹和皋陶去繼續努力。但禹忙於經濟民生，無暇顧及；皋陶對此甚有見地，可惜早死。何況，這種政治教育也不能空談理念，必須有禮法、經濟以至軍事實力配合。因為背後有許多實際問題要處理：不但有許多舊觀念要洗滌，更重要的是要處理好資源的合理分配。本來禹和皋陶的配合相當理想，禹管經濟基礎，皋陶管上層建築。但皋陶一死，上層建築方面的管理便無以為繼。

人類政治最關鍵的問題之一，就是資源的合理分配。何謂「合理」？那就是要能「順於天而應於人」。即既能合乎自然規律，又可呼應人類的需要。政德教育應從這個基點出發，「究天人之際，察古今之變」，建構一套從理念到實際都有說服力的論述。荀子的「養慾」思想有一部分是頗靠近禪讓政治理念的，可惜他的資源分配論述，仍是宗族社會所奉行的哪一套：

「夫貴為天子，富有天下，是人情之所同欲也。然則從（古按：通「縱」）人之慾，則埶（古按：「埶」，音藝，極限之意。）不能容，物不能贍也。故先王案為之制禮義以分之，使有貴賤之等，長幼之差，知（古按：同「智」）愚、能不能之分。皆使人載其事而各得其宜，然後使慤（古按：「慤」讀如「確」，誠謹也。）祿多少厚薄之稱，是夫群居和一之道也……故曰：『斬而齊，枉而順，不同而一。』」夫是謂之人倫。（引自《荀子》〈榮辱〉）

荀子反對平均主義式的平等，認為這實際上行不通。因為自然和社會的資源有限，若按人類的共同慾望去平分，是分不匀的，人類的整體資源會很快耗盡，勢必引起更大的混亂，違反「養慾」的原則：

「分均則不偏（古按：「偏」古通「遍」），埶齊則不壹，眾齊則不使……埶位齊而欲

惡同，物不能澹（古按：「澹」通「贍」）則必爭，爭則必亂，亂則窮矣。」（引自《荀子》〈王制〉）

而且從政治上考慮到「兩貴不能相事，兩賤不能相使」，必須把每個人在社會分工中所付出能力的強弱、責任的輕重和義務的多少納入為平等原則之一，否則這種平等就不是真正的平等。荀子承認按「分」（古按：「分」通「份」，身分、職位。）分配每人所得的物質資源是不平等的，但這種不平等是基於能力付出和責任承擔的不平等，這兩種不平等在相互平衡之後，才可以產生真正的平等，所謂「維齊非齊」，也就「是不平等的平等」。

荀子這種平等思想可以說是周密而深刻的。問題是在「等差」觀念上用了「貴賤」二字。「貴賤」在宗族社會中，有很濃厚的血統決定論意識，這就使他的「維齊非齊」論大大減弱了說服力。因為這種「分工」在實踐上並不以品德和能力，而是以血統為前提。

儘管荀子對「貴賤」有自己一套新的概念，但在整個宗族社會的大環境下，是極容易被歪曲和僭替的。所以荀子的「不平等的平等」思想，結果被他的弟子韓非、李斯拿去發展法家專制一統的宗族理論，把「天下為家」的思想推到極致。叫人驚訝的是，這種名副其實的「家天下」宗族專制政體，自秦至清，竟延續了二千多年！其中自有客觀的合理性存在，這裡暫不探討。荀子的「貴賤」觀卻值得注意，因為它啟發了漢儒「選賢與能」的思想。

荀子的貴賤論與賢能政治

荀子既以「性」為不學而具，不待而有的，禹、桀無異；血統也是「性」的一種，可知他並不以人的血統定身分的貴賤。貴賤是後天人為積習之「情」：

「我欲賤而貴，愚而智，貧而富，可乎？曰：其唯學乎。彼學者，行之，曰士也；敦慕焉，君子也；上為聖人，下為士、君子，孰禁我哉……故君子無爵而貴，無祿而富，不言而信，不怒而威，窮處而榮，獨居而樂，豈不至尊、至富、至重、至嚴之情

舉積此哉！」（引自《荀子》〈儒效〉）

荀子認為人在身分上的貴賤，是可以通過學習來改變的。一個人如果能「積德於身而處之以尊道，如是，則貴名起如日月，天下應之如雷霆。故曰：君子隱而顯，辭讓而勝」（引自《荀子》〈儒效〉）。這是禪讓政制「選賢與能」的理論依據。荀子「積德而尊」的論述在宗族社會中無疑是石破天驚的，這恰恰和堯帝「傳賢不傳嗣」想法相呼應。這種想法打破了宗族政制的血統論。堯、舜雖亦同宗，但舜從其六世前的遠祖窮蟬起已「微為庶人」，離貴族血統已甚遠，他被選拔，真是荀子所謂「窮處而榮」。

荀子的「富貴唯學」、「積德而尊」的看法，肯定影響了漢儒的政治思想；加上歷史實踐中陳勝、吳廣、劉邦、項羽的揭竿而起，大大衝擊了宗族社會的貴賤血統論，「將相本無種」、「布衣可以致將相」到了漢代便成了上下一致的「天下共識」。漢代實行「鄉舉里選」的「舉孝廉」選拔制度，教育上有辟雍（貴族最高學府）、太學（平民最高學府）並設的措施（參考《後漢書》〈瞿酺傳〉），很明顯已吸納了荀子這方面的思想。

但就整個政治框架而言，宗族思想仍非常頑強，因為這牽涉到當政者的利益。秦始皇統一天下，實質是把一個分權的宗族政制變為一個專權的宗族政制，而這種政制正方興未艾。漢興而代秦，也曾想把秦建立的郡縣制改回先秦的諸侯共主制或折中的郡國制，結果政權幾乎難保。

因此即使是曾寫過〈過秦論〉批判秦朝的一代鴻儒賈誼，也只能建議漢文帝強宗族以保江山。賈誼上書說：「高皇帝瓜分天下以王功臣，反者如蝟毛而起……夫秦日夜苦心勞力以除六國之旤（古按：「旤」同「禍」），今陛下力制天下，頤指如意，高拱以成六國之旤，難以言智。苟身亡事，蓄亂宿旤……萬年之後，傳之老母弱子，將使不寧，不可謂仁。」（《漢書》〈賈誼傳〉）賈誼的意思是叫文帝不要追隨漢高祖分封功臣的政策，反要繼承秦始皇殲除六國的成果，繼續發展後者所建立的專權宗族政制，否則會禍亂頻生。這個意見被漢文帝採納了，而這個新的宗族政制往後二千多年中都在神州大地上推行，直到清帝遜位。

禪讓政制的理念在中國歷史的積極作用

禪讓政制和大同社會的思維，在悠長的中國歷史中，似乎只是靈光一閃便已熄滅。實際的情況卻是：禪讓政治的一些理念，在超穩定的專權宗族政制運作中，仍起了積極的作用。比如「選賢與能」的思想不但推動了漢代的鄉舉里選制，也推動了唐代創始的科舉制度，使「布衣可以致將相」，平民可以進入權力的核心，造成對君權的制約；又如所有賢臣都以杜甫所說的「致君堯舜上」為己任，要求人主要以堯舜為政德的典範，施行德政；又如以「禪讓」的名義，實行不流血的政權輪替；後者在專權宗族政治的框架中，雖被批評為非法的「謀朝篡位」，而當中也確可能有奸臣的僭替情況，但結果總卻比以暴易暴好。

但禪讓政制始終未得以全面實施，主要原因是對「傳嗣」的宗族觀念一直未予以徹底的批判，直至清末維新運動以至民初「五四」運動之後。要說對宗族思想的批判，維新主將康有為恐怕比革命派的孫文還要激烈。

康有為在二十世紀初撰寫的《大同書》（參考《康有為大同論二種》〈導言〉朱維錚編校，上海中西書局出版），不但主張「去家界」，而且還要「破國界」，建立一個徹底「為公」的全球性「天下」，其思路不但上承漢儒的「大同」觀點，更吸納了柏拉圖《理想國》一些看法和近代社會主義某些論述。且看他怎麼說「去家」的理由：

「蓋一家相收，則父私其子，祖私其孫而已。既私之，則養子孫而不養人之子孫……既私之，則但教子孫而不教人之子孫……然且大富貴賢哲能備足教養之格者，億萬不得一……則舉國人之被教養者蓋極寡，而強智仁勇之人亦極寡，而愚弱暴怯者皆是也……且一家相收，既親愛之極致，則必思所以富其家而傳其後。夫家人之多少至無定，欲富之心亦至無極矣……夫貪詭、欺詐、作奸、殺奪，惡之大者也，而其原因皆由欲富其家為之……種種相傳，世世交纏，雜沓變化，不可思議。」（引自《康有為大同論二種》，下引同。）

「為家」是「謀詐」之源，欲達「大同」，必先「去家」；康氏這裡大大發揮了《禮運》〈大同〉的觀點，也許正是漢儒當時想說而不敢說的。

康有為繼而認為「國界自分而合乃大同之先驅」，所以「去家」之後，必進一步「破國」。他的「破國」論也是非常透闢的：

「夫以有國對立，兵爭之慘如此，人民之塗炭如彼……雖有仁人義士，不得不各私其國。故其心志所注，識見議論，皆為國所限。以爭地殺人為合大義，以滅國屠人為有大功……大號天下後世以自夸炫，不知其為屠伯民賊也。養成爭心，養成私心，於是偏狹殘忍之論視為宜然，實如群犬之相搏，猛獸之相噬，強盜之劫掠耳。積成為義，則其烈禍中於人性，恨種相傳，輾轉無已，故其爭殺之亦無已。世界人類，終不能遠離猛獸強盜之心。是則有國乎，而欲人性止於至善，人道至於太平，其道相反，猶欲南轅而北其轍也。」

在近代，「去家」的觀念已慢慢形成，但要人人身體力行，仍然不易；「破國」的道理雖很有說服力，要做到世界全面「破國」，恐怕還得經歷一個相當悠長的歷史階段。

其實，歷史上一直有「破國」的事情發生：「自黃帝、堯、舜時為萬國，至湯三千國，武王一千八百國，春秋則二百餘國，戰國為七國，秦則統一矣。馬代滅千餘國而為波斯。印度之先，佛時亦千餘國，阿育乃統一之，色膩王與回教再統一之，及英（國）繼統一之。希臘十二國，歷千年而統於馬其頓，又統於羅馬……」降至現代，上世紀前半葉納粹德國、法西斯義大利及軍國主義日本之所為，亦皆欲破國界。但無論古今東西，其破國皆採取了軍事征伐的「吞國」方式，只論「振兵」，不講「修德」，所建「帝國」，均不能久。只有漢代所繼承秦的「天下」，因為吸收了禪讓政制部分德政理念，在往後的中國歷史中雖有改朝換代或短期分裂，卻基本保持統一的局面。

到了上世紀中葉，以蘇聯為首的社會主義陣營與以美國為首的資本主義陣營形成冷戰格局，各自都想用意識形態鬥爭來破國界。但美、蘇仍各以一國利益為尚，難免重複只「振兵」而不「修德」的老路，陣營雙方的軍備競爭幾導致核子戰爭的爆發。到上世紀末，由於社會主義陣營經濟建設失敗，蘇聯解體，東歐自由化，中國、越南等改革開放，美國乃成為唯一超級大國。冷戰局面結束，美國思考以經濟方式破國界。美國經濟學家提出了「全球化」概念，實則是以美國為大莊家向全球推動金融經濟的博弈，由此建立一個世界性的金融帝國。

以金融經濟破國界，不重複「振兵」老路，以一種所謂「地球村」理想的和諧方式進行，把人們帶入財富與物質消費的美夢，因而所向披靡，短短數十年光景，已席捲全球，把人類的貪慾引至前所未有的高峰。二〇〇八年世界性的金融風暴刺破了人們的美夢。這種不動一兵一卒，不佔一寸一分土地的金融帝國主義，其邪惡性較之窮兵黷武、攻城滅國的前輩，不知要大多少倍。金融經濟以刺激消費為破國的動力，因而導致物質大量浪費，環境無休止受污染，對全球物種都造成生存的威脅。有哪一種邪惡，比這種邪惡更可怕呢？

康有為的破國界以「弭兵」為前提，看來光「弭兵」也不一定能解決問題，何況作為金融經濟博弈的大莊家美國，並不輕易接受自己的失敗，更不可能承認自己所犯的滔天大罪。最近幾年，美國除了量化寬鬆的貨幣政策外，沒有其他更好的辦法來改善自己的經濟，而這種做法無疑是飲鴆止渴，不但解決不了本國的民生問題，更可能把世界引向無底的消費黑洞。於是又虛擬了一個所謂威脅其利益與安全的新對手——中國，宣佈重返亞太，與其傳統軍事聯盟進行頻密的軍事演習。一個新的冷戰格局又形成了：美國乘中國周邊國家與中國存在領土爭端之機，重新連起其在西太平洋的兩重島鏈，圍堵和牽制中國。上世紀下半葉的歷史會不會在美國的主導下重演一次呢？這個千瘡百孔的地球還經得起那樣的折騰嗎？

世界政治的要害還是「政德」與「德政」，要建立一個「去家」、「破國」，弭兵修德，謀全球福祉的共識，反省民主政制在歷史上不斷出現的負面因素，參考、吸納禪讓政制一些正面理念，也許對我們挽救這個瀕危的地球家園有所幫助。

後記—古兆申最後的話語

雷競璇

新範式基金會在二〇二一年十一月二十九日召開一個座談會，討論的主題是「中國文化和馬列主義」，基金會總裁邵善波先生希望古兆申可以參加，通過我發出邀請，他回覆說對主題很感興趣，能否出席，要看看當時情況。他此時健康已經轉差，加上新冠肺炎疫情，很少外出。到了座談會前夕，他決定不去了，然後用手機將他的觀點傳給我。用手機溝通，一來是疫情之下見面不易，二來兆申兄健康不佳之後逐漸沒有用電腦鍵盤寫作，對輸入法已經生疏，只能在手機上手寫文詞。他傳來給我的意見，是一小段一小段寫下和發出的。他在精神不振的情況下仍勉力而為，看得出他對座談會的題目是重視的。發給我的短信斷斷續續分好幾天傳來，首先是以下這一批。

「這個大題目正在學習和思考中，還沒有成熟的看法。

我目前的思路，是想先擺脫馬列的框架，回到中國文化的本體。

一些初步看法：

中國文化在先秦時代，已脫離神學，進入人文的宇宙觀。

其中心思想，是『天人合一』。

中國文化，重視人的自主觀察與思維。

但也不迷信其成果。

我們沒有《聖經》，但有《易經》。

我們相信：

天道常變而常不變。

以變為常。

我們肯定：

『順於天而應於人』的『革命』。

『周雖舊邦，其命維新』。

我們的主要經驗是：

批判繼承，發展傳統。

以新的現實情況為發展動力。」

收到後，我用手機回覆說：「太綱領性，細節得補上。」之後，他又發來如下短信。

「中國的文化建設，在先秦以前，早已超越了宗教的需要。

中國人早已建立了一種現實世界平民社會日常人生合理的自主自本的教義，更不需要再有信仰上帝或者諸神的宗教。

這是先秦時代的功績。

秦漢時代便本着這一種教義來創建理想的政治和社會。

（錢穆：《中國文化史導論》）

中國在先秦時代已脫離神學，超越宗教，提出一種『自然演變』的宇宙觀。

『天地與我並生，萬物與我為一』。（莊子「齊物」論）

不像其他宗教那樣，相信是神靈的創造。

我們最重要的經典是《易經》。

《易經》指出事物的發展，其理在『變』。

惟其能變，故以能新。

自然與社會條件的不同，促進了變化。

『順於天而應於人』。
使變化依正確的方向發展。
這就是『革命』。」

發出以上一批短信個多月後，兆申兄便離世了。期間我和他雖多次見面，但關注的是他身體的狀況，沒有機會討論短信的內容。對政治、社會和文化問題，這些短信可說是他最後的話語了。在此記錄下來，作為本書的終結。

本書作者與編者，二〇一五年二月，施林海拍攝。

附錄一 人名中外文對照表

三劃

大衛・休謨 David Hume

大衛・李嘉圖 David Ricardo

四劃

日丹諾夫 Andrei Zhdanov

五劃

卡夫卡 Franz Kafka

卡達菲 Muammar Gaddafi

史太林 Josif Stalin

布席奈爾 Dennis M. Bushnell

布殊（小布殊） George W. Bush

本・伯南克 Ben Shalom Bernanke

六劃

伊曼努爾・沃勒斯坦 Immanuel Wallerstein

列寧 Vladimir Lenin

托馬斯・皮凱蒂 Thomas Piketty

艾倫・格林斯潘 Alan Greenspan

艾略特 T. S. Eliot

艾默立・羅文斯 Amory Lovins

七劃

利瑪竇 Matteo Ricci

貝淡寧 Daniel A. Bell

阿瑪蒂亞・森 Amartya Sen

阿薩德 Bashar al-Assad

八劃

亞當・斯密 Adam Smith

彼得・D・希夫 Peter D. Schiff

杰夫・威克 Jeff Wacker

林肯 Abraham Lincoln

法蘭西斯・福山 Francis Fukuyama

九劃

侯德倫 John Holdren

勃列日涅夫 Leonid Brezhnev

思惟茲 Paul A. Sweezy

拜然 Paul Baran

柏拉圖 Plato

柯西金 A.N. Kosygin

約翰・克理 John Kerry

約翰・凱恩斯 John M. Keynes
約翰・唐斯 John Downs
英拉 Yingluck Shinawatra

十劃

姬達 Jack Cater
恩斯特 F.Ernest
格溫・戴爾 Gwynne Dyer
桃樂絲・布萊迪 Dorothy Brandy
索斯坦・韋伯倫 Thorstein Veblen
馬克・鮑爾萊恩 Mark Bauerlein
馬克思 Karl Marx

十一劃

康德 Immanuel Kant

十二劃

喬哀思 James Joyce
喬治・華盛頓 George Washington
富蘭克林・羅斯福 Franklin D. Roosevelt
斯諾登 Edward Snowden
湯姆・布爾克 Tom Burke
湯瑪斯・曼 Thomas Mann
湯瑪斯・傑佛遜 Thomas Jefferson
湯若望 Johann Adam Schall von Bell
湯馬斯・佛里曼 Thomas Friedman
華理沙 Lech Walesa
費爾南・布羅代爾 Fernand Braudel
達爾文 Charles Darwin
黑格爾 Georg Hegel

十三劃

奧巴馬 Barack Obama

十四劃

瑪嘉烈・艾渥德 Margaret Atwood
赫胥黎 Thomas Henry Huxley
赫魯曉夫 Nikita Khrushchev

十六劃

盧梭 Jean-Jacques Rousseau
穆巴拉克 Hosni Mubarak
穆爾西 Mohamed Morsi
穆罕默德 - 李查沙・巴勒維 Mohammad Reza Pahlavi
穆罕默德・摩薩台 Mohammad Mosaddegh

十九劃

羅德之 James Rhodes
羅絲・傅利曼 Rose Freidman

二十劃

蘇格拉底 Socrates

責任編輯
侯彩琳
書籍設計
三聯設計部

書名
天人與古今
作者
古兆申
編者
雷競璇

出版
三聯書店（香港）有限公司
香港北角英皇道四九九號北角工業大廈二十樓
Joint Publishing (H.K.) Co., Ltd.
20/F., North Point Industrial Building,
499 King's Road, North Point, Hong Kong

香港發行
香港聯合書刊物流有限公司
香港新界荃灣德士古道二二〇至二四八號十六樓
印刷
美雅印刷製本有限公司
香港九龍觀塘榮業街六號四樓A室
版次
二〇二二年七月香港第一版第一次印刷
規格
大三十二開（140mm x 193 mm）四二四面
國際書號
ISBN 978-962-04-4996-3

三聯書店
http://jointpublishing.com

JPBooks.Plus
http://jpbooks.plus